자존과 원칙의 힘

나남
nanam

자존과 원칙의 힘

2021년 1월 5일 발행
2023년 4월 20일 2쇄

지은이   조태열
발행자   趙相浩
발행처   (주) 나남

주소   10881 경기도 파주시 회동길 193
전화   (031) 955-4601 (代)
팩스   (031) 955-4555
등록   제 1-71호 (1979.5.12)
홈페이지   http://www.nanam.net
전자우편   post@nanam.net

ISBN   978-89-300-4072-3
         978-89-300-8655-4 (세트)

책값은 뒤표지에 있습니다.

자존과
원칙의
힘

40년 외교관의
통상외교현장
스케치

조태열 지음

나남
nanam

The Power of Pride and Principle

by

Cho Tae-yul

nanam

아버지는 내 인생에 등대와 같은 존재였고,
어머니와 아내는 든든한 버팀목이었다.

(위)　　첫돌 무렵 부모님, 누나와 함께 (1956년).
(아래)　옥스퍼드대학 연수시절 아내와 함께 공원에서 (1982년).

스위스 제네바는 다자외교의 경험과 전문성을 쌓으면서 스스로를 시험하고
단련할 수 있는 기회를 준 곳이었다.

(위)   아프가니스탄 인권상황 특별보고관으로 제네바를 방문한
       서울대 법대 은사 고 백충현 교수와 함께 프랑스 안시 호숫가에서 (1998년).
(아래) 참사관시절 장만순 대사 (왼쪽에서 두 번째), 김종훈 공사 (왼쪽 끝) 등
       대표부 직원들과 함께 프랑스 샤모니 등산길에서 (1998년).

(위)   제네바 유엔회의장에서 발언하는 선준영 대사(가운데).
       왼쪽에서 두 번째는 황용식 공사(1996년).
(아래) 국장시절 제네바 출장 시 대표부 청사 앞에서(2003년).

외환위기 직후 한·미 통상마찰은 잠시 가라앉았지만 경제개혁의 고통을
미국 조야에 이해시키고 협조를 구하는 일은 쉽지 않았다.

(위)   이홍구 대사 (앞줄 가운데) 집무실에서 최혁 공사 (이 대사 왼쪽)와
        주미 대사관 경제팀 동료들과 함께 (2000년).
(아래) 미국 중부지역에 함께 출장 간 KEI 윈더 소장 (오른쪽 끝),
        CSIS 테일러 박사 (왼쪽 끝)와 밀워키 위스콘신대학 강의실에서 (2000년).

국장시절 통상마찰의 전선은 더욱 확대되고 갈등의 단층선도 넓고 깊게 패였지만
비교적 무난하게 관리할 수 있었다.

(위) 반기문 장관(앞줄 가운데), 황두연 통상교섭본부장(반 장관 왼쪽) 및
      간부들과 함께 외교부 청사 앞에서(2004년).
(아래) 외교부 지역통상국장시절 집무실에서(2003년).

조정관 (차관보)시절은 각종 국제회의에 수석대표로 참석하며 경험의 폭과
안목을 넓힐 수 있는 소중한 시간이었다 (2007년).

(위)　　통상장관 대리 자격으로 참석한 필리핀 마닐라 개최 '아세안+3
　　　　경제장관회의' 종료 후 공동 기자회견 장면.
(아래)　한·나이지리아 공동위원회에서 합의문 서명 후 나이지리아측
　　　　수석대표인 아부 바카르 제2외교장관과 악수하는 모습.

여수엑스포 유치교섭은 마지막 순간까지 결과를 예측할 수 없는 힘든 싸움이었지만
민관의 환상적인 협업으로 최종 승리를 거머쥘 수 있었다 (2007년).

(위)   외교부 장관 공관에서 개최된 오찬에서 송민순 장관 (왼쪽)과
                김재철 여수엑스포유치위원회 위원장 (오른쪽)이 건배하는 모습.
(아래)   여수엑스포 유치 확정 후 파리 현장에서 한덕수 총리, 로세르탈레스
                BIE 사무총장 (한 총리 왼쪽), 조중표 외교부 차관 (로세르탈레스 사무총장 왼쪽) 등
                정부 대표단과 함께.

다른 어느 나라에서도 볼 수 없는 화려한 의식으로 정평이 나 있는 스페인에서의
신임장 제정식은 내게 평생 잊지못할 추억을 남겨주었다 (2008년).

(위)   왕궁으로 떠나기 전 외교부 구 청사 앞에서 기마대를 사열하는 모습.
(아래)   왕궁으로 향하는 마차에 올라타기 직전.

12

(위)   왕실 군악대의 애국가 연주 속에 왕궁에 들어서는 마차 행렬.
(아래) 신임장 제정 후 국왕과 환담을 나누는 모습.
       후안 카를로스 국왕에게 신임장 제정 후 환담을 위해 함께 이동하는 모습.

13

스페인에서 대사로 지낸 3년은 양국관계를 한 단계 끌어올리기 위해 무척 애쓴 시간이었고
그만큼 보람도 컸다.

(위)   한·스페인 수교 60주년 기념공연이 열린 왕립극장에서 스페인 최초의
       국립국악관현악단 공연 모습 (2010년).
(아래) 주한 스페인대사 관저에서 개최된 대십자시민훈장 (Grand Cross of the Order of Civil Merit)
       수여식에서 훈장 전수 후 건배사를 하는 아리아스 대사 (2012년).

14

부산 세계개발원조 총회는 국제개발협력의 패러다임을 바꿔 놓은 회의였고,
이를 계기로 우리나라는 개발협력 분야에서 주요 행위자로 확실하게
자리매김하게 되었다 (2011년).

(위)　　부산 총회 전체회의에 패널 토론자로 참석하여 앙헬 구리아
　　　　OECD 사무총장 (오른쪽에서 세 번째) 등과 함께 토론하는 모습.
(아래)　박은하 개발협력국장 등 부산 총회 준비를 위해 동고동락한 외교부
　　　　직원들과 함께 회의장에서.

머리말

주(駐) 유엔 대사를 끝으로 40년의 외교관 생활을 마무리하고 은퇴한 지 어느덧 1년이 되었다. 돌이켜 보면 외교관 생활 중 태반은 강대국들과 힘겨운 샅바 싸움을 하며 보냈다. 외교관 초년병 시절에는 대국의 위세에 주눅이 들기도 했고, 그들의 오만한 태도에 분노하기도 했으며, 때로는 그 앞에서 헛헛한 웃음만 짓고 있는 우리 대표의 민망한 모습에 절망한 적도 있었다.

이 책은 힘 있는 나라 대표들 앞에서 자존과 원칙, 실리를 지키며 당당하고자 했던 선배 동료 외교관들과 나의 조그만 몸부림에 관한 자전적(自傳的) 기록이다. 협상현장에서 만난 강대국 외교관들의 행태와 그들을 상대하는 우리의 모습을 기억의 서랍 속에서 하나씩 끄집어내어 스케치하듯 그려 나갔다. 사안의 본질보다는 외교현장에서 일어난 일들을 통해 우리의 뒷모습을 드러내 보고 싶었다.

작년 말 공직에서 은퇴한 이후 찾아온 여유로운 시간이 그 작업을 가능하게 해 주었다. 외교부 차관과 주유엔 대사를 지내며 겪었던 일들은 대부분 아직 진행형이므로 이에 대한 기록은 훗날을 기약하기로 하고, 이 책에서는 주로 내 젊은 시절을 불태웠던 통상외교현장에 초점을 맞추어 기록해 둘 가치가 있다고 판단되는 이야기만을 남기려 한다. 치열한 외교현장을 함께 지켜온 수많은 선후배 동료 외교관들의 이야기를 다 담아내지 못한 것이 아쉽지만 이 또한 훗날 보완할 기회가 있기를 기대하며 아쉬움을 접는다.

　나와 같이 외교관의 길을 걷고 있는 후배들과 나라의 앞날을 걱정하며 외교현장에서 일어나고 있는 일에 대한 관심과 지적 호기심을 가진 독자들에게 읽는 즐거움과 작은 깨달음을 줄 수 있다면 더 바랄 것이 없겠다. 외교현장의 이야기를 가급적 있는 그대로 기술하다 보니 본의 아니게 관련된 인사들에게 누를 끼치지나 않았을까 염려스럽다. 혹 그런 느낌을 받는 분이 있다면 이는 전적으로 나의 잘못임을 미리 밝히고 용서를 구하고자 한다.

　나에게는 소중한 기억의 편린들이 세상사람들에게는 어떻게 비칠지 걱정이 앞서지만, 가까운 지인들의 격려에 용기를 얻어 부족한 조각글들을 한 권의 책으로 엮어 세상에 내놓는다. 긴 원고를 꼼꼼히 읽고 조언과 질정을 아끼지 않은 나의 절친 조희용 전 주캐나다 대사와 고교 후배인 곽정식 전 POSCO 전무에게 특히 고마운 마음을 전한다. 졸고를 읽는 수고를 마다않고 기꺼이 출판까지 맡아주신 나남의 조상호 회장과 글쓴이가 무색할 정도의 정성과 치밀함으로 교열과 편집을 해주신 신윤섭 이사께 깊이 감사드리며, 올해 백수를 맞이하신 어머님과 이 책이 나오기까지의 모든 순간을 함께한 사랑하는 아내 김혜경과 이 작은 수확의 기쁨을 나누고 싶다.

2020년 늦가을
금호동 언덕에서
조 태 열

18

차 례

통상마찰의 정치경제·사회문화적 함의

흔히들 통상협상은 경제전문가(*economist*)가 맡아야 한다고 생각한다. 협상결과가 실물경제에 즉각적으로 영향을 미치게 되니 틀린 말은 아니다. 그러나 굳이 통상협상에 필요한 전문지식이나 경험의 영역을 콕 집어 말하라면 경제(*economics*)보다는 법률(*law*), 좀더 구체적으로 얘기하자면 통상법(*trade law*)을 들 수밖에 없다. 분쟁이나 협상의 초점이 특정 무역제도나 관행이 국제통상규범에 합치하는지 여부에 맞추어져 있기 때문이다. 선진국의 통상협상가들이 대부분 통상법 전문가인 것도 그런 연유에서다. 통상협상가가 경제에 대한 전문적 지식과 경험을 갖추고 있다면 금상첨화(錦上添花)이겠지만 경제전문가와 통상법 전문가(*lawyer*) 중 하나를 선택하여야 한다면 아무래도 후자를 선택할 수밖에 없다.

통상법 전문가라 해서 통상협상가가 되기 위한 필요·충분조건을 다 갖춘 것은 아니다. 협상경험과 기술을 갖춘 협상전문가(*profes-*

sional negotiator) 여야 한다. 훌륭한 협상가는 협상 이론보다는 경험에서 우러나는 직관(直觀)과 상황 판단력, 논리적 사고와 기민한 대응능력, 상대방을 설득할 수 있는 소통 및 언어구사 능력, 패기(覇氣)와 뚝심, 인내심으로 무장한 위기 대응능력, 신뢰감을 줄 수 있는 성품 등을 두루 갖춘 협상가를 의미한다. 이러한 능력은 대부분 점수를 매기거나 계량화할 수 없는 능력이다. 타고난 성품에다 오랜 기간 현장에서 경험을 통해 단련되고 개인적 학습과 수련을 통해 계발(啓發)되고 축적되어야 하는 능력이다.

통상협상은 또한 그 결과가 국제관계나 외교안보에 직간접적 영향을 미치는 것이기 때문에 상업적 시각과 논리로만 다루어서는 안 되는 일이다. 국제관계와 지역정세 변화에 대한 폭넓은 식견(識見), 전략적 사고, 정무적 판단 능력, 외교적 자질과 균형 감각, 열린 사고와 친화력 등을 필요로 한다. 이러한 능력은 특히 오늘날과 같이 급변하는 국제질서 속에서 통상문제가 지경학적(地經學的)·지정학적(地政學的) 담론(談論)의 한가운데를 차지하는 세상에서는 더욱 소중한 자질이 아닐 수 없다.

통상협상을 외교관에게 맡기면 외교안보 이익을 위해 통상 이익을 희생시킬 위험이 있다는 일각의 주장은 통상외교가 정무외교와 함께 외교의 양대 축을 이루며 진화해 온 역사적 사실과도 부합하지 않는 단견(短見)일 뿐 아니라, 실제 통상협상현장에서 일어나고 있는 일과도 아주 거리가 먼 얘기이다.

통상협상은 개인의 출중한 능력이나 관여하는 인사들의 집합적 역량만으로 소기의 성과를 거둘 수 있는 것도 아니다. 협상 주체인 정부와 관료사회의 조직문화, 배후에 있는 다양한 이해관계자의 성향과 문화적 특성 등이 협상과정이나 결과에 지대한 영향을 미치기 때문에, 갈등(葛藤) 조정 메커니즘을 더욱 정교하고 세밀하게 다듬고 우리 사회의 기저에 깔려 있는 문화적 토양을 합리적이고 개방적인 방향으로 바꾸어 나가는 총체적 노력이 뒤따라야 한다. 그렇지 않으면 협상과정이나 협상결과를 이행하는 과정에서 발생하는 정치, 사회적 비용이 너무 크고, 합의나 약속의 이행에 차질이 생김으로써 국가간 신뢰에도 금이 가는 결과를 초래하기 쉽다. 이는 우리 사회의 다양한 이해관계자의 상충하는 이익과 그것이 갖는 정치경제적 함의를 늘 염두에 두고 통상협상을 추진해야 하는 이유이기도 하다.

40년 가까운 지난 세월 동안 통상분쟁과 마찰이 신문 지면을 장식하지 않은 때가 거의 없었을 만큼, 대외통상문제는 우리에게 매우 익숙한 일상생활의 일부가 되었다. 통상마찰이 주요 외교 현안으로 떠오르기 시작한 1980년대 중반만 하더라도 우리는 통상마찰을 우리나라가 선진국으로 발돋움하는 과정에서 겪어야 할 과도기적 현상으로 받아들였다. 그런데 세월이 갈수록 통상마찰이 가라앉기는커녕 더욱 극심해지면서 구조적으로도 더욱 복잡해지는 현상을 목도(目睹)하게 되었다. 이는 통상문제의 본질이 위에 언급한 바와 같이 상업적 영역에 머물러 있지 않고 다양한 국내 이해관계집단의 정치, 경제적 이익과 이해당사국들의 상충하는 외교, 전략적 이익 등이 서로 얽혀 작동하는 복잡한 성격의 문제이기 때문이다.

더구나 미국에 트럼프 행정부가 출범한 이후 통상문제는 미·중 양국간 패권경쟁(覇權競爭) 구도의 중심에서 '신냉전'(新冷戰)의 핵심요소로 부각되고 있어 우리에게는 그 어느 때보다도 통상외교에 대한 전략적 접근이 요구되고 있다. 이러한 시점에서 나의 경험을 토대로 지난 40년의 통상외교를 되돌아보고 그 속에서 우리가 얻어야 할 교훈과 앞으로 나아가야 할 방향을 함께 고민해 보는 것은 나름대로 의미 있는 일이라 생각한다.

내가 통상외교에 발을 들여놓은 때는 한·미 통상마찰이 막 기승을 부리기 시작하던 1987년 가을이었다. 1970년대까지는 우리가 미국에 수출하는 섬유 쿼터를 확보하는 게 양국간 통상문제의 전부라 해도 과언이 아닐 만큼 대미통상 업무는 단순하였다. 그런데 1980년대에 들어 우리의 대미 수출입 규모가 커지고 대상 품목과 분야도 급속히 복잡다기화(複雜多岐化)하면서 각종 통상분쟁이 끊이질 않았다. 지재권, 보험, 영화, 포도주, 쇠고기, 농산물, 담배, 통신, 철강 등 분야를 가리지 않고 동시다발적으로 분쟁이 터졌다.

분쟁대상 분야와 이슈는 달랐지만 모든 분쟁을 관통하는 공통된 본질사항은 미국 시장이 열려 있으니 상호주의에 따라 우리도 닫힌 시장을 무조건 미국 수준으로 열라는 것이었다. 당시 미국은 우리에게 최대의 수출시장이었기에 안정적이고 지속적인 시장진출 기회를 확대하기 위해서는 미국의 시장개방 요구에 성의 있게 대응하지 않을 수 없었다. 그러나 미국 시장은 세계에서 가장 개방된 시장이었으므로 우리 시장을 여는 데 대한 반대급부로 미국에 추가 개방을 요구할 분야는 별로 없었다.

우리 시장을 열기 위한 협상이었으니 주고받는 협상이 아니라 주긴 주되 얼마나 덜 주고 우리 것을 얼마나 지킬 것인가에 모든 에너지를 쏟아 부어야 하는 수세적 협상이었다. 10개를 내주어야 할 협상에서 열심히 싸워 7개만 내주고 3개를 지켰다고 해서 칭찬해 줄 국민이나 언론은 없었다. 결과는 늘 얻은 건 하나도 없이 다 내주기만 한 협상이었다. 틀린 말이 아니었다. 협상의 본질이 그러했으니까. 며칠 밤을 새워가며 지킬 걸 지키기 위해 고군분투(孤軍奮鬪) 했어도 결과에 대한 언론의 반응은 매양 한결같이 "또 미국의 통상 압력에 굴복하였다"는 것이었다.

미국은 불공정 무역관행에 대해 보복조치를 취하도록 허용한 '통상법 301조'를 마치 전가(傳家)의 보도(寶刀)처럼 휘둘렀고, 우리 언론에게 한·미 통상협상은 으레 미국의 압력에 무릎을 꿇고 우리 것을 다 내어 주는 굴욕적 협상이었다. 통상협상을 책임진 당국자는 물론, 우리 같은 실무자들이 신이 날 리가 없었다.

안보분야 협상은 명분이라도 챙겨 대국민 설득을 할 수 있었겠지만, 통상협상은 국민의 실생활에 즉각 영향을 미치는 경제적 이익이 걸린 문제라 협상결과를 그럴듯하게 포장할 명분도 찾기가 힘들었다. 오로지 시장개방과 경제자유화만이 살길이기 때문에 고통스럽더라도 단계적 시장개방은 불가피하며, 한·미 통상마찰은 성숙해 가는 양국 관계에서 어쩔 수 없이 겪어야 할 성장통(成長痛, *growing pains*)이란 논리로 국민들을 설득할 수밖에 없었다.

사실 우리 시장이 꽉 막혀 있었던 1950~60년대에는 우리에 대한 미국의 시장개방 압력이 전무하였다. 그런데 오히려 시장이 더 열린 1980년대 중반에 들어와서 미국의 개방 압력이 심화되었다는 것은 역설적인 현상이었다. 이는 그만큼 우리 시장이 중요해졌고 미국이 눈독을 들일 만큼 파이도 커졌다는 얘기니까 부정적으로만 볼 일은 아니었다. 경제 규모가 커진 만큼 다자무역체제의 유지 발전에 기여해야 할 책임과 의무 부담 차원에서도 어느 정도의 시장개방은 불가피한 측면이 있었다. 그러나 이런 논리가 일반 시민이나 농민, 기업가들에게 통할 리가 없었다.

우리 시장이 열리면 열릴수록 미국의 개방압력도 커지는 역설적 현상과 이에 대한 우리 내부의 반발과 저항, 그리고 일정 기간 동안은 이를 감내할 수밖에 없는 우리의 현실, 여기에 우리 통상정책 담당자들과 협상가들의 고민이 있었다.

1980~90년대의 한·미 통상협상은 이처럼 일상화된 분쟁과 마찰 속에서 냉소적이고 비판적인 국내여론을 의식하며 우리가 감내할 수 있는 최적 수준의 개방 범위와 속도를 찾아내는 작업이었기에 미국과의 협상도 어려웠지만 시장개방으로 피해를 입게 될 국내산업 분야의 저항을 극복하고 그 분야를 담당하는 부처의 동의를 얻어내기 위한 대내 협상은 더 어려웠다.

당시는 시민단체가 지금처럼 조직적으로 영향력을 행사하지 못했다. 그래서 갈등과 마찰은 주로 국내업계 및 해당 산업을 관장하는 부처와 실제 협상을 담당하는 외무부 사이에서 일어났고, 외무부로서는 이를 원만히 조정하는 것이 보통 어려운 일이 아니었다. 대내 조정을 위한 관계부처 대책협의와 언론 접촉에 70%의 자원과 시간을 할애하고, 실제 협상과 전략 수립에는 30% 정도밖에 쓰지 못하는 결과가 되기 일쑤였다.

경제부처 관료들은 대미 관계나 우리 경제의 자유화 필요성 등에는 큰 관심이 없고 자신들이 관장하고 있는 산업 분야에서의 이익을 지키는 데에만 신경을 곤두세웠다. 경제 자유화에 대한 국민적 합의가 이루어져 있지 않았던 시절이기에 농림수산부는 농어민의 이익을, 상공부는 제조업계의 이익을, 보건복지부는 제약업계의 이익을, 정보통신부는 통신업계의 이익을 대변하고 지켜 주면 그만이었다. 그것이 중장기적 시각에서 우리 경제에 득이 될 것인지 해가 될 것인지는 별로 중요하지 않은 것 같았다.

그러나 외무부에 있는 우리는 최대 교역 상대국인 미국의 요청이 있는 이상 어떻게 해서든 협상을 통해 최선의 타협안을 만들어 내야 할 입장에 있었다. 미국의 과도한 요구는 단호히 물리쳐야 하지만 필요한 수준의 개방은 우리 경제의 체질과 경쟁력 강화를 위해서도 가능한 범위 내에서 수용하는 것이 바람직하다는 생각이었다.

통상현안을 대하는 태도에서 근본적 차이가 있었기 때문에 관계부처 직원들과 통화하다가 입에 옮기기조차 민망할 만큼 거북한 애기를 듣는 건 다반사(茶飯事)였다. 그런데 그토록 외무부를 비판하던 관계부처 관료들이 자신들의 소관 사항에 대한 협상을 직접 맡아 할 때는 종종 지켜야 할 것도 내준 채 협상을 마무리하고는 마치 외무부에 협상을 맡겼더라면 큰일 날 뻔했다는 듯이 여론을 호도하곤 하였다. 협상 테이블에서 미국 협상가들이 무례하고 위압적인 언사를 내뱉을 때 한마디 대꾸도 하지 못하고 헛헛한 웃음만 짓던 이들이 더 그런 행태를 보였다.

국내언론조차 한·미 통상마찰은 으레 미국의 부당한 압력 때문에 일어난 현상이라는 일반적 인식을 갖고 있었다. 마찰의 본질을 들여다보면 우리 경제 시스템이 경제력에 비해 너무 폐쇄적이고 불합리한 제도와 관행이 많았던 데에 큰 원인이 있었음에도 그쪽으로 관심을 돌려 제도의 개선을 촉구하는 언론은 거의 없었다.

한·미 통상협상은 이처럼 협상 상대방인 미국뿐만 아니라 관계부처, 업계, 언론 등 내부의 비판자들을 동시에 상대하며 싸워야 하는 두 개의 전선을 가진 힘든 전투였다. 1990년대에 들어서는 고도로 조직화된 시민단체까지 가세하여 전선이 더욱 확대되었다. 모든 외교 협상이 이와 비슷한 성격의 문제를 안고 있는 것이긴 하지만 1980~90년대의 한·미 통상협상은 그 두 개의 전선 사이에 대립과 갈등의 폭이 유난히 큰 단층선(斷層線, *fault line*)이 놓여 있었다.

2007년 한·미 FTA 협상을 분기점으로 통상협상이 수세적인 협상에서 주고받는 협상으로 질적 변화를 겪긴 했지만, 두 개의 전선 사이에 놓여 있는 단층선은 더욱 넓고 깊게 패였다. 나는 그 근본원인이 미국을 대하는 우리의 기본 인식과 자세에서 발견되는 또 다른 단층선과 이를 잉태(孕胎)한 우리 사회의 정치 문화적 토양에 있다고 생각한다.

30여 년 전 한국계 미국인이 쓴 《추악한 한국인》(The Ugly Korean) 이란 책을 읽은 적이 있다. 저자는 1970년대에 주한 미국대사관에서 근무한 CIA 요원이었다. 자신이 만난 한국 사회의 지도층 인사들이 미국에 잘 보이기 위해 얼마나 못난 행태를 보이는지 적나라(赤裸裸)하게 그려 놓았다. 그가 만난 인사들은 관료나 정치인뿐만 아니라 학계, 재계, 문화계, 언론계 등 거의 모든 분야를 망라하고 있었고 이름만 대면 다 알 만한 사람들이었다. 나는 그 책을 읽으면서 설사 내용과 표현이 왜곡 또는 과장되었다 하더라도 최소한 절반은 진실일 거라고 믿었다. 내가 미국과의 통상분쟁을 다루며 직간접으로 접한 일부 인사들의 모습과 크게 다르지 않았기 때문이다.

그러나 미국에 대한 우리 사회의 콤플렉스는 비단 지도층 인사들에게서만 발견되는 것이 아니고 굴신(屈身)의 모습으로만 비쳐지는 것도 아니다. 기성세대와 젊은 세대, 보수와 진보, 대기업과 노조, 농민, 시민사회 등 세대와 이념, 계층, 분야를 가릴 것 없이 다양한 형태로 모습을 드러내곤 한다. 기성세대와 보수, 대기업들은 친미적이고, 젊은 세대와 진보, 노조 등은 반미적이라는 일반적 인식도 이제는 반드시 옳은 관찰이라고 보기 어렵지만, 친미는 친미대로 반미는 반미대로 각기 다른 모습의 대미 콤플렉스를 갖고 있지 않나 싶다.

전자는 미국적 사고와 기준, 제도들을 너무 무비판적으로 수용하고 그 권위 앞에서 속절없이 무너져 버리는 경향이 있는가 하면, 후자는 미국이란 나라의 정치, 경제, 사회, 문화적 실체에 대한 정확한 이해와 지식보다는 편견과 선입견에 사로잡혀 무조건 비판적인 태도를 보이는 오류를 범하고 있다. 다른 나라와의 사이에서 일어났다면 아무런 문제가 되지 않거나 관심의 대상조차 되지 않았을 사건들이 미국과의 사이에서 발생하기만 하면 심각한 정치, 사회적 이슈가 될 만큼 우리 사회가 미국에 대해 지나치게 예민한 반응과 관심을 보이는 것은 바로 그런 연유에서다.

통상분쟁만 보더라도 미국과 다른 나라들을 대하는 우리 국민의 태도에는 현격한 차이가 있다. 과거 우리 정부 내 통상관련부처의 관료들은 한·미 통상분쟁에 대해서는 너도나도 자기가 맡아 협상을 하겠다고 달려들면서도 EU나 중국, 일본 등과의 협상에 대해서는 그만한 열의를 보이지 않았다. 하물며 기타 국가들과의 분쟁에 있어서랴.

언론이나 정치권, 시민사회의 반응도 마찬가지다. 한·미 FTA와 한·EU FTA에 대한 관심과 반응을 보면 그런 차이가 극명하게 드러난다. 시장의 규모나 개방의 수준에서 두 개의 FTA에 별 차이가 없고, 어떤 면에서는 한·EU FTA가 국내산업에 더 큰 피해를 줄지도 모르는 일인데, 한·미 FTA의 국내 비준과정에서는 그렇게도 극심한 반대시위를 벌이던 이들이 한·EU FTA의 비준에 대해서는 거의 무관심 수준의 반응을 보이지 않았던가.

2008년 이명박 정부 출범 직후 한·미 쇠고기 협상과정에서 터진 광우병 파동은 다른 요인도 있겠지만, 본질적으로는 우리 사회의 대미 콤플렉스가 초래한 대형사고였다. 민감한 국민 정서를 깊이 고려하지 않은 채 협상을 밀어붙인 정부에 일차적 책임이 있다 하더라도, 괴담 수준의 터무니없는 주장이 온 나라를 몇 달이나 뒤흔들어 놓았는데도 상황을 그 지경까지 몰고 간 일부 시민단체와 언론의 전횡(專橫)에 대해서는 지금까지 책임을 묻는 사람도, 책임지겠다고 나서는 사람도 없다.

2000년에 있었던 한·중 마늘분쟁 처리과정에서 벌어진 일련의 사태들을 멀리 워싱턴에서 지켜보면서 나는 한 가지 흥미로운 사실을 발견하였다. 마늘분쟁에 대한 우리 언론의 반응이 과거 유사한 한·미 통상분쟁에 대한 반응과는 아주 대조적이었다는 것이다.

한·중 마늘분쟁은 당시 급증하는 중국산 마늘 수입으로부터 우리 마늘재배 농가를 보호하기 위해 우리 정부가 취한 긴급수입제한조치(이른바 세이프가드 조치)에 대한 보복으로 중국이 과도한 규모의 한국산 휴대폰 수입 금지조치를 취하여 발생한 사건이었다. 이 분쟁은 당시 수교 후 10년 가까이 밀월(蜜月) 관계에 있던 한·중 양국 국민이 서로를 좀더 냉정한 시각에서 바라보는 계기가 된 사건이기도 한데, 나는 우리 언론이 이 사건에 대해 어떤 반응을 보일지 몹시 궁금하여 분쟁 발생 후 두어 달 동안 국내 신문과 방송 매체들의 반응을 유심히 관찰하였다. 그런데 우리 언론의 화살은 분쟁을 미숙하게 처리한 우리 정부만을 겨냥하고 있었고, 중국 정부의 보복조치에 대해서는 별다른 비판을 가하지 않았다.

중국의 보복조치가 WTO 규범에 비추어 과도한 것이었을 뿐 아니라 우리 IT 업체가 심각한 피해를 입게 되어 있었기 때문에 정서적으로도 비판의 화살이 먼저 중국 정부를 향하고 있어야 했다. 더구나 당시는 중국이 WTO 가입을 눈앞에 두고 있던 시점이었기에 WTO 규범에 위배되는 조치를 취하기 어려웠던 상황이었는데도 말이다. 만일 똑같은 분쟁이 한·미 양국 사이에 발생하여 미국이 우리에게 중국과 같은 보복조치를 취했더라도 우리 언론이 그런 반응을 보였을까? 아마 그렇지 않았을 것이다.

한국전쟁의 악연과 이후 40년 동안의 교류 단절에도 불구하고 우리 사회와 국민이 중국에 대해 미국과는 달리 관대한 태도를 보이는 건 무슨 연유일까? 수천 년에 걸친 양국간 교류를 통해 우리 국민의 뇌(腦) 속에 DNA처럼 굳어진 그 무엇이 있어서일까? 아니면 오랜 단절 끝에 새로운 관계를 막 시작한 단계에 있었으니 좀더 인내심을 가지고 기다릴 필요가 있다고 판단했기 때문일까? 그 어떤 것이 주된 이유였든 우리 세대는 한·중 양국 교류사에서 짧은 기간이나마 중국의 존재를 그다지 의식하지 않고 때로는 경제적 우월의식마저 즐기며 중국인들을 대할 수 있었던 유일한 세대로 남을 것이다. 우리의 후배들과 후손들은 앞으로 한·미 관계보다 훨씬 더 어려운 한·중 관계를 관리하기 위해 숱한 고민을 하여야 할지도 모른다.

2000년 한·중 마늘분쟁과 2016년 사드배치 결정 시 중국이 보인 행태와 그로 인해 우리 정부와 기업, 국민이 겪은 고통은 그러한 상황이 우리 앞에 이미 현실로 다가와 있음을 말해 주는 것이다.

일본에 대한 우리 국민의 의식도 근현대사의 불행한 과거만으로 특징짓기 어려울 만큼 복잡미묘하다는 데 이의를 달 사람은 없을 것이다. 다른 강대국과의 사이에서는 별다른 문제가 되지 않을 이슈들이 유독 한·일 관계에서만 문제가 된 사례들이 얼마나 많은가? 냉정하게 대응해야 할 사안을 과도하게 감정적으로 대응하여 일을 그르친 경우도 일일이 열거할 수 없을 정도이다.

그런가 하면 러시아에 대해서는 이해할 수 없을 정도로 무심하고 때로는 오만하기까지 한 태도를 보여 그들의 자존심을 건드린 적이 한두 번이 아니었다. 러시아는 불과 반세기 전만 하더라도 한반도의 운명을 좌우할 만큼 막강한 힘을 과시하던 초강대국 중 하나였는데도 말이다.

2003년 내가 외교통상부 지역통상국장으로 있을 때 모스크바에서 만난 러시아 경제부 국장은 대러시아 경협차관 상환문제를 다루는 우리 정부와 언론의 태도에 대해 냉소적인 어투로 내게 이렇게 말한 적이 있다.

"에르미타주 박물관에 있는 왕관에 박힌 보석 한 개만 팔아도 그만한 액수의 차관은 쉽게 갚을 수 있어요."

2003년 외교통상부 지역통상국장 시절 "통상마찰의 정치 경제적 함의"라는 제목으로 우리 국회와 외교안보연구원이 공동 주관한 세미나에 토론자로 참석한 적이 있다. 나는 상대국과 세대, 계층, 이념에 따라 모습을 달리하는 우리 사회의 강대국 콤플렉스가 대외통상문제를 다룰 때 당당하고 일관된 자세를 견지하지 못하게 하는 장애요소가 되고 있음을 강조하고 예화(例話)를 들어가며 위와 같은 견해를 개략적으로 언급하였다. 당시 사회를 보던 중앙대 경제학과 교수는 내 말이 끝나자 웃으면서 한마디를 덧붙였다.

"조 국장께선 오늘 저녁 인터넷을 좀 체크해 보셔야 할 것 같은데요. 상당히 민감한 얘기를 하셨습니다."

농담으로 한 얘기였겠지만 공개석상에서 쉽게 할 수 없는 얘기를 내가 꺼냈다고 생각하는 것 같았다. 그런데 나는 왜 공개된 자리에서 해선 안 되는 얘기인지 잘 이해가 되지 않았다.

우리 국민의 잠재의식 속에 자리 잡고 있는 그 어떤 것들이 강대국들을 대하는 우리의 태도와 심지어는 정부의 대외정책에 직간접적으로 영향을 미치고 있다면 이런 문제들을 덮어놓기보다는 공론화하여 우리 자신을 한번 되돌아보고, 이러한 문제들이 우리 사회의 정신문화적 토양과 어떤 연관성이 있는지, 그 해법은 무엇인지 생각을 정리해 볼 필요가 있지 않을까? 더구나 상대국에 따라 다른 모습으로 나타나는 강대국 콤플렉스 때문에 종종 불필요한 정치, 외교, 사회적 비용을 치러야 하고, 그로 인해 우리의 국익이 훼손되고 대한민국이라는 나라의 모습이 초라하게 비쳐진다면 어떻게 이를 극복할 것인지 진지하게 고민해 봐야 하지 않을까? 강대국들이 우리를 대하는 태도에 오만함이나 무례함이 있다면 그 원인의 태반은 우리 스스로가 제공한 것임을 먼저 깨달아야 하기 때문이다.

나는 이 책에 소개된 일화(逸話)들을 통해 우리 사회의 강대국 콤플렉스가 실제 통상협상현장에서 어떤 모습으로 드러나고 있는지, 그리고 그런 행태가 협상결과에 미치는 영향을 최소화하고 국가의 자존(自尊)과 실리(實利)를 지키기 위해 우리가 외교 일선에서 얼마나 치열하게 싸워 왔는지 독자 여러분들이 알게 되길 기대한다. 원칙(原則)과 규범(規範)에 따라 당당하게 행동하는 것만이 강대국 앞에서 우리의 자존과 실리를 지킬 수 있는 힘이라는 교훈을 우리는 통상외교현장에서 경험으로 체득하였다.

신참 외교관의 좌충우돌

한·일 대륙붕 공동개발협정 이행분쟁

처음 참석해본 대외 협상

1979년 외무부 입부 직후 내가 초임 사무관으로 처음 참석한 대외 협상은 대륙붕(大陸棚) 공동개발에 관한 한·일 실무협의였다. 외무부 회의실에서 열린 회의에 나는 조약국 실무자로 참석하여 우리 대표단의 말석을 차지하고 앉았다.

한·일 양국은 1974년 협정을 통해 대륙붕 공동개발에 합의한 상태였기 때문에 회의는 협정 이행 문제에 대한 양국간 이견을 해소하는 데 초점이 맞추어져 있었다. 그중의 하나는 대륙붕 공동개발 구역에 적용할 양국 국내법규에 관한 문제였다. 한·일 협정은 공동개발 구역을 9개의 광구로 구분하고 한·일 양국이 각각 주개발국으로 지정된 광구에서 탐사 및 시추 활동을 주관하도록 규정하고 있었다. 제1광구를 한국이 주관하면, 제2광구는 일본이 주관하는 식이었다. 개별 광구에서 작업하다가 문제가 발생할 경우에는 해당 광구 주개발국의 국내법이 적용되도록 협정은 규정하고 있었다.

한국의 법 제도와 사법절차는 믿을 수 없다?

그런데 일본이 이 조항의 이행과 관련하여 이상한 문제를 제기하고 나섰다. 대륙붕 탐사나 시추 활동과 무관한 행위는 아예 법 적용대상에서 제외하자는 것이었다.

협정의 목표가 대륙붕 공동개발에 있으니 이와 상관없는 행위를 법 적용대상에 굳이 포함시킬 필요가 없지 않느냐는 것이 표면적 이유였으나, 진짜 이유는 우리의 법체계와 사법제도를 믿지 못하겠다는 데 있었다. 일본은 예컨대 한국측 관할 광구 내에서 작업하는 일본 기술자나 인부들이 탐사선이나 시추선 안에서 마르크스의 《자본론》(資本論)을 읽고 있으면 한국이 '반공법'(反共法)을 적용하여 처벌할 것이냐고 물으면서 일본은 탐사나 시추 활동과 관련이 없는 사안에 대해서까지 해당 광구를 주관하고 있는 나라의 국내법이 광범하게 적용되는 상황은 받아들일 수 없다고 주장하였다. 대놓고 얘기하지는 않았지만 노동이나 환경 관련 우리 법령들도 일본 기준에 못미치고 우리의 사법절차도 신뢰할 수 없기 때문에 이러한 법들이 적용되어 일본 국민이 한국 법에 의해 사법처리 될 가능성을 사전에 차단하여야겠다는 의도가 깔려 있었다.

당시 반공법은 일본에는 없고 우리에게만 있는 법이었으니 반공법에 대한 그들의 우려는 이해되는 측면이 없지 않았다. 그러나 그런 우려는 법 적용과정에서 합목적적으로 해결하면 되는 것이지 협정상 합의된 원칙을 훼손하면서까지 배려할 필요는 없었다. 더구나 신뢰할 수 없는 우리의 국내법 체제와 사법절차로부터 일본인을 보호해야겠다는 불순한 의도가 명백하게 드러난 이상 국가적 자존심 차원에서도 일본의 제안은 수용할 수 없는 것이었다.

우리는 협정 규정에 따라 해당 광구 주개발국의 국내법이 포괄적으로 적용된다는 원칙을 지키되 실제 사안이 발생할 경우 탐사, 시추 활동과의 상관 여부 등을 해당국이 종합적으로 판단하여 결정하면 되는 일이라고 일본의 주장을 일축하였다. 그러나 일본은 주장을 굽히기는커녕 한 걸음 더 나아가 양국의 국내법을 모두 검토하여 탐사, 시추와 직접적 관련이 있는 법령 리스트(*positive list*)를 만들어 그 리스트에 포함된 법령만 적용하자는 기상천외의 제안을 내놓았다. 수많은 국내법 규정을 일일이 검토하여 탐사, 시추 활동과의 상관 여부를 결정한다는 것이 현실적으로 가능하지도 않았을뿐더러 설사 가능하였다 하더라도 그런 작업을 위해 아까운 시간을 낭비할 이유는 없었다.

우리가 이 제안을 거부하자 일본은 이번에는 탐사 또는 시추와 관련이 없는 법령의 리스트(*negative list*)를 만들어 동 리스트에 포함된 법령들은 사전에 적용대상에서 배제하자는 제안을 들고 나왔다. 엎어치나 메어치나 매한가지인 이 제안을 우리가 거부하였음은 물론이다.

두어 달 동안 공전(空轉)을 거듭한 실무회의는 아무런 합의도 이루지 못하여 결국 일본 주장은 빛을 보지 못했지만, 외교관 초년병인 내게는 주권국가 사이의 협상 테이블에 상대국의 법령이나 사법절차에 대한 불신에서 비롯된 문제들까지 올려놓을 수 있다는 사실이 충격적이었고, 그런 문제를 제기한 상대국이 일본이었다는 사실이 더욱 언짢았다.

일어로 진행된 회의와 스노베 대사에 대한 따뜻한 기억

씁쓸한 기억이 먼저 떠오르긴 하지만 한·일 대륙붕 실무협의는 피라미 외교관인 내게 따뜻한 기억도 하나 더 남겨준 회의였다.

중앙청 외무부 회의실에서 열린 회의 첫날, 나는 두꺼운 서류 뭉치를 앞에 놓고 생전 처음 참석하는 정부간 공식협상에서 내가 무슨 기여를 할 수 있을지 설레는 마음으로 개회를 기다리고 있었다. 그런데 우리 대표가 환영사를 하기 위해 입을 여는 순간 맥이 탁 풀렸다. 일어로 발언하였기 때문이다. 한·일 양국 정부간 회의에서 우리 대표가 왜 한국어나 영어가 아닌 일어로 얘기하는 것인지 의아스러웠다. 당연히 일본측 대표는 일어로 답사를 하였고 이어진 회의도 일어로 진행되었다.

한 30분 정도 자리를 지키다가 나는 서류 뭉치를 집어 들고 자리에서 일어나 사무실로 돌아왔다. 일어를 모르는 내가 멍하니 자리만 지키고 앉아 있을 수도 없었지만, 일어로 진행되는 한·일 정부간 회의에 한국 대표로 앉아 있는 것이 편치 않았기 때문이다.

그날 저녁 성북동에 있는 일본 대사관저에서 양국 대표단을 위한 리셉션이 개최되었다. 낮에 있었던 회의는 일어로 진행되었기에 앞아 있을 이유가 없었지만 리셉션에서는 영어로 대화를 나눌 수 있을 거란 생각이 들었고, 무엇보다도 외교관이 된 후 처음 초청받은 외교행사라 호기심이 발동하여 참석하기로 하였다.

널찍하고 품위 있게 꾸며진 대사관저 연회실에서 칵테일 잔을 들고 이 사람 저 사람과 얘기를 나누고 있는데, 온화한 표정의 중년 신사가 내게 다가와 영어로 말을 걸어왔다.

"주한 일본대사 스노베입니다. 혹시 미스터 조가 아니신가요?"

"그렇습니다만 ….”

"아! 오늘 오전 회의에서 있었던 일을 보고받아 알고 있습니다. 양국 정부간 회의에서 일어를 쓰는 걸 보고 어떤 기분을 느끼셨을지 충분히 이해가 됩니다. 그런데 이번 회의가 워낙 실무적이고 기술적인 문제들이 많은 데다 마침 한국측 수석대표가 유창한 일어를 구사하는 분이어서 양측이 서로 편한 언어로 얘기하는 게 효과적이라고 판단하여 사전합의에 따라 그렇게 된 것이니 좀 양해해 주시면 안 되겠습니까?"

나는 깜짝 놀랐다. 일본 사람들이 오전의 내 행동을 그냥 지나치지 않고 대사에게까지 보고하였다는 것도 의외였지만, 리셉션장에서 일부러 내게 다가와 불편한 마음을 씻어주려 애쓰는 스노베 대사의 세심한 배려가 마음 깊은 곳에 큰 울림으로 다가왔다.

나와 잠시 얘기를 나눈 후 스노베 대사는 연회실 한가운데로 나가 마이크를 잡고 인사말을 하기 시작하였다. 그런데 그가 또렷한 한국어 발음으로 원고도 없이 인사말을 이어가는 것이 아닌가.

고병익 전 서울대 총장으로부터 주요한 선생의 단편소설인 〈사랑
방 손님과 어머니〉를 교재로 한국말을 배우고 있다면서 수줍게 웃
는 모습이 아주 맑았다. 유창하진 않지만 정확하고 정중한 그의 한
국어 인사말을 들으며 나는 일본의 힘이 어디서 오는 것인지 알 듯
하였다. 스노베 대사가 그날 한국어로 인사말을 한 것은 우리 국민
과 대표단 전체에 대한 우호의 표시였겠지만, 그날 오전에 있었던
해프닝과 관련하여 나에게 전하는 위로와 화해의 뜻도 함께 담고 있
는 것이었다.

스노베 대사는 아마도 그날 자신이 보여준 작은 배려의 행동이 한
국의 새내기 외교관에게 얼마나 큰 울림의 가르침을 주었는지 미처
짐작하지 못하였을 것이다. 오늘날 일본의 지도층 인사들이 40년
전 스노베 대사가 나를 대했던 그 자세로 한·일 관계와 양국간 과
거사와 관련한 갈등 현안을 다룬다면 우리 국민의 반일(反日) 감정
은 봄날 눈 녹듯이 흔적도 없이 사라져버리지 않을까?

그 후 스노베 대사는 서울 근무를 마치고 외무성 사무차관으로 영
전하여 귀국하였는데 그의 인품이나 능력에 비추어 당연한 인사였
지만 한·일 관계를 위해서도 기쁜 소식이었다.

한 · 일 북해도(北海道) 조업 분규

일본 자민당 표밭을 자극한 우리 트롤어선 조업

1980년 들어 한·일 양국간 가장 큰 현안으로 대두된 이슈 중의 하나는 북해도 근해에서의 우리 트롤어선 조업을 둘러싼 분규였다. 북해도 조업 분규는 1977년에 소련이 200해리(海里) 어업수역을 선포하자 우리 트롤어선단이 캄차카 어장에서 북해도 주변수역으로 남하하여 일본의 트롤어선 조업이 금지된 해역까지 깊숙이 들어가 조업하는 바람에 일어난 분쟁이었다.

일본은 당시 총선을 앞두고 있었다. 이 문제는 자민당 정권의 표밭인 어민들을 자극하여 민감한 정치적 이슈가 되었다. 일본 정부는 당초 자국이 설정한 이른바 오터트롤(otter trawl) 금지수역 밖으로 우리 어선이 무조건 철수할 것을 강력히 요구하였으나, 우리가 이를 거부하자 일부 조업을 인정하겠다는 선으로 후퇴하여 해결의 실마리가 풀리기 시작하였다.

1980년 4월부터 9차례의 외무·수산 실무협의와 3차에 걸친 수산청장 회담 끝에 10월 초에 협상이 타결되었다. 나는 마지막 수산청장 회담과 그 일주일 후에 열린 최종 실무협상에 조약국 실무자로 참석하였다.

한·일 수산청장간 합의를 외무부 실무자들이 깨다

양국 수산청장 회담은 9월 20일 우리 수산청에서 열렸다. 나는 김석우 국제법규 과장과 함께 청장실 옆에 딸린 회의실에서 협상결과를 기다리고 있었다. 우리의 임무는 양국 청장간 합의내용이 옆방에서 하나씩 넘어오면 이를 문서화하는 것이었다.

그런데 옆방에서 넘어오는 합의내용이 처음부터 끝까지 우리의 일방적 양보로 일관한 것이어서 도저히 그대로는 문서화할 수 없었다. 우리가 북해도 주변수역에서 조업을 자율규제하는 대신 일본으로부터도 그에 상응하는 보상을 받아내야 한다는 것이 우리의 생각이었는데, 양국 청장간 합의내용은 그런 측면을 전혀 고려하지 않고 있었다. 그러나 협상을 담당하는 주무부서의 장이 합의한 내용을 현장에서 외무부 실무자인 우리가 저지할 방법은 없었다.

결국 그날 오후 문서화 작업은 하지 못했지만 양국 수산청장 사이에 최종타결안의 내용에 관한 합의가 이루어졌다. 도하 각 신문은 "한·일 북해도 조업분규 타결"이란 제하의 석간 1면 톱기사로 협상결과를 일제히 보도하였다. 김석우 과장과 나는 곧바로 외무부로 돌아와 김태지 아주국장에게 결과를 보고하고 이대로 협상을 마무리할 수는 없으니 최소한 균형 있는 협상결과를 만들 때까지 최종협상 결과 발표를 유보하여야 한다고 주장하였다. 김 국장은 흔쾌히 우리 의견에 동의하면서 균형 있는 협상결과를 만들기 위한 방안을 강구해 보라고 지시하였다.

김석우 과장과 나는 권병현 일본 과장과 함께 대책을 숙의한 끝에 우리가 북해도 주변수역에서 물러나는 대신 일본을 제주도 주변수역에서 쫓아내는 방안을 제안하기로 하였다. 이 제안이 수용되면 모양새도 좋고 실리 면에서도 최대한 균형을 맞출 수가 있어 협상결과를 국민들에게 설명하는 데 어려움이 없을 거라는 판단이었다. 김태지 국장도 보고를 받더니 좋은 생각이라는 반응을 보이고 수산청장 간 합의를 깨고라도 다시 협상해야겠다고 말하면서 모든 책임은 자기가 지겠다는 결의를 보였다.

외무부의 강경한 입장을 전해들은 일본 수산청이 발칵 뒤집힌 건 예상했던 일이었다. 이마무라 노부오 일본 수산청 장관은 김종수 수산청장에게 전화를 걸어 "당신과 내가 합의한 사항을 어떻게 외무부의 일개 과장과 사무관이 뒤집을 수 있느냐?"면서 격하게 항의하였다는 얘기가 들려왔다. 우리 수산청도 외무부의 태도를 무척 불쾌하게 생각했지만, 외국과의 분쟁에 관한 최종 교섭권한을 가진 외무부가 입장을 굽히지 않을 경우 어쩔 도리가 없었다. 결국 일주일 후 협상을 재개하기로 하고 이를 위해 일본 대표단이 다시 서울에 왔다.

일본 어선을 제주도 주변수역에서 쫓아내다

우리측에서는 김태지 외무부 아주국장이 수석대표를 맡았고, 일본 측에서는 무라오카 주한공사가 수석대표로 임명되었으나, 실제 회의는 와타나베 외무성 아주국 참사관이 주재하였다. 롯데 호텔에서 열린 회의는 닷새 동안 밤낮을 가리지 않고 진행되었다. 북해도 주변수역에서 우리 트롤어선의 조업을 자율규제하는 문제에 관하여는 이미 양국 수산청장간 합의가 이루어졌으므로 당연히 협상은 제주도 주변수역에서 일본 어선을 어떤 규모로 어떻게 규제할 것인가에 집중되었다. 제주도 주변수역에서 일본 어선들이 주로 잡는 어종은 도미, 민어 등과 같은 고급 어종이었기 때문에 비록 적은 양의 조업을 규제하더라도 명태가 주어종인 북해도 주변수역에서 우리가 잃게 되는 이익을 상쇄할 수 있었다.

밤을 새워가며 진행된 닷새간의 협상 끝에 양측은 조업 자율규제 수역과 규제 기간, 출어 척수 등 세부사항에 관해 합의하고 1980년 11월 1일부터 3년간 시행하기로 하였다. 협상은 10월 3일 새벽 6시경에 타결되었다. 국내언론은 일주일 전에 타결된 줄 알았던 분규가 재협상 끝에 내용을 일신하여 더 모양새가 좋은 모습으로 다시 태어났으니 호평 일색이었다. 각 일간지들은 북해도와 제주도 주변수역의 지도와 함께 양측이 상호주의 원칙하에 양 수역에서 조업을 자율 규제하기로 합의하였다고 1면 톱기사로 크게 보도하였다.

협상타결 직후 양국 대표들은 모두 호텔 회의실에 모여 축배를 들고 A4 용지에 전원이 사인하였는데, 나는 그 복사본을 지금도 보관하고 있다. 우리에게 일방적으로 불리하게 마무리되었던 협상을 깨고 나라의 자존을 지키면서 동시에 실리도 챙긴 증거로 간직하고 있는 것이다. 물론 그 종이 위에 그런 흔적은 남아 있지 않지만 가끔씩 묵은 서류함에서 꺼내어 볼 때마다 그때의 감격이 되살아나곤 한다.

북해도와 제주도 주변수역에서의 조업 자율규제에 관한 1980년 합의문서는 사실상 1965년 한·일 어업협정의 내용을 개정하는 것이었으나 당시의 한·일 관계나 양국의 국내정치 환경에 비추어 양국 모두 국회의 동의를 거쳐야 하는 협정 개정은 생각도 하기 어려운 옵션이었기 때문에 자율규제라는 방식을 취한 것이었다. 그에 따라 합의문서도 조약이 아닌 서한 교환(*exchange of letters*) 형식으로 하였다. 내용은 사실상 합의이면서도 형식은 한·일 양국이 각각 일방적 조치를 상대국에 통보하는 모양을 취한 것이었다. 이는 추후 한·미 통상합의 문서에도 적용되어 지금까지 거의 정형화된 문서 형식으로 남아 있다(90~92쪽 참조).

한·일간 기술 격차로 상처입은 신참 외교관의 자존심

나는 이 마지막 협상에서도 합의내용을 문서화하는 팀에 배속되었다. 회의가 서울에서 열리고 있었음에도 문서작업은 일본이 작성한 초안을 기초로 진행되었다. 아마 그 이전의 다른 협상에서도 일본이 만든 초안을 토대로 협상하였기 때문에 관행을 따른 결과였을 것이다. 그런데 자율규제 수역의 범위와 위치를 표기하는 문제를 논의하는 과정에서 나는 이것조차 일본의 도움 없이는 어렵다는 걸 알고는 실망을 금치 못하였다.

바다 위의 특정 지점들을 연결하는 직선이 서로 만나거나 이 직선들이 영해 기선(基線)으로부터 15해리의 곡선과 만나는 점들을 표시하기 위해서는 소수점 이하 두 자리까지 정확한 경·위도를 찾아내야 하는데 우리 수로국은 해도(海圖) 측량기술에 오차가 커서 정확한 지점을 찍을 수가 없다는 것이었다. 그래서 세부 규제수역의 범위가 확정될 때마다 매번 일본 수산청 직원이 도쿄에 전화하여 그쪽에서 해당수역 관련지점의 정확한 경·위도를 통보해 올 때까지 우리 문서작업팀은 기다려야만 했다. 기다리는데 짜증도 났지만 어쩌다가 우리가 바다 위의 점을 경·위도로 정확하게 표시할 능력조차 없는 나라가 되었는지 부끄러워 낯을 들 수가 없었다.

밤새 끙끙거리던 나는 동이 트자마자 서류 뭉치를 들고 호텔을 빠져나와 광화문에 있는 중앙청 4층의 외무부 사무실로 갔다. 일본 기술에 의존하지 않고 바다 위의 점을 정확히 표시할 수 있는 방안을 찾아내기 위해서였다. 일본의 해도 측량기술이 아무리 정교하다 하더라도 오차가 전혀 없을 수는 없는 것이고, 그렇다면 경·위도 표시방식이 아닌 다른 방식을 찾아내면 더 정확할 수도 있고 굳이 일본에 의존할 필요도 없게 되는 것이었다.

나는 텅 빈 사무실에 홀로 앉아 이 궁리 저 궁리 끝에 일본 초안에 경·위도로 표시되어 있는 지점을 모두 찾아 부득이한 경우를 제외하고는 몽땅 다른 표기방식으로 바꾸었다. 이를테면 "북해도 호로 이즈미군 에리모갑 연안의 북위 41도 40분의 선과 기선으로부터 그 외측 15해리의 선과의 교점 중 동쪽에 위치하는 점"과 같은 식으로 말이다. 물론 이 점도 경·위도로 표시할 수 있었고 당초 일본 초안 에도 그렇게 표기되어 있었지만 오차 때문에 정확성에서는 내 방식 을 따라올 수 없었다.

나는 출근 시간에 맞추어 사무실에 들어서는 행정 직원에게 타자 를 시켜 일본 초안에 대한 수정안을 만들어 가지고는 호텔로 돌아왔 다. 같이 작업하던 양측 대표들은 내가 잠시 눈을 붙이고 온 줄 알았 을 것이다. 내가 수정안을 테이블 위에 올려놓고 설명을 시작하자 일본 수산청 사무관이 연신 "소오 데스!"를 반복하며 머리를 주억거 렸다. 어떻게 그런 방법을 궁리해 냈느냐는 표정을 지으면서 ….

표기방식이 좀 복잡해지긴 했지만 오차가 있을 수 없는 방식이었 기에 시비를 걸 수가 없었고 경·위도보다 더 정확한 표기방식을 반 대할 이유도 없었을 것이다.

지금 남아 있는 1980년도 합의문서의 자율규제 수역에 관한 별지 문안은 그날 내가 작성한 수정안이 그대로 반영된 문안이다. 이런 나의 행동을 신참 외교관의 치기로 치부해 버려도 그만이지만, 그때 는 그렇게 해서라도 자존심을 지키지 않으면 견디기 어려울 것만 같 았다.

과정에 충실하다 보면 결과도 나아질 수 있다

외교는 결과 못지않게 과정도 중요하다. 과정에 충실하다 보면 경우에 따라서는 결과도 나아질 수 있다. 똑같은 결과라도 과정에서 부족함이 있으면 빛이 바랠 수 있고, 그 반대의 경우도 있을 수 있다.

외교현장에서의 우리 행동 하나하나는 바깥에 알려지지 않고 기록에 남지 않는다 하더라도 상대방의 기억 속에 남아 우리의 외교적 역량과 국격에 대한 선입견을 갖게 하거나 종합적 판단의 기초자료로 축적될 수 있는 것이다. 따라서 국가적 자존과 국익을 지키기 위해 끝까지 최선을 다하는 모습은 결과에 상관없이 매우 중요하다.

한·일 북해도 조업 분규 협상에서 내가 위와 같은 행동을 한 것은 바로 그런 생각 때문이었고, 이는 지난 40년의 외교관 생활 동안 변함없이 지켜온 나의 행동지침이었다.

전두환 대통령 방일과 일본천황 주최 만찬답사

역사상 최초의 국가원수 방일

통상외교와는 관련이 없지만 일본 얘기가 나온 김에 외교관 초년병 시절의 한 가지 일화(逸話)를 소개한다.

영국 옥스퍼드대학에서 연수 후 귀국하여 중동국에서 근무하던 1984년 초여름 어느 날 아주국 일본과로부터 퇴근 후 청사 뒤편 사직동 쪽에 있는 내자호텔로 오라는 연락이 왔다. 무슨 일이냐고 물었지만 와보면 알게 될 거라는 답만 돌아왔다. 퇴근 후 내자호텔에 가보니 권병현 아주국 심의관과 몇몇 선배 동료들이 기다리고 있었다. 권 심의관은 우리들을 불러 모은 이유는 전두환 대통령이 우리나라 국가원수로서는 최초로 일본을 국빈(國賓) 방문하게 되었기 때문이라고 말하고, 대통령 방일과 관련한 기획, 홍보 등 준비업무를 수행할 태스크포스의 일원으로 우리를 선발했다면서 대통령 방일의 의의를 어디에 초점을 맞추어 홍보해야 할지 의견을 물었다.

나는 그 시점에서 대통령이 무슨 이유로 일본을 방문하려는 것인지를 먼저 알아야 홍보든 기획이든 작업을 할 수 있지 않겠느냐고 되물었다. 다른 동료들도 같은 의견이었다. 권 심의관은 "전 대통령의 방일은 최근 나카소네 일본 총리가 방한시 초청의사를 밝힌 데 대해 대통령이 심사숙고 끝에 내린 결정이라는 것만 알고 있다"고 하고, "방일과 관련한 모든 사항을 우리 외무부에게 맡긴 것이니 성패 여부는 우리가 어떻게 준비하느냐에 달려 있다"고 답하였다. 나는 일본을 공식 방문하는 우리나라 최초의 국가원수가 하필이면 정통성 시비를 겪고 있는 전두환 대통령이 되어야 하는지 내심 불만스러웠고, 그것 또한 한·일 양국의 불행이라는 생각이 들었다.

상충하는 두 개의 주문

그러나 어찌하랴. 기왕에 가기로 한 것이라면 외무부로서는 성공적인 방일이 되도록 최선의 노력을 다하여야만 했다. 나는 권병현 심의관의 지시로 다음 날부터 무교동에 있는 서린 호텔로 출근하였다. 공식 발표될 때까지 전 대통령의 방일은 절대 비밀에 부쳐져야 했기 때문이다.

내게 맡겨진 주임무는 대통령의 연설문 초안을 작성하는 일이었다. 아버지가 이름난 문인(청록파 시인 조지훈)이라고 해서 아들도 글을 잘 쓴다는 보장은 없었건만, 모두들 내게 일종의 환상과 같은 기대를 갖고 있는 것 같았다. 전 대통령은 방일시 도합 8개의 연설을 하도록 계획되어 있었다. 출국성명, 도착성명, 나카소네 총리 주최 오찬답사, 히로히토 천황 주최 만찬답사, 일본 재계 지도자 초청 리셉션 연설, 재일동포 지도자 초청 리셉션 연설, 출발성명, 귀국성명 등이 그것이다.

무엇보다 중요한 것은 히로히토 천황 주최 만찬답사였다. 한·일 양국간 수천 년에 걸친 교류사에서 최초로 일본을 공식 방문하는 한국의 국가원수로서 일제 35년의 불행한 과거사를 정리하는 역사적 의미를 갖는 연설이었기 때문이다. 청와대에서는 히로히토 천황 주최 만찬답사는 양국간 불행한 과거사와 관련하여 일본 정부와 국민에 대한 엄숙한 경고와 함께 양국 관계의 밝은 미래를 향한 우리의 협력 의지를 과시할 수 있는 메시지를 담아야 한다는 주문이 있었을 뿐 연설문 작성 일체를 외무부에 일임하였다.

나는 서점에 들러 한·일 관계 고대사와 근현대사를 다룬 책들과 양국의 속담집 몇 권을 사서 하루 종일 호텔 방에서 책만 읽으며 몇 주를 보냈다. 재야 사학자가 쓴 《비류백제(沸流百濟)의 원류(原流)》라는 책을 특히 재미있게 읽었던 것으로 기억한다. 글을 쓸 때면 지금도 늘 겪는 고통이지만 백지를 앞에 두면 이걸 어떻게 채워야 할지 막막해진다. 빈 공간을 채워가는 작업만으로도 고통스러운데 한·일 양국민의 마음을 움직일 수 있는 메시지에다가, 어두운 과거와 밝은 미래를 동시에 담아낼 수 있는 내용이어야 한다니 그 막막함이 얼마나 컸을지 짐작이 되지 않는가. 별 내용도 없이 미사여구(美辭麗句)만 늘어놓을 수는 없는 일이었기에 우선 내 머리부터 채워 넣어야만 했다. 단 한 줄의 글도 쓰지 못한 채 책만 읽으며 그렇게 시간은 흘러갔다.

비 온 뒤에 땅이 굳는다

한여름이 다가오면서 마음은 급해졌고 죽이 되든 밥이 되든 무언가를 끄적이기 시작해야만 했다. 일본에서 하는 연설인 만큼 가급적 일본 역사와 속담에서 인용한 글귀들을 많이 넣고 싶었지만, 일본 역사와 한·일 교류사에 대한 내 짧은 지식으론 도저히 마음에 드는 글귀를 찾아낼 수가 없었다. 동료들과 협의 끝에 기껏 찾아낸 것이 "성의(誠意)와 신의(信義)의 교제"를 강조한 에도 시대의 인물 아메노모리 호슈의 어록(語錄)과 "소나무가 무성하면 잣나무가 기뻐한다"는 뜻의 '송무백열'(松茂栢悅)이라는 사자성어 정도였다.

　이것 가지고는 청와대가 주문한 메시지를 충분히 담아낼 수가 없었다. 할 수 없이 우리 속담 쪽으로 눈을 돌렸다. 문득 머리를 스치는 속담 하나가 있었다. "비 온 뒤에 땅이 굳는다"가 그것이었다. 양국이 비록 불행한 과거사를 갖고 있지만 그것이 더 나은 양국관계를 위한 밑거름이 될 수 있으니 과거를 딛고 밝은 미래를 향해 함께 나아가자는 메시지를 담을 수 있다는 생각이 들었다. 나는 이 속담을 골자로 하여 천황 주최 만찬답사를 작성하기로 하고 초안을 써 내려갔다. 내가 작성한 1차 초안에 권병현 심의관이 가필하여 청와대로 올려 보냈다.

　며칠 후 내려온 청와대 수정본에 "비 온 뒤에 땅이 굳는다"는 속담을 인용한 부분은 그대로 남아 있었다. 청와대가 천황 주최 만찬답사의 핵심 메시지로 이 속담을 인용하자는 아이디어를 받아들인 것이다. 더 나은 표현을 찾아내지 못한 아쉬움이 있었지만 청와대가 이를 내치지 않은 건 다행이었다.

청와대의 수정본을 영어와 일어로 번역하는 작업도 우리 외무부의 몫이었다. 나는 영어 번역작업을 맡았고, 일어 번역은 일본과에서 맡기로 하였다. 문제는 "비 온 뒤에 땅이 굳는다"는 속담을 어떻게 번역하느냐 였다. 이상옥 차관보의 지시로 영문에 일가견이 있는 이상훈 심의관의 감수를 받아 "The ground hardens after a rainfall"로 번역하기로 하고 영문 번역본을 일어본과 함께 청와대에 올렸다. 며칠 후 내려온 청와대 수정본은 다른 곳은 일부 손을 댔지만 이 부분은 원안 그대로 두고 건드리지 않았다.

이 속담은 나중에 전 대통령 방일에 관한 〈타임〉지 기사에 제목으로 인용되었고, 그 후에도 우리 정치권이 국내 문제로 여야 정쟁 끝에 화해 무드로 돌아설 때면 상투적으로 인용하는 속담이 되었다.

글 잘 쓴다는 허명

이 일이 있은 후 나는 대통령 해외방문 계획만 있으면 준비 작업반에 약방의 감초처럼 차출되어 연설문 초안을 작성하곤 하였다. 글을 못 쓴다는 소리를 듣지 않게 된 것은 돌아가신 아버님을 생각해서라도 참 다행스러운 일이었으나, 상사(上司)들의 높아진 기대 수준에 나를 꿰어 맞추는 게 보통 일이 아니었다.

한번은 노태우 대통령의 동남아 순방 연설문 작업반에 또 차출되었다. 내가 맡은 연설문을 다 마무리하고 과 업무에 전념하던 어느 날 홍순영 차관보가 나를 급히 불렀다. 청와대로 올려 보낸 연설문들이 거의 다 통과되었는데 다른 사람이 쓴 연설문 중 하나가 퇴짜를 맞고 되돌아왔다면서 나더러 그 자리에 앉아 완전히 새로 쓰라는 것이었다.

대통령이 출국하기 전날 오전이었으니 하루가 채 남지 않았고 연설문을 마무리하여 인쇄까지 하려면 실제로 내게 주어진 시간은 두어 시간밖에 되지 않는 셈이었다. 나는 홍 차관보 집무실 탁자에 주저앉아 작업을 시작하였으나 도저히 정신 집중이 되지 않았다. 양해를 구한 후 내 사무실로 내려왔다. 점심도 포기한 채 정신없이 서둘러 연설문을 마무리한 후 홍 차관보에게 보여 드렸더니 한두 군데 표현을 고쳐 곧바로 청와대에 올리라고 하였다. 두어 시간 후 청와대에서 오케이 사인이 나자마자 영문 번역작업을 시작하여 영문본에 대한 청와대의 재가가 난 것은 그날 밤 10시가 넘은 시간이었다.

밤새 시내 인쇄소에서 야간작업을 하여 수백 부의 국·영문 인쇄본을 들고 청와대로 뛰어간 건 새벽녘이었다. 그로부터 몇 시간 후 대통령 특별기가 서울을 떠났으니 "번갯불에 콩 구워 먹는다"는 게 바로 이런 걸 두고 하는 말이었다.

이 일로 나는 또 한 번 홍순영 차관보를 비롯한 상사들로부터 글재주에 대한 신임을 얻게 되었으나 기뻐할 일만은 아니었다. 꼬리표처럼 따라다니는 허명(虛名) 때문에 이후에도 장·차관의 연설문이나 기고문 작성과 같은 힘든 일을 수도 없이 떠맡아야 했고, 심지어는 장관 연설문 담당 보좌관까지 해야만 했기 때문이다. 자신의 글을 쓰는 것도 쉽지 않은데 남의 연설문, 그것도 시간과 내용의 제약을 받는 상사의 연설문을 쓴다는 건 때로는 입술이 타 들어갈 만큼 힘든 작업이었다.

외교는 말과 글로 하는 국가행위

돌이켜보면 이런 글쓰기 훈련은 훗날 내가 외교부 차관보급 이상 간부와 대사가 되었을 때 큰 자산이 되었다.

나는 지금까지 연설이든 기고문이든 대외에 공개되는 글을 직원들이 써 준 대로 읽거나 발표해 본 적이 한 번도 없다. 내 글쓰기 스타일에 맞지 않거나 전하고자 하는 메시지가 제대로 담겨 있지 않을 경우에는 밤을 꼬박 새우는 일이 있더라도 내 손으로 직접 다듬어 마무리하곤 했다. 직원들이 들고 오는 결재서류도 깨끗하게 되돌려 준 일이 별로 없었던 것 같다. 훗날 내가 외교부 차관이 되었을 때 일부 직원들이 나를 "빨간 펜"이란 별명으로 불렀다는데 아마 하도 문서를 고쳐 대니까 반쯤 비아냥거리는(?) 투로 붙여준 이름이었을 것이다.

별명처럼 내가 문서작업에 까다로운 상사이긴 했지만 부실한 문서 때문에 직원들을 심하게 질책한 적은 별로 없다. 딱 한 번의 예외는 외교부 차관 시절 실무자가 이미 발송한 외교 공한에 첨부된 비공식 영문 번역본에서 도저히 용서할 수 없는 실수를 발견한 때였다. 내가 육두문자를 써가며 화를 낸 것은 아마 그때가 처음이자 마지막이 아니었던가 싶다. 그 공한은 일본 외무성으로 보낸 것이었는데 그걸 받아본 일본 외교관들이 우리 외교부를 어떻게 평가할 것인지에 생각이 미치면 지금도 속이 편치 않다.

외교는 말과 글로 하는 국가행위이다. 말과 글 속에 국익과 국격이 녹아 있는 것이기 때문에 외교관의 말과 글은 아무리 정교하게 가다듬어도 지나침이 없는 것이다.

제 3차 유엔해양법회의의 교훈

외무부 '해양법 마피아'의 막내

1979년부터 3년간 내가 외무부 초임 사무관으로 첫 근무를 시작한 부서는 국제법규과였다. 조약국에 속해 있으면서 주업무인 국제법 해석 및 적용에 관한 실무와 함께 제 3차 유엔해양법회의와 어업, 대륙붕 협정 등 해양 관련 협정 및 그 이행에 관한 업무를 또 하나의 축으로 삼고 있었다.

제 3차 유엔해양법회의는 1973년 베네수엘라 카라카스에서 출범한 후 그때까지 7년째 협상을 계속하던 초대형 국제회의였다. 1960년 제 2차 유엔해양법회의에서 합의하지 못한 영해, 접속수역 및 대륙붕(大陸棚)의 범위와 정의에 관한 문제는 물론, 새로이 등장한 개념인 배타적 경제수역(EEZ)과 '인류 공동의 유산'(*common heritage of mankind*)이라 불리던 심해저(深海底, *deep seabed*) 개발에 관한 새로운 규범 창설 등을 목표로 광범위한 협상이 이루어지고 있었다. 냉전시대 해양 주도권을 둘러싼 미·소간의 대립뿐 아니라 200해리 배타적 경제수역과 대륙붕, 심해저의 무진장한 해양자원에 관한 관할권을 둘러싸고 연안국간은 물론 선진국과 개도국간 이해가 첨예하게 대립하고 있었다.

3면이 바다로 둘러싸인 반도 국가인 데다가 북한과 군사적으로 대치하고 있고 중국, 일본과는 바다를 마주하고 있어 해양 안보는 물론 독도 영유권, 해양 경계 획정(劃定) 등의 잠재적 분쟁을 안고 있는 우리에게 국제 해양법질서가 어떻게 재편되느냐 하는 것은 중차대한 국익이 걸린 문제였다. 외무부는 카라카스회의 때부터 베테랑 외교관들을 투입하여 적극적으로 협상에 임했다.

내가 외무부에 들어갔을 때 이미 '해양법 마피아'라 불리는 인맥이 형성되어 있을 만큼 역대 회의에 참석한 동료 선후배 외교관들 사이에 끈끈한 유대감을 공유했다. 회의가 열릴 때마다 해외 각지에 흩어져 있는 이들을 대표단에 포함시켜 경험과 전문성도 활용하면서 서로 우정과 동료애도 키워가는 돈독한 관계를 유지했다.

그때부터 최근까지 취임한 역대 차관급 이상 고위직 외교관들의 상당수가 이 '해양법 마피아' 출신이었다. 1982년 4월 제3차 유엔해양법회의가 최종 협약을 채택하고 9년에 걸친 협상을 종료하였을 때 마지막 해양법 담당관이었던 나는 '해양법 마피아'의 막내 자리를 차지하는 행운(?)을 누린 셈이다.

첫 시도에서 무산된 공식 제안서

1979년 외무부에 들어가 해양법을 다루기 시작했을 무렵 협상은 마무리 단계에 접어들고 있었다. 그런데 그때까지 우리는 국익이 걸려 있는 주요 사안에 신경을 쓰느라 새로운 이슈들에 대한 협상에서 창의적 제안을 할 만한 여유를 갖지 못했었다.

이듬해 봄 뉴욕에서 개최되는 회의를 준비하는 과정에서 이제는 우리도 협상에 건설적 기여를 할 만한 공식 제안서 하나쯤은 내놓아야 하지 않겠느냐 하는 문제제기가 있었고, 그럴 때가 되었다는 데 공감대가 이루어졌다. 이에 따라 당시 과 차석으로 해양법 주무를 맡고 있던 함명철 서기관의 주도하에 부내 토론 및 관계부처와의 협의를 거쳐 우리가 생각해 낸 아이디어는 "반폐쇄해(半閉鎖海, semi-enclosed sea)에서 연안국간 해양오염 방지를 위한 협력의무를 부과"하는 내용의 제안서를 제출하자는 것이었다.

이 제안은 당시 미수교 상태에 있던 중국과 반폐쇄해인 서해(西海)에서 해양오염 방지를 위한 공식 대화의 물꼬를 틀 수 있는 기제가 될 뿐만 아니라, 이제 막 대화를 시작한 북한과도 실질 협력을 모색할 수 있는 국제법적 근거를 제공하는 의미도 있었다. 국제공공재 증진에 더하여 한반도 평화 안보에도 기여할 수 있는 일석이조의 효과를 노릴 수 있는 제안이었다.

그러나 유감스럽게도 고심 끝에 만들어 낸 이 제안서는 제대로 상정도 해보지 못한 채 무산되고 말았다. 중국이나 북한의 반대가 아니라 엉뚱하게도 아랍국들의 반대에 부딪혀 그렇게 된 것이다.

우리 제안서에 대한 토의가 예정되어 있던 날, 차석대표인 박수길 조약국장은 우리 대표단석에 자리를 잡고 앉아 제안 설명을 위한 발언 순서를 기다리고 있었다. 그런데 갑자기 터키 대표가 급히 의논할 게 있다며 우리 대표단을 찾아왔다. 박 국장과 몇몇 우리 대표들은 터키 대표와 함께 비공식 협의를 위해 회의장 밖으로 나갔고 나는 이장춘 주제네바 참사관과 함께 자리를 지키고 앉아 있었다.

얼마 시간이 지나지 않아 갑자기 의장이 대한민국을 호칭하며 우리 제안을 상정한다면서 발언권을 주었다. 예정대로라면 아직 발언 순서가 돌아오려면 시간이 꽤 남아 있었기 때문에 느긋이 앉아 있던 나는 당황하여 뒤도 돌아보지도 않고 회의장을 뛰쳐나와 박 국장을 찾으러 나갔다. 복도 끝 구석에서 박 국장이 터키 대표를 비롯한 아랍 대표들과 구수회의(鳩首會議)를 하고 있었다. 나는 쫓아가서 박 국장에게 "지금 발언하셔야 합니다"라고 소리치고는 회의장으로 내달렸다. 박 국장과 함께 허겁지겁 되돌아온 회의장에선 이장춘 참사관이 마이크를 잡고 발언을 하고 있었다. 지금 우리 대표가 다른 나라 대표와 비공식 협의 중이니 나중에 발언권을 달라는 요지였다.

한숨 돌리긴 했지만, 다시 이어진 비공식 협의에서 아랍국들은 계속 우리 제안에 대한 심각한 우려를 표명하면서 철회를 요청하였다. 제안서 토의를 강행할 경우 아랍국들과 공개적 자리에서 충돌할 수밖에 없는 상황이 된 것이다. 전혀 예상하지 못했던 상황으로 인해 우리는 결국 심사숙고 끝에 제안서를 철회하기로 결정하였고, 당연한 결과로 제안 설명을 위한 발언 기회는 다시 오지 않았다.

아랍국들이 우리에게 제안서 철회를 요청한 것은 우리 제안이 채택될 경우 반폐쇄해인 지중해에서 아랍 연안국들이 이스라엘과 해양오염 방지를 위한 협력 의무를 부담해야 하는 결과가 되기 때문이었다. 아랍-이스라엘 분쟁이 상존하는 지중해 연안국들에게 우리 제안이 미치는 정치 외교적 함의까지 미처 헤아리지 못한 게 화근이었다.

모처럼 시도한 공식 제안이 무산되어 못내 아쉬웠지만 내가 참석한 첫 번째 유엔회의에서의 이 경험은 세계 각국의 다양한 이익이 서로 중첩 또는 충돌하는 다자협상에서 공통분모를 찾아내어 합의(agreement)나 총의(consensus)에 도달한다는 게 얼마나 힘든 것인지 깨닫게 해주었다. 그리고 어떤 내용의 제안이든 소기의 성과를 거두기 위해서는 직간접으로 영향을 받을 수 있는 여타 이해 관계국들과 충분한 시간적 여유를 두고 사전 정지(整地) 작업을 해야 한다는 교훈을 얻었다.

유엔과의 첫 인연

제3차 유엔해양법회의는 매년 봄 뉴욕에서 한 달간 정기회의를 하고 여름엔 제네바에서 또 한 달간 속개(續開) 회의를 진행하였기 때문에 나는 해양법을 담당한 3년 동안 매년 봄과 여름 두 번에 걸쳐 뉴욕과 제네바에 장기출장을 하는 드문 기회를 얻었다. 지금 생각하면 이러한 기회와 경험을 통해 키운 다자외교에 대한 관심이 훗날 내가 주제네바 차석대사에 이어 다자외교를 책임지는 외교차관과 주유엔 대사를 맡게 되는 데 밑거름이 되지 않았나 싶다.

40년 전 본부 대표단의 막내로 처음 참석한 회의에서 느낀 벅찬 감동과 나를 한없이 왜소하게 만들었던 뉴욕이라는 도시와 유엔 총회 회의장의 강렬한 첫인상은 지금도 내 가슴과 머리에 생생한 감각과 또렷한 이미지로 남아 있다. 밤 12시가 넘어 뉴욕에 도착한 날 맨해튼 상공에서 내려다본 거대한 야경에 압도되었던 나는 처음 상경한 시골 촌놈처럼 거의 넋이 나간 채로 며칠을 보냈다.

호텔과 대표부 회의실, 유엔 회의장에서 연일 어이없는 실수를 거듭하더니 급기야는 떠나는 날 대표단의 짐 일부를 호텔 로비에 두고 오는 실수까지 하기도 했다. 회의장에서는 잘 들리던 영어가 식당이나 거리에선 왜 그렇게 안 들리던지 … . 한번은 대표부 직원과 통화를 위해 유엔 회의장 내에 설치된 공중전화 박스에 들어가 다이얼을 돌렸는데, 흑인 특유의 억양으로 얘기하는 교환수의 영어 발음을 도저히 알아들을 수가 없어 조용히 수화기를 내려놓고는 바로 옆 전화박스로 자리를 옮겨 다시 통화를 시도한 적도 있었다. 그 자리에서 다시 전화를 걸면 또 그 사람이 받게 될까 겁이 났던 것이다. 명색이 정부 대표인데 별다른 기여도 없이 비싼 달러만 축내고 가는 거 아닌가 하는 걱정이 들기 시작했고 그래서는 안 되겠다는 다짐을 수도 없이 되뇌며 한 달을 보냈던 기억이 새롭다.

사실 외무부에 들어온 지 1년도 채 안 된 직원을 이처럼 큰 회의 대표단에 포함시켜 한 달 동안이나 뉴욕에 장기출장을 보내는 것이 당시 분위기로는 결코 쉬운 일이 아니었다. 그게 가능했던 것은 박수길 조약국장이 인재를 키우려면 사무관 때부터 투자해야 한다는 평소 소신을 밀어붙였기 때문이었다.

나중에 안 일이지만 대표단 결재 상신과정에서 내 이름과 직책이 장관 눈에 띨까 봐 두 페이지면 족할 대표단 명단을 일부러 세 페이지로 만들어 명단 맨 끝에 내 이름을 슬쩍 끼워 넣었다 한다. 단돈 1달러라도 아껴야만 했던 시절에 항공료와 숙박비를 포함해서 1인당 수천 달러를 써야 하는 회의에 이제 갓 들어온 피라미 외교관을 보내겠다는 말씀을 차마 장관께 직접 드리기는 어려웠을 것이다.

비싼 달러만 축내는 대표가 될 수는 없어

시작은 이처럼 미미하고 부족했지만, 2년 후 해양법 협상이 마무리되던 시점에서 나는 제법 제 몫을 하는 외교관이 되어 있었다.

1982년 봄에 개최된 마지막 회의에서 나는 후반부를 맡아 뉴욕 출장을 떠났다. 모든 회의가 그렇듯이 막바지에 이른 회의는 숨가쁘게 움직였다. 마지막 주말을 하루 앞둔 금요일 오후 회의장에 앉아 있던 나를 등 뒤에서 누가 툭 치더니 곁에 앉았다. 조약국장을 마치고 유엔으로 자리를 옮긴 박수길 공사였다.

"본부에서 전문이 왔는데, 조 사무관을 곧바로 귀국시키라는구먼. 내주 초에 협약이 채택될 텐데 본부에서 대표단에 훈령을 내리려면 종합적 판단을 해야 하는데 그럴 만한 직원이 없다는 게 이유인 것 같네. 서둘러 본부로 돌아가기 싫으면 지금 얘기하게. 내가 본부에 건의할 테니 … ."

회의가 1주일밖에 안 남았고 역사적인 유엔 해양법협약 채택을 현장에서 지켜볼 수 있는 기회를 놓치는 게 좀 아쉬웠지만 본부 사정을 고려하지 않을 수 없었다.

"아닙니다. 들어가겠습니다. 본부 사정이 오죽하면 절 들어오라고 하겠습니까? 이번 주말에 귀국하겠습니다."

"그래? 그럼 해양법협약 채택시 개별조항에 대한 표결 가능성이 없지 않으니 떠나기 전에 협약의 모든 조항에 대한 찬반투표 입장을 정리해 놓고 가게. 그리고 표결시 입장 설명(EOV: *Explanation of Vote*)이 필요한 조항이 있으면 그에 대한 발언문도 작성해 두게."

귀국해서 월요일에 출근하려면 늦어도 뉴욕 시간 토요일 오후 비행기로 떠나야 했으니 내게 남은 시간은 하루밖에 없었다. 해양법협약 320개 조항에 대한 찬반투표 입장을 정리하고 우리의 민감한 이해관계가 걸린 5~6개 조항에 대한 EOV 발언문 초안까지 작성하려면 밤을 꼬박 새워도 모자랄 판이었다.

박 공사의 평소 업무스타일이 그렇기도 했지만 나를 테스트하려는 의도도 없지 않은 것 같았다. 1960년 제2차 유엔해양법회의 당시에는 우리 수석대표가 미국 입장에 반하는 발언을 하는 바람에 즉각 경질된 적이 있었다는데 어쩌면 그런 일이 되풀이될지 모른다는 염려도 작용하였을지 모른다. 나는 그날 밤을 하얗게 지새우고 토요일 오전 사무실에 출근한 박 공사에게 320개 조항별 찬반투표 입장을 담은 일람표와 EOV 발언문 초안에 관한 마지막 보고를 하고 그날 오후 비행기로 귀국하였다.

동맹국의 요청으로 깊어진 고민

월요일에 출근하자마자 이시영 국제기구조약국장이 나를 사무실로 불렀다.

"미국으로부터 유엔 해양법협약 채택에 반대해 달라는 요청이 왔네. 반대가 어려우면 최소한 기권이라도 해 달라는 요청인데 자네 생각은 어떤가?"

나는 깜짝 놀랐다. 아무리 동맹국인 미국의 요청이라 하더라도 그때까지 우리 정부가 취해 온 입장에 비추어 협약 채택에 반대한다는 건 있을 수 없는 일이었다. 9년이나 되는 긴 세월을 대규모 대표단을 파견하며 국익을 지키기 위해 총력을 기울여 온 마당에 타당한 이유 없이 기권한다는 것도 생각할 수 있는 옵션이 아니었다. 나는 이런 내 생각을 가감 없이 말씀드렸다. 이 국장은 잠시 깊은 생각에 잠기더니 그런 라인으로 훈령안을 만들어 오라고 지시하였다.

나는 미국의 요청사항과 이에 대한 우리 정부 입장을 정리한 훈령안을 만들어 다시 이 국장 사무실로 내려갔다. 이 국장은 내가 작성한 결재서류에 무언가를 덧붙여 쓰기 시작했다. 들여다보니 훈령안 결론 부분을 손질하고 있었다. 협약 채택에 찬성 투표하는 것을 기본 입장으로 하되 미국의 요청과 현지상황 등 제반사정을 감안하여 대표단이 적의(適宜) 판단하여 대처하라는 요지였다.

대세를 거스르면서까지 미국과 입장을 같이한다는 것은 전반적인 국익에 부합하는 것이 아니었지만 동맹국의 요청을 소홀히 할 수도 없었기에 현지 대표단의 고민이 컸을 것이다. 그러나 우리는 결국 유엔 해양법협약 채택에 찬성 투표하였다. 미국은 물론 반대 투표하였고, 이 글을 쓰고 있는 지금까지도 협약을 비준하지 않고 있다. 공해상 항행의 자유(*freedom of navigation*)가 훼손될 수 있다는 안보상의 우려가 주된 이유이지만, 심해저 자원개발에 관한 미국의 이익을 해칠 수 있다는 우려에서 미국 광산업체들이 반대하는 것도 주요 이유 중의 하나인 것으로 알려져 있다.

그러나 협약은 1994년에 발효요건을 충족하여 정식 발효하였고, 12해리 영해, 24해리 접속수역, 200해리 배타적 경제수역 등 주요 조항은 국제관습법으로 인정되고 있어 협약을 비준하지 않은 국가들에게도 국제법적 효력을 발휘하고 있다.

한·미간 이견은 명민한 외교로 관리해야

40년 전의 한·미 관계는 양자외교뿐 아니라 다자외교 현장에서도 지금보다 훨씬 더 기울어진 운동장이었지만, 우리가 미국의 반대편 입장에 선 경우가 적지 않았다. 그러나 그로 인해 양국간에 외교적 문제가 발생한 적은 거의 없었다. 솔직하고 투명한 대화와 소통으로 상호 신뢰가 훼손되지 않도록 노력했기 때문이다.

지금까지도 그래왔지만 한 · 미 양국은 앞으로도 때때로 상이한 입장을 취하지 않을 수 없는 상황에 놓이게 될 것이고, 미 · 중 대립이 격화되면 될수록 그런 상황은 더욱더 빈번해질 것이다. 중요한 것은 어떤 경우에도 한 · 미 양국 관계는 동맹의 가치와 비전이 훼손되지 않도록 명민하게 관리되어야 한다는 것이다.

이는 쌍방의 노력이 필요한 것이지만 상당 부분 우리가 어떻게 판단하고 행동하는가에 달려 있다. 우리의 판단과 행동의 기초가 되어야 할 확고한 원칙과 기준이 필요한 이유이다.

제 2 장

떠오르는 통상외교

한·미 통상마찰과 통상외교의 부상

우연히 찾아온 통상외교와의 인연

내가 통상외교에 발을 들여놓게 된 건 아주 우연한 계기를 통해서였다. 방콕 근무기간 3년이 다 되어 가던 1987년 여름 어느 날 권종락 통상1과장으로부터 가을에 귀국하면 함께 일하자는 연락이 왔다. 나는 대학시절에도 경제학 원론 강의 이외에는 경제학 수업을 듣지 않았을 만큼 경제 분야에 별 관심이 없었고, 외무부에 들어갈 때에도 통상 업무가 외교 업무라는 기본인식조차 없었기 때문에 권 과장의 제의가 썩 마음에 와 닿지는 않았다. 그러나 가까운 선배의 제의를 즉석에서 물리칠 수는 없는 일이어서 생각해 보겠다고 얘기하고는 대사관 선배인 임홍재 서기관에게 조언을 구하였다.

그는 방콕 부임 이전에 국제경제국에서 근무하였기 때문에 그쪽 분야 일을 잘 알고 있었다. 임 서기관은 외교관을 하려면 경제 업무도 알아야 하는데 마침 통상1과는 대미통상 업무를 담당하는 과여서 일도 많고 배울 것도 많으니 권 과장의 제의를 받아들이는 게 좋겠다고 조언하였다.

통상외교에 발을 들여 놓다

당시는 통상마찰로 한·미 양국 관계가 껄끄러워질 만큼 통상문제
가 주요 외교 이슈로 막 떠오르던 시점이어서 외무부의 통상 업무가
폭주하고 있었다. 과거에는 인기 없는 부서였던 통상국이 한·미 통
상마찰로 장·차관의 관심을 끌 만큼 주목받는 부서로 부상하여, 우
수한 인재들이 많이 모여들고 있었다. 나는 임 서기관의 조언에 따
라 통상국에 한번 근무해 보기로 마음을 정하고 그해 가을에 귀국하
여 통상국에 발을 들여놓게 되었다. 그것이 이후 30년 가까이 나를
통상 분야의 전문가 아닌 전문가로 묶어 놓는 시발이 될 줄이야 누
가 알았으랴.

　나를 통상 분야에 끌어들인 권 과장은 그 후 다시 정무 쪽으로 방
향을 틀어 나중에 외교부 차관을 지내다 안타깝게도 2010년에 유명
(幽明)을 달리하였다. 외교부 내에서 서로 다른 분야에 몸을 담고
있는 바람에 다시는 함께 일할 기회를 갖지 못하였으니 그것도 아이
러니라면 아이러니라고나 할까. 권 차관은 작고하기 수개월 전에 일
부러 내가 대사로 있던 스페인 마드리드에서 아프리카지역 공관장
회의를 열도록 하여 그 회의를 주재하러 나를 찾아왔다. 그때 그 만
남이 마지막 작별이 될 줄 미리 알았더라면 지금 그를 생각하는 내
마음이 이토록 허전하지는 않을 것이다.

한·미 지재권 분쟁과 허술한 합의문서 협상

소급보호를 인정한 최초의 굴욕적 통상협정

1987년 가을 통상국에서 내게 처음 맡겨진 일은 한·미 지적재산권 분쟁이었다. 좀더 정확히 얘기하면 미시판(未市販) 물질특허 보호에 관한 한·미 분쟁을 다루는 일이었다. '미시판 물질특허'란 이미 특허를 받았으나 아직 시판되지 않은 물질특허를 말한다. 시장에 나오기 위한 중간과정의 품목이라는 의미에서 'pipeline products'라고 불렸다. 그 전해인 1986년에 한·미 양국은 이른바 소급보호(遡及保護)를 인정한 최초의 굴욕적 통상협정이라는 오명을 남긴 지재권 협정을 체결하였는데, 미시판 물질특허 분쟁은 바로 이 협정의 이행과정에서 발생한 후속분쟁이었다.

1986년 지재권협정 체결 당시 미국은 우리나라의 지재권 보호제도가 미비하여 수많은 미국의 저작물과 상품들이 지재권을 침해당하고 있다고 주장하고, 우리의 저작권법과 컴퓨터프로그램 보호법 등 관련 국내법을 대폭 개정하여 지재권 보호를 강화할 것과 일정

범위 내에서 미국의 저작권과 특허권 등에 관한 소급보호를 인정해 줄 것을 요구했다. 원래 소급보호는 국내법이나 국제법을 막론하고 인정하지 않는 게 일반 원칙임에도 불구하고, 미국의 거센 압력과 당시 정통성 문제로 어려움을 겪던 전두환 정권의 정치적 결정으로 소급보호에 합의해 준 것이었다. 당시 정부 내 젊은 관료들은 한·미 지재권협정을 을사늑약에 비유하여 굴욕적 합의에 관여한 정부 고위인사들을 '5적'(五賊)이라고 부르기도 하였다.

1986년 한·미 지재권협정은 특허권 관련 양해록(諒解錄) B조 7항에서 1980년 1월 1일 이후 미국에서 특허를 받고 개정 특허법 발효일 이전에 한국이나 미국에서 시판되지 않은 특정 물질은 한국 내에서 행정지도를 통하여 10년간 보호받도록 규정하였는데, 문제는 협정 체결 후 미 업계로부터 소급보호 품목 신청서를 받는 과정에서 발생하였다.

미국 정부가 업계의 신청서를 받아보니 당초 예상과는 달리 신청품목이 무려 천여 개에 달하였고, 심사를 해보니 거의 모든 신청품목이 소급보호 요건에 합치하는 것이었다. 미국은 당연히 협정 규정에 따라 신청품목 모두를 소급보호해 줄 것을 요청했다. 그러나 우리 정부는 미국이 협상 당시 소급보호 대상품목이 몇 개(a handful of products) 밖에 되지 않는다고 간청하여 대승적 견지에서 합의해 준 것인데 이제 와서 천여 개의 품목을 소급보호해 달라는 것은 있을 수 없는 일이라고 미국 요청을 일축하였다.

이에 대해 미국은 협상 당시에는 미국 업계에서 소급보호를 요청한 품목이 불과 몇 개 되지 않아 그렇게 얘기했는데, 협정 체결 후 업계로부터 신청서를 받아 심사해 보니 신청품목 모두 협정의 요건에 합치하니 어쩔 수 없지 않느냐면서 입장을 굽히지 않았다. 내가 통상국에 발을 들여놓았을 무렵 양국간 논쟁은 여기까지 와 있었다.

글자 몇 개만 적어 넣었으면 챙겼을 국익

협상 당시 미국이 소급보호를 요청하는 품목이 몇 개에 불과하다고 했으면 협정문에 그렇게 명시적으로 써 두었어야 할 일이 아닌가. 그들의 표현대로 '소수의 품목'(a handful of products)이라고 하든지, 아니면 '10개 이내의 품목'이라고 하든지 어떤 표현으로든 소급보호 품목이 일정 수를 초과해서는 안 된다는 걸 협정에 명확히 규정해 두었으면 이런 일이 생기지 않았을 것이었다. 미국이 협상 당시의 양해를 무시하고 천여 개에 달하는 품목에 대해 소급보호를 요구하는 건 도덕적으로는 나무랄 수 있는 일이었지만, 법률적으로는 어쩔 도리가 없는 것이었다.

내가 만난 미국 관계관도 개인적으로는 한국 정부에 대해 미안한 생각을 갖고 있으나 협정은 엄격히 텍스트에 따라 적용하고 해석해야 하는 것이므로 미국 정부로서는 물러설 수가 없는 상황이라고 토로하였다. 우리가 아무리 안 된다고 해 봐야 될 일이 아니고, 된다 하더라도 '소 잃고 외양간 고치기'에 불과하였다.

문제해결을 위해 특허청장을 수석대표로 한 양국간 실무협의와 국내 대책회의를 얼마나 자주 개최했는지 기억조차 할 수 없을 정도였으나 양국의 입장 차이는 좁혀지지 않았다. 거의 2년 가까이 끌던 양국 협의는 결국 문제의 본질은 덮어 둔 채 외양만 구색을 갖추어 마무리되었다. 미국 업계가 신청한 품목들은 소분류 방식을 따르면 총 품목 수가 천여 개가 되지만 대분류 방식을 따르면 숫자를 대폭 줄일 수 있었기 때문에 최대한 품목 수를 줄일 수 있는 표기방법을 찾다보니 100여 개로 줄일 수가 있었다. 누구의 아이디어였는지는 모르지만 당시에는 솔직히 기가 막힌 묘안이라고 생각했었다. 문제를 근원적으로 해결할 방법이 전혀 없었기 때문이다.

협상결과 못지않게 중요한 문서화 작업

전문협상가가 아닌 사람들이 대외협상을 할 때 흔히 저지르는 실수는 협상결과를 문서화하는 작업이 협상결과 못지않게 중요하다는 점을 간과한다는 것이다. 관세를 몇 퍼센트 내린다든가 수입규제 조치를 어떤 조건하에서 해제한다든가 하는 실질사항에 관한 합의내용이 중요하지, 그 합의결과를 어떤 문안으로 어떻게 문서화할 것인가는 별로 중요하게 생각하지 않는다. 사실상 합의내용을 문자로 실체화하고 기록으로 남겨 나중에 양측간 분쟁이 생겼을 때 법률적 해석과 적용의 근거가 되는 것은 정작 합의문서인데도 말이다.

우리는 이런 문서화 작업의 중요성을 너무 등한시하는 반면 미국은 지나치다 싶을 정도로 이를 중시하는 경향이 있다. 미국 협상가들의 대부분이 변호사 출신인 것도 이런 연유에서다. 아니 그들이 변호사이기 때문에 더 그런지도 모른다. 그들은 자국의 권리를 확보할 수 있는 최선의 협정을 만들어 내기 위해 협상 당시에 상상할 수 있는 장래의 모든 경우를 상정하여 거의 완벽에 가까운 문안을 궁리해 낸다. 상투적 협정문의 경우도 예외는 아니다. 예컨대 우리말로 '⋯ 등(等)'이라는 표현을 그들은 반드시 '*including, but not limited to, ⋯*'라 표현하고, 합의내용을 훼손하는 조치나 행위를 금지하고자 할 때는 훼손한다는 동사(*impede* 또는 *impair*) 바로 뒤에 꼭 '*directly or indirectly*'라는 말을 집어넣는다. 있을 수 있는 모든 위반행위를 금지하기 위해 빠져나갈 길을 미리 봉쇄하기 위함이다.

반면 우리나라 사람들은 협상 테이블에서 이런 시시콜콜한 문제를 따지는 걸 소인배(小人輩)나 하는 짓으로 여기고 부끄러워하는 경향이 있다. 이런 문화적 차이에서 오는 소홀함이 위와 같은 문제를 낳는 것이고 결과적으로 협정 이행과정에서 끊임없는 분쟁을 유발하는 것이다. 물론 마무리 게임에서 우리가 판판이 깨지는 건 두말할 나위도 없다.

한·미 통상 합의문서가 서한교환 형태가 된 연유

한·미 통상 합의문서는 조약이 아니다?

통상국에 들어가 그 전해에 합의된 한·미 지재권협정이나 협상 마무리 단계에 있는 담배협정 등 여타 합의문서의 내용과 형식을 들여다보니 일부를 제외하고는 대부분 조약형식으로 체결되어 있었고, 내용도 우리의 관련법을 개정하거나 새로운 입법을 하겠다는 중요한 약속 등이 포함되어 있었다. 그런데 그 합의문서들이 법제처의 심사는커녕 외무부 조약국의 검토도 거치지 않은 채 이행되고 있었다. 한·미 통상 합의문서는 양국 정부간 법적 구속력을 가진 조약이나 협정이 아니라 우리 정부가 미국과의 협상결과에 따라 이러이러한 분야에서 시장개방 및 제도개혁 조치를 취하겠다는 정치적 약속을 문서화한 것이라는 게 그 이유였다.

나는 한·미 통상 합의문서가 법적 구속력이 있는 조약이 아니라는 데 개인적으로 동의하기 어려웠지만 이미 관행화되어 절차를 바꿀 수 없는 현실이라면 최소한 합의문서의 형태만이라도 예외 없이 조약문이 아닌 문서형태로 바꾸어 정형화해 두어야 추후 절차적인 문제제기를 차단할 수 있다고 생각했다.

한·미 포도주 협상과 합의문서 형식 변경논쟁

이러한 생각을 구체화할 수 있는 기회는 1989년 1월에 있었던 한·미 포도주 협상에서 찾아왔다. 나는 재무부 국장을 수석대표로 한 정부 대표단의 일원으로 워싱턴에 도착하여 협상에 참여하였다.

실질적 내용은 재무부와 국세청 소관이었기에 나는 합의내용을 반영하여 미국이 제시하는 문서초안에 어떤 문제가 없는지 찾아내는 일에 주력하였다. 뭔가 이상한 낌새가 보일 때마다 문제를 제기하곤 했다. 내가 본질과는 상관없는 기술적 문제를 자꾸 제기하는 게 협상의 원만한 타결에 지장을 초래할 우려가 있다고 판단했는지 몇몇 우리 대표들이 내게 자제를 촉구하였다. 그때마다 나는 합의내용을 문서화하는 일은 외무부 소관이고, 내가 실무대표로서 그 책임을 지고 왔으니 임무수행을 도와주지 못할 거면 방해하지는 말라고 하였다. 다른 부처 동료들의 얼굴에 못마땅해 하는 표정이 역력했지만 나는 내가 해야 할 일을 해야만 했다.

협상 마지막 날 미국이 제시한 합의문서 초안을 조항별로 검토하다가 어떤 부분에서는 '수입 포도주'(*imported wine products*)라는 표현을 쓰고, 어떤 부분에서는 그냥 '포도주'(*wine products*)라는 표현을 쓰고 있음을 발견하고, 일관성을 유지하기 위해 표현을 통일하는 게 어떠냐고 물었다. 미국이 순순히 받아줄 줄 알았는데 의외로 정색을 하며 그럴 수 없다는 반응을 보이는 것이 아닌가. 그때까지 무심하게 앉아 있던 국세청 과장이 자세를 고쳐 앉더니 내게 물었다.

"미국 사람들이 지금 뭐라고 하는 겁니까?"

표기문제 관련 내 지적에 대한 미국의 반응을 설명하니 그는 미국 주장대로 하면 우리 시장에서 수입 포도주가 유리한 대우를 받는 결과가 되기 때문에 안 된다면서 펄쩍 뛰었다. 그제서야 우리측 수석대표는 문안을 좀더 꼼꼼히 들여다봐야겠다는 생각이 들었는지 나더러 미국이 내놓는 문안을 자세히 들여다보라고 당부하였다.

조약문 형태를 서한교환 형식으로

나는 기회가 왔다고 생각하고 이 참에 합의문서 형식을 바꾸는 문제도 제기하기로 마음먹었다. 협상 마감시한을 몇 시간 앞두고 합의문서를 서한교환(exchange of letters) 형식으로 바꾸자고 제안하였다. 1983년 한·일 북해도 조업분규를 타결했을 당시의 합의문서 형식이 떠올랐기 때문이었다. 미국 대표단의 캐서린 존스 변호사가 즉각 부정적 반응을 보였다.

"합의 형식을 바꾸는 건 절대로 안 됩니다. 미국 통상법상 301조 조사를 종료하려면 상대국과 협정(agreement)을 체결해야 한다고 규정되어 있기 때문입니다."

나는 합의문서가 반드시 조약문 형태로 이루어져야 하는 건 아니지 않느냐고 반문하고 이렇게 반박했다.

"합의 자체도 중요하지만 합의를 제대로 이행하는 것도 그 못지않게 중요한 것 아닙니까? 합의문서를 조약문 형태로 하면 우리는 법제처 심사를 거쳐야 하고 경우에 따라서는 국회 동의도 받아야 할지 모릅니다. 그런데 우리는 지금 여소야대(與小野大) 정국이라 합의문에 서명한다 하더라도 국회의 동의를 받을 수 있을지 장담할 수 없는 상황입니다. 국회의 동의를 받지 못하여 합의가 이행되지 못하는 상황은 미국도 원하지 않는 게 아닌가요?"

"그건 내가 걱정할 일이 아니지요."(It's none of my business)

한마디로 네 일은 네가 알아서 할 일이지 왜 우리더러 신경을 쓰라는 거냐는 투였다. 나는 안 되겠다 싶어 그때부터 미국이 제시한 합의문 초안 중 마음에 안 드는 문안에는 몽땅 브래킷(괄호)을 치기 시작했다.

"미국이 합의문서 형식을 바꾸는 데 동의하지 않는다면, 우리도 브래킷 속의 문안을 절대로 수용할 수 없습니다."

우리 대표들의 표정이 어두워지기 시작했다. 나 때문에 협상이 깨질 것 같았기 때문이었다. 그러나 미국 통상법상 301조 조사를 개시한 후 일정기간 내에 합의에 이르지 못하면 301조 보복조치를 취해야 하는데, 미국이 협상을 깨고 보복조치를 택할 리는 없었고 몇 시간 후면 그 시한이 도래하기 때문에 미국으로서도 시한에 몰릴 수밖에 없었다.

나의 판단은 맞았고 버티기 작전은 성공하였다. 미국은 막판에 내가 쳐 놓은 브래킷을 벗기는 조건으로 합의문서 형식을 서한교환 형식으로 바꾸는 데 동의했다. 이에 따라 당초 조약문 형식으로 만들어졌던 미국 초안을 바꾸는 작업이 시작되었다. 한국 정부는 미국 정부에 대한 서한을 통해 한·미 양국간 협상결과에 따라 포도주 수입에 관한 제도를 이러이러한 방향으로 변경하겠다는 방침을 통보하고, 미국은 이에 대한 회답서한을 통해 한국측 서한을 접수하였음을 확인하는 형식이었다.

다만 미국 통상법 규정상 협정(*agreement*) 체결이 필요하다는 미국 주장을 감안하여 양측 서한 말미에 "이 서한교환은 한국 정부가 취할 조치에 관한 양국 정부간 양해를 반영하는 것이다"(*reflects mutual understanding*)라는 문안을 추가하기로 합의하였다.

이와 같은 서한교환 방식은 이후 한·미 양국 정부간에 체결된 통상관련 합의문서의 정형화된 형식이 되었다. 그러나 그런 합의가 거저 이루어진 게 아니라 위와 같이 까다로운 협상의 결과라는 사실을 아는 사람은 많지 않다.

공무원은 영혼이 없는 존재?

한·미 통상 합의문서가 조약이 아니라는 당시 정부의 공식입장에 내가 개인적으로 동의하지 않았다는 것은 위에 언급한 바 있다. 나뿐만 아니라 당시 직속상관이었던 권종락 통상과장도 같은 의견을 갖고 있었다.

그러나 이미 수년 동안 조약 체결절차를 밟지 않고 시행되고 있던 상황에서 절차적 관행을 바로잡는다는 것은 현실적으로 가능한 선택지가 아니었다. 그럼에도 불구하고 국회에서 이 문제가 거론될 가능성은 늘 있었다. 그 경우 어떻게 대응해야 할 것인가 하는 문제를 두고 권 과장과 나는 깊은 고민에 빠졌고, 답변논리를 마련하기 위해 머리를 쥐어짜며 고심하기도 했었다.

　그러나 행인지 불행인지 당시 여소야대 국회는 이 문제를 전혀 거론하지 않았다. 그렇다고 해서 실무자인 우리들이 손을 놓고 앉아 있을 수는 없는 것이었다. 한·미 포도주 협상을 계기로 양국간 통상 합의문서의 형태를 조약이나 협정이 아닌 서한교환 형식으로 바꾸기 위해 내가 필사적인 노력을 한 것은 바로 이런 절차적 문제가 국내에서 제기될 경우에 대비하기 위한 것이었다. 쉽게 얘기하면 문제를 근원적으로 해결할 수 없는 상황에서 최소한 절차적 하자를 보완하는 노력만큼은 해야 한다는 생각에서 취한 행동이었다.

　격동의 우리 현대사를 직접 외교현장에서 체험하며 격랑을 헤쳐 온 우리 세대에게 이보다 더한 갈등의 순간들이 한두 번이었겠는가? 그때마다 나는 이슈의 크고 작음에 상관없이 국익이 과연 어디에 있는지, 그리고 이에 대한 나의 판단이 국익에 부합하는 것인지를 깊이 고민한 연후에 그 결론에 따라 구체적 행동으로 옮기곤 했다.

한국은 팔을 비틀면 결국 움직인다?

미 무역대표부의 터프한 여성 협상가

1980년대 중반 미 무역대표부(USTR)에서 한국을 담당하던 사람은 샌디 크리스토프 부대표보였다. 그녀는 아주 큰 체구에 성격도 괄괄하고 시원시원하여 거침이 없었다. 협상장에서 하고 싶은 말은 거리낌 없이 다하는 성격이었다. 외모에서부터 언행까지 기가 세 보이는 여성이었기 때문에 그녀와 상대하는 우리측 대표들은 대부분 그 기세에 눌려 제대로 대응을 못하곤 하였다.

한번은 워싱턴 USTR 회의실에서 지재권 관계 회의를 하는데 그녀가 매우 위압적인 태도로 말을 하기에 말석에 앉아 있던 내가 한마디 대꾸했더니 그 자리에서 벌떡 일어나 회의장을 나가 버린 적도 있었다. 우리 대표들은 그런 행동을 하는 그녀보다 그녀를 화나게 만든 내가 더 못마땅하다는 눈치였다.

쓸데없이 버티다가 주지 말아야 할 것까지 다 내준다?

크리스토프 부대표보가 통상현안 협의를 위해 서울에 출장 온 어느 날 저녁 맥과이어 주한 미국대사관 경제참사관이 그녀를 위해 자택에서 간단한 다과회를 열었다. 나를 비롯한 우리 정부의 통상관련부처 관계관들과 교수 몇 명이 초청을 받아 자리를 함께하였다. 다과회가 대충 끝나갈 무렵 그녀와 잠시 둘이서만 소파에 앉아 얘기를 나눌 기회가 있었는데 그녀가 흥미로운 얘기를 꺼냈다.

지난 몇 년간 한국과 대만을 상대로 협상을 해보니 두 나라의 협상행태가 전혀 딴판이면서도 실상은 아주 비슷하더라는 것이었다. 한국은 협상 초기에는 무조건 안 된다는 얘기부터 하는 반면, 대만 사람들은 뭐든지 다 들어줄 것 같은 태도를 보이는데 막상 협상을 해 보면 양쪽 다 되는 게 하나도 없기는 마찬가지라는 거였다. 양국 모두 미국이 강하게 압박하면 그때서야 움직이기 시작하고 결국은 다 내놓을 수밖에 없는 상황으로 몰리게 된다는 것이었다.

스타일만 다르지 결과에서는 양쪽 다 똑같은 것 아니냐면서 한국은 미국과의 협상에서 우선순위를 정하여 무얼 주고 무얼 끝까지 지켜야 할지 분명한 그림을 가지고 협상에 임하는 것이 좋겠다고 충고했다. 속된 말로 얘기하면 미국이 매만 들면 결국 다 내놓게 되어 있는데 쓸데없이 버티다가 주지 말아야 할 것까지 다 내주는 상황으로 몰리지 말고, 사전에 치밀한 계산하에 지킬 거나 최대한 지키는 게 득이 아니겠느냐는 거였다.

우리가 얼마나 만만해 보였으면 그런 말을 했을까? 우리를 상대하는 USTR의 담당관이 우리의 치부를 저렇게 다 들여다보고 있으니 싸움의 결과는 뻔한 게 아니었겠는가? 평소보다 부드러운 표정으로 하는 그녀의 말에서 제법 진정성이 느껴졌고 자기 딴에는 우리를 위하는 마음에서 한 말이었겠지만 내 가슴은 먹먹하기만 했다.

동맹(同盟)이면서 종종 속앓이를 하게 하는 나라

멋지게 한번 협상을 깨보고 싶은 충동

한·미 통상마찰이 매일 국내신문의 1면을 도배하다시피 하던 1988
년 어느 날 홍순영 경제차관보가 나를 사무실로 불렀다.

"주한 미국 상공회의소(AMCHAM)에서 한·미 통상관계를 주제
로 오찬 연설을 해 달라는 요청이 왔네. 내가 평소에 하고 싶었던 얘
기를 중심으로 대충 연설문 초안을 만들어 보았는데, 자네가 한번
읽어 보고 다듬어 주게."

당시 나는 통상국에 근무하면서 홍 차관보의 보좌관 역할을 겸하
고 있었다. 그는 항상 자신의 연설문 초안을 직접 쓰지 남에게 통째
로 맡기는 법이 없었다. 정 시간이 없어 초안을 작성하기 어려울 경
우에는 최소한 핵심 메시지라도 메모하여 건네주곤 했다. 홍 차관보
가 친필로 작성한 영문 연설문 초안을 사무실에서 읽다가 나는 가슴
한구석이 시원해지는 걸 느꼈다. 그때까지 우리 정부의 어떤 인사로
부터도 들어보지 못한 직설적인 대미 메시지가 담겨 있었다.

연설문 초안은 한·미 통상마찰의 진원(震源)을 주한 미상공인들로 지목하고 그들이 한국 시장에서 겪게 되는 문제나 애로사항을 한국 정부와 상의해서 해결하려는 진지한 노력은 하지 않고 곧바로 USTR로 달려가 고자질(?)하는 바람에 불필요한 정부간 분쟁으로 비화하고 있는 것이라고 비판하면서, 앞으로는 문제가 있으면 내 사무실 문을 먼저 두드리라는 말로 끝을 맺고 있었다.

홍 차관보는 당시 북방외교(北方外交) 단장을 겸임하고 있어서 중국, 소련 및 동구권과의 수교에 전념하느라 통상문제에는 깊이 관여하고 있지 않았지만, 한·미 통상마찰은 단순한 통상문제가 아니라 우리 외교의 근간인 한·미 관계를 흔들 수도 있는 사안이었기 때문에 각별한 관심을 갖고 있었다.

가끔씩 사석에서 "나한테 한·미 통상협상을 맡겨주면 아주 근사하게 협상을 한번 깨 보겠는데 …"라는 말을 할 만큼 우리 정부의 대미 통상협상 행태를 못마땅해 하곤 했다. 당시 한·미 통상협상은 대부분 국장급에서 이루어지고 있었고 미측 협상 카운터파트의 문제도 있고 해서 외무부 경제차관보가 협상에 직접 나설 기회가 별로 없었는데, 홍 차관보는 주한 미상공회의소 오찬 연설이 한·미 통상문제에 대한 자신의 평소 생각을 미국뿐 아니라 우리 정부와 업계에도 알릴 수 있는 좋은 기회라고 생각했음이 틀림없었다.

처음 들어보는 정부 고위인사의 직설적인 대미 메시지

홍순영 차관보가 오찬 연설을 하던 날 나는 헤드테이블 바로 옆 테이블에 앉아 연설을 경청하고 있었다. 연설 마지막 부분에서 홍 차관보가 주한 미상공인들을 비판하는 대목에 이르자 내 곁에 앉아 있던 미측 업계인사가 옆사람 들으라는 듯이 큰 소리로 말했다.

"저 사람 미친 거 아니야!"(He is crazy!)

돌아보니 그는 어이가 없다는 표정을 짓고 있었다. 한국 정부관료가 어디 감히 공개석상에서 그따위 얘기를 하느냐는 표정이었다. 나는 그의 얼굴에서 한국과 한·미 관계를 대하는 미국 기업인들의 속마음을 읽었고, 그들의 눈에 비친 우리의 부끄러운 모습도 함께 보았다. 그 순간 홍 차관보의 메시지를 더 확산시킬 필요가 있다는 생각이 들었다. 오찬장에서 사무실로 돌아오자마자 곧바로 홍 차관보 방으로 올라갔다.

"차관보님, 오늘 연설문을 국문으로 번역해서 출입기자들에게 배포하는 게 좋겠습니다. 여태까지 들어보지 못했던 메시지라 언론의 관심을 끌 수 있을 거라고 생각됩니다. 그리고 이젠 이런 얘기를 공개적으로 해야 할 때가 된 거 아닙니까?"

홍 차관보는 나를 물끄러미 바라보더니 씩 웃으며 말했다.

"그렇게 해보지."

한 시간 만에 국문 번역본을 만들어 홍 차관보에게 보여 드린 후 기자실에 내려가 국·영문 연설문을 배포하였다.

의외로 뜨거웠던 국내 여론반응

다음 날 아침 조간에 일제히 홍순영 차관보의 주한 미상공회의소 연설 관련기사가 실렸다. 놀랍게도 거의 모든 신문이 연설문의 앞뒤만 빼고 전문을 게재하다시피 하였다. 장관도 아닌 차관보급 관료의 연설문이 주요 일간지에 전재(全載)된 건 전례가 없거나 있더라도 매우 드문 케이스였을 것이다. 미국 앞에만 서면 한없이 작아지는 것이 우리 관료들인 줄 알았는데, 홍 차관보의 연설내용은 그렇지 않은 관료도 있음을 증명하는 것이었기 때문이다.

우리의 의식 속에 늘 소중한 파트너로 큰 자리를 차지하고 있으면서도 기울어진 힘의 관계로 인해 종종 말 못할 속앓이를 하게 만드는 나라, 미국은 우리에게 바로 그런 존재였기에 홍 차관보의 연설은 우리 국민들에게 한 잔의 청량음료처럼 느껴졌을 것이다.

수퍼 301조 협상의 마지막 샅바 싸움

불공정무역 국가로 낙인찍힌 한국

1988년에 미국은 이른바 '종합무역법'(Omnibus Trade Act of 1988) 이란 걸 만들어 그 이듬해인 1989년에 일방적으로 우리와 같은 일부 신흥무역국들을 불공정무역국으로 낙인찍어 전방위적(全方位的) 개방압력을 가해 왔다. 그전까지는 1974년에 제정된 통상법 301조 규정상의 보복조치를 무기로 특정 교역국의 특정 관행을 불공정 관행(*unfair practice*)으로 지정한 후 협상을 통해 이를 시정하거나 폐지 할 것을 종용했다. 반면, 1988년 종합무역법은 한 나라 전체를 불공 정무역국으로 지정하여 미국의 통상이익이 침해되는 분야에서 한꺼 번에 불공정 제도와 관행을 제거하려는 것이었기 때문에 '수퍼 301 조'(Super 301)라고 불렸다.

이 법에 따라 미국은 우리나라와 대만, 인도, 브라질 등을 이른 바 '우선협상 대상국'(*priority foreign countries*)으로 지정하겠다고 압 박해 왔다. 그렇지 않아도 걸핏하면 '통상법 301조'를 전가의 보도처럼 휘두르며 우리에게 시장개방을 요구하던 미국에 대해 과민한 반응을 보이던 우리 언론은 발칵 뒤집혔다. 미국의 이런 조치가 우리나라를 아예 불공정무역국으로 낙인찍는 행위라고 일제히 비난하였다.

우리 외무부 실무자들은 이럴 때일수록 정부가 미국에 대해 의연하고 당당한 자세를 취해야 한다고 생각했다. 수퍼 301조에 대한 국제사회의 여론도 매우 비판적이었던 데다가 '우선협상 대상국'이란 말은 문자 그대로 협상 대상국 중에서 우선순위에 있는 나라라는 뜻이므로 우리가 협상을 거부한다고 해서 미국이 당장 보복조치를 취할 것도 아니었기 때문에 미국의 요구를 받아들여 즉각 협상에 나서기보다는 미국의 일방주의를 비판하면서 미국이 어떻게 나오는지 지켜본 후에 대응방안을 강구해도 늦지 않다는 생각이었다.

그러나 상공부가 앞장서서 미국의 협상요구를 받아들일 것을 강력히 주장하였다. 수퍼 301조 협상대상으로 당시 미국이 제기한 농산물, 투자, 국산화(localization) 등 3개 분야 중 투자, 국산화 문제가 상공부와 직접적으로 관련 있는 분야이기도 하였지만, 만약 우리 정부가 협상을 거부할 경우 상공부 소관분야인 제조업 분야에서 미국의 보복조치를 당할 우려가 있다고 판단하였기 때문이었을 것이다. 결국 상공부의 주장이 받아들여져 우리 정부는 수퍼 301조 협상에 응하기로 결정하였다.

당시 국정을 책임지던 정부 고위층 인사들에게는 한·미 관계를 훼손하지 않는 것이 매우 중요하였기 때문에 협상 자체를 거부한다는 것은 생각조차 할 수 없는 옵션이었을 것이다.

잠재우지 말고 체력으로 밀어붙여라

최종협상은 1989년 5월에 워싱턴에서 개최되었다. 아마 그때까지 개최된 양자 통상협상 중에서는 가장 큰 규모의 대표단이 참석한 협상이었지 않나 싶다. 수석대표로는 김철수 상공부 차관보가 임명되었고, 외무부 선준영 통상국장이 차석대표를 맡았다. 농림수산부는 제조업 분야의 이익을 지키기 위해 농업이익을 희생시킬 우려가 있다는 이유에서 상공부가 수석대표를 맡는 데 반대하였지만 상공부가 자기들이 협상을 주도하여야 한다고 강력히 주장하여 그리 결정되었다. 대신 농산물과 국산화 문제에 관한 분야별 협상은 각각 농림수산부와 경제기획원의 국장이 맡기로 하였다. 수석대표인 김 차관보는 투자분야 협상을 직접 이끌었는데, 나는 선 국장과 함께 이 투자분야 협상에 실무요원으로 참석하였다.

협상은 매일 밤 늦게까지 하루도 거르지 않고 진행되었다. 후문에 의하면 당시 우리 언론이 '철(鐵)의 여인'(iron lady)이라 불렀던 칼라 힐스 무역대표가 한국인들은 미국인보다 체력이 뒤떨어질 것이니 잠을 재우지 말고 체력으로 밀어붙이라고 지시했다고 한다.

그러나 그것은 힐스 대표의 오판이었다. 그녀는 우리 한국인들이 체력의 열세를 극복하고도 남을 만큼 강인한 정신력을 갖고 있다는 사실을 몰랐다. 막판에는 새벽까지 협상이 진행되는 바람에 회의장에서 거의 밤을 지새웠고 회의장 의자에 잠시 기대어 눈을 붙이는 게 고작이었지만 힘들어하는 우리 대표는 한 사람도 없었다. 오히려 시간이 갈수록 의식은 더 또렷해지는 느낌이었다. 나는 수석대표인 김 차관보와 차석대표인 선 국장이 앉아 있는 좌석 바로 뒤에 자리를 잡고 두 분의 보좌역할을 주로 하였다.

대한민국을 '바나나공화국'으로 아는가?

협상이 막바지에 이르렀을 무렵 미국이 합의문 초안을 내어 놓았다. 초안을 들여다보던 선준영 국장이 갑자기 언짢은 표정을 짓더니 미국 수석대표인 피터 알가이어 USTR 대표보에게 물었다.

"초안 말미의 일반조항(General Provisions)에 있는 이 표현은 뭡니까? '한국 정부가 향후 이 합의를 훼손하는(impair) 조치를 취할 경우 미국 정부는 미국 통상법상의 조치를 취할 권리를 유보한다'니, 대한민국을 무슨 '바나나공화국'(Banana Republic)으로 아는 겁니까? 합의를 시행도 해보기 전에 위반행위를 걱정하다니요? 그리고 지금까지 1주일 동안 밤을 새워가며 협상한 것은 미국 통상법상의 일방적 조치를 막기 위한 것이었는데, 이런 문안을 합의문에 포함시키려면 뭐 하러 이런 협상을 합니까?"

알가이어 대표보는 뜨악한 표정을 지으며 말했다.

"아니 뭐가 문제입니까? 이런 표현은 그동안 미국이 체결한 모든 통상협정에 공통으로 들어가 있는 문안인데요."

104

"우린 이런 문안을 수용할 수 없습니다. 다른 협정에도 있는 문안이라면 한번 가져와 보세요."

그 문제는 일단 접어놓고 다른 조항을 논의하는 사이에 미국 관계관이 대만과의 합의문서 하나를 샘플로 들고 왔다. 그러나 문안 표현이 우리 것과 달랐을 뿐 아니라 설사 같은 취지의 문안이었다 하더라도 이를 수용하는 것은 우리가 신뢰하지 못할 나라라는 걸 자인하는 결과가 될 뿐 아니라 수퍼 301조 협상의 경위에 비추어 보더라도 미국의 일방조치를 허용하는 문안을 수용할 수는 없었다.

선 국장은 강경 입장을 고수하였고, 알가이어 대표보도 자신의 주장을 굽히지 않았다. 미국 통상법상의 합의시한에 쫓기던 미국은 초조해지기 시작하였으나 합의이행을 담보하기 위한 문안을 포기할 수는 없었던 것이다.

당신이 우리를 치면 우리도 되받아친다

마지막 단계에서 협상이 암초에 부딪힌 것이다. 협상을 타결하기 위해서는 미국의 입장도 고려하면서 우리의 우려사항을 해소할 수 있는 방안을 찾아내야만 했다. 선준영 국장 뒤편에 앉아 있던 나는 메모 하나를 써서 선 국장에게 건넸다.

"국장님, 미국이 정 그 문안을 포기하지 못하겠다고 하면 미국 문안을 합의문 본문에서는 빼고 우리측 서한에 대한 미국 회답서한 말미에만 포함시키는 조건으로 수용하시는 게 어떻겠습니까? 대신 우리측 서한 말미에도 '미국 정부가 이 합의에도 불구하고 미국 통상법상의 일방적 조치를 취할 경우 한국 정부는 갓트협정상의 제반조치를 취할 권리를 유보한다'는 문안을 추가하겠다고 말씀하시지요."

선준영 국장은 고개를 끄덕이고는 곧바로 알가이어 대표보에게 이 방안을 우리측 대안으로 제시하였다. 알가이어 대표보의 얼굴에 당황한 기색이 역력하였다.

"미스터 선, 이건 '당신이 우리를 치면 우리도 되받아치겠다'(If you hit me, then I will hit you back)는 얘기 아닙니까? 지금까지 아주 우호적인 분위기에서 협상을 해 왔는데 막판에 이런 호전적 표현(bellicose language)을 쓸 필요가 있습니까?"

뒤쪽에 앉아 있던 내가 수석대표 허락도 없이 정색을 하고 알가이어 대표보에게 물었다.

"미스터 알가이어, 지금 우리측이 제시한 문안은 당신네 초안에서 빌려 온 겁니다. 당신네들이 쓰면 호전적이지 않은 표현이 우리가 쓰면 갑자기 호전적 표현으로 둔갑하나요? 그게 당신들이 그토록 강조해온 공정성(fairness)의 의미입니까?"

알가이어 대표보의 얼굴이 일그러지기 시작했다.

"좋습니다. 이 문제는 일단 보류하고, 맨 마지막에 다시 논의합시다."

한 줄의 문장을 얻어내기 위한 긴 샅바 싸움

협상이 마무리되기 몇 분 전 알가이어 대표보는 일반조항에 포함될 문안으로 미국이 제시하는 마지막 타협안이라면서 문서 한 장을 내밀었다. 그 속에는 다음과 같은 문안이 들어 있었다.

"양측은 갓트협정상의 제반 권리를 유보한다."(Both parties reserve their rights under the GATT)

상호주의에 입각하여 최대한 간결하게 표현한 문안이었을 뿐 아니라 미국 통상법의 일방주의를 배제하고 다자무역협정인 갓트협정상의 권리를 재확인하는 것이었으니, 우리로서는 반대할 이유가 없었다. 이로써 협상은 마무리되었고 지금 남아 있는 1989년 수퍼 301조 합의문서의 투자분야 일반조항 E. 2조의 두 번째 문장은 바로 미국이 최종 타협안으로 제시한 그 문안이다. 최종 합의문서에는 단 한 줄의 문장으로 남아 있지만, 그 한 줄을 얻어내기 위해 그렇게 긴 샅바 싸움을 했던 것이다.

나는 수석대표인 김 차관보의 허락도 없이 불쑥 발언한 것이 당돌하게 비쳤을 것 같아 내심 찜찜하였는데, 호텔로 돌아가는 차 속에서 선 국장이 내게 빙그레 웃으며 말했다.

"아까 김 차관보가 내게 뭐라고 했는지 알아? 내가 이번 협상에 왜 조 사무관을 데려왔는지 알겠다고 하더군."

협상을 타결해야 할 총체적 책임을 지고 있는 수석대표 입장에서는 쉽게 감정을 드러내어서도 안 되고, 우리 쪽 대표단을 의식하여 매번 강경한 발언만 할 수도 없는 법이다. 이럴 때 나처럼 나서야 할 자린지 아닌지도 모르는 피라미 외교관이 객기를 부려 어쨌든 문제를 해결하는 실마리를 풀었으니 밉지 않았던 모양이다.

당시 미국 수석대표였던 알가이어 대표보는 2005년에 내가 제네바에서 차석대사로 있을 때 미국대사로 부임했다. 그는 내가 1989년 수퍼 301조 협상시 자기 맞은편 뒷자리에 실무자로 앉아 자기에게 대들었던 사람이란 걸 알고는 환하게 웃었다.

작은 고추는 매워야 한다

이 글을 읽는 독자들에게 위의 일화는 어쩌면 협상의 실질내용과는 별 상관이 없는 사소한 문제로 쓸데없는 논쟁을 벌인 것으로 비칠지도 모른다. 그러나 미국의 일방주의를 배격하고 주권국가의 체통을 지키려는 노력이 협상의 실질사항과 무관한 것일 수는 없다. 오히려 관점에 따라서는 제도나 법령 몇 개를 고치는 것보다 더 중요한 것일 수도 있다. 외교협상에서는 때로는 실리보다 명분과 국가적 체면이 더 중요할 때도 있지 않은가. 단 한 줄의 문장을 얻어내기 위해 몇 시간에 걸친 긴 샅바 싸움을 해야 하는 것, 그것이 바로 협상이고 외교다.

국가적 자존심에 관한 문제이든 우리의 통상이익이 걸린 문제이든 협상결과를 문서화할 때는 아무리 세심한 주의를 기울여도 지나침이 없다. 부당한 요구에 대해서는 강하게 맞받아쳐야 하며, 우리가 그런 모습을 보일 때 협상 상대방으로부터도 존중과 신뢰를 얻게 되는 것이다. 우리와 함께 수퍼 301조 우선협상 대상국으로 거론되었던 인도와 브라질이 우리와는 달리 미국의 요구에 따른 즉각적 협상을 거부하고서도 대미관계를 훼손하지 않으면서 그들의 통상이익과 주권국가로서의 체통을 지킬 수 있었다는 데에서도 우리는 교훈을 얻어야 한다.

제 3 장

내분으로 더 기울어진 운동장

짧은 외도(外道) 후 다시 통상으로

새로이 열린 기회의 창(窓)

통상국에서 사무관으로 한·미 통상분쟁을 다루면서 워싱턴 출장을 몇 번이나 다녀왔는지 헤아릴 수조차 없다. 그러나 그렇게 자주 워싱턴을 찾으면서도 내게 주미 대사관 근무 기회가 오리라는 기대를 가져 본 적이 없다. 그만큼 경쟁이 심한 공관이었기 때문이다. 그런데 1989년에 들어서면서부터 주미 대사관에 통상전문가가 필요하다는 얘기가 나돌기 시작했고, 그런 분위기에 힘입어 그해 가을에 같은 과에 근무하던 서용현 선배에 이어 이듬해 봄에 나도 워싱턴 발령을 받았다.

워싱턴에 도착한 첫날밤의 감격을 나는 아직도 잊지 못한다. 한창 일할 나이인 30대 중반에 우리와 가장 가까운 동맹국의 수도이자 세계 외교의 중심무대인 워싱턴에 발을 들여놓았으니 왜 감격스럽지 않겠는가. 스펀지가 물을 빨아들이듯 워싱턴에서 보고 듣고 배우는 것을 몽땅 내 것으로 만들어야겠다는 꿈에 부풀어 첫날밤을 보냈던 기억이 아직도 생생하다.

그런데 나를 워싱턴에 발령한 것은 대미 통상외교에 기여하라는 뜻이었을 텐데, 정작 3년 근무기간 동안 나는 경제과에서 일할 기회는 갖지 못하였다. 먼저 부임한 선배 동료 중에 경제과 근무를 강하게 희망한 사람이 있었고, 당시 현홍주 대사가 임성준 참사관의 건의를 받아들여 나를 의회과에 이어 정무과로 발령냈기 때문이다. 주미 대사관의 업무가 아무래도 정무 중심이었을 때라 정무과 근무를 희망하는 동료들이 많았음에도 가만히 있던 내가 엉뚱하게 정무 쪽으로 발령이 나는 걸 보면서 "아, 세상일이란 다 이렇게 돌아가는 것이구나!" 하는 생각이 들었다.

정무과 발령은 경험의 폭을 넓힐 수 있는 기회였기 때문에 나는 즐겁게 그 기회를 활용하였다. 통상 업무와는 한동안 떨어져 지낼 수밖에 없었지만 한 번 맺은 인연은 끊기 힘든 것이었다.

다시 한·미 통상마찰의 현장으로

내가 한·미 통상외교에 복귀하게 된 건 1995년 봄 통상 2과장(대미 통상 업무담당)으로 발령받게 되면서부터였다. 원래 그 전해인 1994년 봄 사우디에서 귀국하기 직전에 통상 2과장으로 내정되었으나 갑자기 한승주 외무부 장관이 나를 장관 보좌관으로 임명하는 바람에 1년 늦어진 것이었다. 한 장관을 보좌하면서 나는 주업무인 장관의 국·영문 연설작성 외에도 수많은 외교안보 현안을 지근거리에서 보좌하는 소중한 경험을 하였다. 특히 당시는 1차 북핵위기가 터졌던 시기였고, 김일성 주석 사망으로 남북관계까지 요동치던 시기여서 다방면에 걸쳐 특별한 경험을 쌓을 수 있었다.

그 기회에 정무 쪽으로 방향을 틀어 볼까 하는 생각도 없지 않았으나 1년 전부터 나를 통상 2과장으로 내정하고 전임자 인사발령까지 늦춘 선준영 차관보의 배려와 가라앉기는커녕 더욱 더 기승을 부리고 있는 한·미 통상마찰을 외면할 수 없다는 생각이 그런 유혹을 떨쳐 버릴 수 있게 해주었다.

한·미 식품유통기한 협상과 적전분열(敵前分裂)

우리나라에만 있는 제도

통상 2과장을 맡자마자 제일 먼저 터진 한·미 통상분쟁은 식품유통기한(*shelf life*)에 관한 분쟁이었다. 당시 우리나라는 국내산과 수입산을 불문하고 모든 식품에 대한 유통기한을 정부가 설정하여 식품공전(*food code*)에 명기해 놓았었다. 미국은 세계 거의 모든 나라가 식품유통기한은 제조업자가 설정하고 문제가 생길 경우 이에 대해 책임을 지는 자율적 제도로 운영하는데 왜 유독 한국만 이런 제도를 운용하느냐며 이는 '비관세장벽'(*non-tariff barrier*)이라고 주장하고 자율화를 요구하였다. 우리는 식품유통기한은 국민건강과 직결된 문제이기 때문에 이를 기업의 자율에 맡겨 둘 수는 없다고 주장하고 미국 요구를 거부하였다.

미국의 이러한 요구의 배후에는 농축산물 수출업계가 있었지만 막강한 축산업계의 압력이 무엇보다 크게 작용하였다. 한국은 그때도 미국산 쇠고기의 주요 수출시장의 하나였다. 그런데 우리 식품공

전에 명기된 냉동육과 냉장육의 유통기한이 너무 짧아 우리나라에 대한 수출실적이 기대에 크게 못 미쳤다. 특히 '진공포장 냉장 쇠고기'(vacuum-packed chilled beef)의 경우는 유통기한이 45일밖에 되지 않아 고기가 미국으로부터 한국까지 수송되는 동안에 유통기한이 지나버려 사실상 수출 자체가 봉쇄되고 있다며 이를 90일로 늘려 줄 것을 강력히 요구했다.

말 못할 우리의 속사정

미국의 주장은 상당히 설득력 있는 주장이었다. 그러나 우리는 이런 미국의 주장을 선뜻 받아들일 수 없는 말 못할 속사정이 있었다. 냉동기술과는 달리 진공포장 냉장은 당시 우리나라에는 없는 기술이었고, 이렇게 냉장된 고기는 육질(肉質)이 아주 좋아 수입될 경우 한우를 기르는 우리 축산농가에 치명적인 결과를 초래하는 것이었다. 겉으로는 국민건강을 얘기했지만, 실은 우리 축산농가를 위해 냉장육(冷藏肉) 유통기한을 아주 짧게 설정하여 사실상 수입을 막고 있었다. 이 부분만큼은 비관세 기술장벽이라는 미국의 주장이 맞는 셈이었다.

　이런 속사정을 아는 다른 부처들은 가능한 한 타협안을 만들어 분쟁을 원만히 마무리 짓고자 했으나 주무부처인 보건복지부와 농림수산부의 완강한 저항에 부딪혀 좀처럼 정부 입장을 정리하지 못하고 있었다. 오죽하면 냉장 쇠고기 유통기한을 45일에서 90일로 연장하는 문제를 논의하기 위해 경제부총리 주재로 열린 5개 부처 장관 조찬회의가 아침 8시에 시작하여 장장 4시간이나 토의를 했는데도 결론을 내리지 못하였을까? 이날 회의에는 빡빡한 외교일정으로 통상관련 장관회의에는 좀처럼 참석하지 못하던 공로명 외무부 장관까지 참석하여 끝까지 자리를 지켰다. 공 장관은 오전 내내 이어진 토론에도 불구하고 쇠고기 유통기한 연장 문제 하나 결론을 내리지 못하는 우리 정부의 조정 시스템에 큰 실망감을 토로하였다.

공 장관은 그해 11월 오사카에서 열린 APEC 정상회의에서 미국 요청으로 열린 미키 캔터 미 무역대표와의 회담에서 식품유통기한 문제처럼 아주 기술적인 통상현안에 대해서까지 막힘없이 술술 우리 입장을 설명하는 모습을 보여 미국 인사들을 놀라게 했다. 아마 그날 조찬회의에 직접 참석하지 않았더라면 캔터 대표와의 회담에서 그렇게 능숙하게 대응하기 어려웠을지도 모른다. 망외(望外)의 소득이라고나 할까 … .

아무도 맡지 않으려는 협상

식품유통기한 문제는 매우 험난한 내부 조율과정을 거친 후에야 겨우 타결의 실마리를 풀 수 있었다.

양자 협상 준비작업이 한창이던 어느 토요일 오후 대내 조정책임을 맡고 있던 재정경제원의 정덕구 대외경제국장 주재로 관계부처 실무 대책회의가 과천에서 열렸다. 나는 외무부 대표로 그 회의에 참석하였다. 그런데 평소에는 한·미 통상협상이라면 다투어 자기가 맡겠다고 나서던 경제부처들이 이번 협상에는 모두들 발을 빼려는 모습이 역력하였다. 특히 주무 부처인 보건복지부가 더욱 주저하는 모습이었다. 정 국장이 먼저 말문을 열었다.

"외무부가 그동안 협상은 전문부처인 외무부가 맡아서 해야 한다고 주장해 왔으니 이번에 한번 맡아 보시지요?"

보건복지부와 이미 사전협의를 거친 것이 틀림없었지만 나는 피할 일도 아니고 그럴 이유도 없다고 생각하고 기꺼이 우리가 맡겠다고 했다. 그때까지 모든 부처들이 각자 소관사항에 대한 대미 협상을 자신이 맡아 하겠다고 나서는 바람에 외무부가 수석대표를 맡을 기회가 거의 없었는데 결국은 아무도 맡지 않으려는 협상만 떠맡게 된 것이다.

어려운 협상을 외무부에 떠맡겼으면 잘 해낼 수 있도록 탄약을 충분히 제공해야 하지 않겠는가. 그런데 그날 회의에서 내놓은 정부안은 도저히 그것 가지고는 협상을 마무리할 수 있는 수준이 아니었다. 1안부터 5안까지 협상안이 있다면 최소한 3안까지는 주어야 현장에서 재량권을 갖고 협상을 마무리 지을 수 있는 법인데 우리더러 1안으로 협상을 마무리 짓고 돌아오라는 것이었다.

"협상 전문가들이 모여 있는 외무부니까 1안으로 끝낼 수 있는 거 아니에요? 협상안을 다 가지고 가서 협상해야 한다면 외무부가 다른 부처와 다를 게 뭡니까?"

정 국장의 발언에 나는 곧바로 응수하였다.

"협상하고 오라는 겁니까? 아니면 깨고 오라는 겁니까? 깨라면 깨고 오지요."

과장이 타 부처 국장에게 대든 형국이었지만 제대로 협상을 해내기 위해서는 그렇게 대응할 수밖에 없었다. 당시는 한·미 통상마찰에 대한 국내언론과 정치권의 관심이 갈수록 커지고 있던 때라 정부 내에서는 대외통상교섭권을 두고 외무부와 다른 부처간 알력이 매우 심했고, 따라서 이런 종류의 충돌은 늘 있는 일이었다.

대외협상보다 더 어려운 대내 조정절차

그날 회의에서 3안까지 협상안을 더 받아냈는지는 기억하지 못한다. 다만 정덕구 국장이 미국과의 협상 가능한 공간을 넓히기 위해 보건복지부를 설득하는 과정에서 보여준 치밀하고도 집요한 태도에 탄복을 금치 못했던 것만은 기억하고 있다.

그날 회의에는 국립보건연구원 박사 한 명이 참석했는데 그는 냉장 쇠고기 유통기한을 45일 이내로 제한해야 한다고 주장하면서 이에 대한 과학적 논거를 제시한 분이었다. 나는 전문적 설명을 듣기 위해 그를 회의에 부른 것으로 이해했고 그도 아마 그렇게 이해하고 회의에 참석하였을 것이다. 그런데 회의가 진행되면서 나는 그게 아니라는 걸 직감할 수 있었다. 정 국장이 하나하나 기술적 사항에 대해 질의하면 그가 답변하고, 하나의 문답이 끝나면 정 국장이 배석한 실무자에게 그의 답변을 요약 정리하게 하고는 본인으로부터 재차 확인받는 식으로 회의를 진행하는 것이었다. 그를 회의에 부른 것은 오히려 냉장 쇠고기 유통기한을 90일로 연장해도 과학적으로 별문제가 없다는 걸 그의 입을 통해 확인하게 만들려는 것이었고, 그에게 던진 질문도 그러한 목적으로 사전에 치밀하게 준비하여 마련한 것이었다.

"아까 박사님의 연구결과는 쇠고기에서 가장 부패하기 쉬운 목살 부분을 가지고 실험한 결과라고 하셨지요?"

"네."

"그럼 다른 부분을 가지고 실험하면 다른 결과가 나올 수도 있다는 말씀으로 이해해도 되는 거지요?"

"…."

"그렇지요?"

"음 … 그렇게 이해하셔도 됩니다."

"실무자는 방금 박사님이 말씀하신 걸 정확히 그대로 정리하세요. 그리고 다 정리된 문서는 박사님의 서명을 받아 두세요."

장장 9시간이나 걸린 그날 회의는 그런 식의 문답으로 시종일관 하였다. 국립보건연구원 박사는 월요일 아침 경제부총리 주재로 열린 조찬회의에 초청되어 이틀 전 관계부처 실무회의에서 자신이 한 말을 장관들 앞에서 되풀이해야 했고, 이로써 냉장 쇠고기 유통기한을 45일에서 90일로 연장하는 문제는 마지막 허들을 넘어섰다.

나는 그전에 신명호 재경원 차관보가 정 국장을 "꾀주머니"라고 부르는 걸 들은 적이 있는데, 그날 그 회의에서 정 국장이 왜 그런

별명을 얻게 되었는지 알 수 있었다. 대외 협상보다 더 어려우면 어려웠지 결코 쉽지 않은 대내 조정을 원만히 이루어 내려면 때로는 정 국장처럼 지략 있는 사람이 필요했다.

오늘 밤 비행기로 서울로 돌아가시오

장기호 외무부 통상국장과 크리스티나 런드 USTR 부대표보를 각각 수석대표로 진행된 한·미 식품유통기한 협상은 이렇게 어려운 대내 조정절차를 거쳐 간신히 타결의 실마리를 풀 수 있었지만, 여러 면에서 내게 씁쓸한 기억을 남긴 협상이었다.

협상은 주로 워싱턴에서 열렸다. 협상이 무르익어 가던 어느 날 아침 회의가 시작되자마자 장기호 국장은 일부러 그 전날 밤 본부로부터 받은 전문을 소리 내어 읽으며, 이것이 우리 정부가 수용할 수 있는 최종 양보안임을 강조했다. 장 국장의 발언이 끝나기가 무섭게 런드 부대표보가 내뱉듯이 말했다.

"오늘 밤 비행기 편으로 서울로 돌아가세요."

그 정도 가지고는 턱도 없으니 더 이상 협상할 생각 말고 돌아가라는 뜻이었다. 그 무례하고 방자한 태도를 나는 참을 수가 없었다.

"어디서 그따위 말을 함부로 하는 겁니까? 지금 그게 상대방 수석대표에게 할 수 있는 태도입니까?"

큰 소리로 대드는 나를 보며 런드 부대표보는 좀 당황해하는 모습을 보였다. 장 국장도 참을 수 없었던지 "이런 상황에서 더 이상 당신과 마주 앉아 있을 이유가 없다"면서 자리를 박차고 일어났다.

미국에 누설된 최종 협상안과 내부 밀고자

그날은 마침 내가 국무부 한국과의 경제담당 서기관과 점심을 같이 하기로 되어 있었다. 오찬 도중 그녀는 오전에 있었던 얘기를 꺼내면서 이런 말을 했다.

"런드 부대표보가 그런 태도를 보인 것은 오늘 회의 시작 전 한국 대표단 중 한 명이 찾아와 귀띔해 준 한국 정부의 입장과 장 국장의 실제 발언내용에 차이가 있었기 때문이에요. 그녀의 태도에 화가 난 당신의 심정을 이해하지만 조금만 더 참고 차분하게 대응했더라면 더 프로페셔널하게 보였을 텐데 좀 아쉬웠어요."

그녀의 얘기 중 나에 대한 언급은 친구에게 충고 삼아 한 얘기로 받아들일 수 있었고 솔직히 나 스스로도 그런 생각을 하지 않은 게 아니었지만, 앞부분의 얘기는 우리 대표 중 누군가가 미국에 우리 입장을 사전에 누설(漏洩)하였다는 것이어서 듣기에 민망하기 짝이 없었고 끓어오르는 화를 참을 수가 없었다.

누가 그런 짓을 했는지 짚이는 데는 있었지만 확인도 안 된 일을 문제 삼을 수 없었고 당사자가 이를 시인할 리도 없었다. 몇 달 전 런드 부대표보가 USTR 한국 담당관이 된 직후 방한하여 외무부를 찾아와서 장 국장에게 했다는 말이 떠올라 더 분을 참기 어려웠다.

"며칠 전 한국 정부 모 부처의 고위관료 한 분으로부터 국제전화를 받았습니다. 앞으로 한·미 통상문제가 생기면 다른 부처를 접촉하기 전에 자기와 먼저 의논해 달라고 하더군요. 저로선 좀 당황스러웠는데 그분의 말을 어떻게 이해해야 할까요?"

자기를 통하면 일이 좀더 원만하게 풀릴 수 있으니 잘 활용해 달라는 뜻이었을 것이다. 우리 정부 내 일부 관료의 이런 행태를 부임 초부터 경험한 런드 부대표보가 정보수집에 어려움을 겪었을 리 없고, 우리 수석대표가 하는 말을 곧이곧대로 받아들였을 리가 없다. 더구나 우리 정부의 최종 양보안을 몰래 알려주는 내부 밀고자까지 있었으니 장 국장의 발언에 대한 런드 부대표보의 반응을 무례하다고 탓할 수만은 없었다.

미국의 심리적 압박전술

그날 오후 장기호 국장은 국무부 부차관보로부터 전화 한 통을 받았다. 장 국장이 워싱턴에서 경제참사관으로 근무하던 시절 국무부 카운터파트로 친하게 지내던 사람인데, 친구로서 조언하기 위해 전화했다면서 "당신은 지금 워싱턴에서 나쁜 사람(*bad guy*)이 되어 있어요. 이왕이면 좋은 사람(*good guy*)이 되는 게 당신을 위해서나 양국 관계를 위해 바람직하지 않겠습니까?"라고 하더란다.

우리의 최종 협상안을 다 알게 된 미국이 장기호 국장을 신뢰할 수 없는 사람으로 낙인을 찍어 심리적 압박을 가해 무릎을 꿇리려는 수작이었다. 장 국장이 그런 심리전에 넘어갈 리는 만무하였지만,

국무부까지 나서서 압박해 오는 미국 정부의 태도에 적이 긴장감을 느끼지 않을 수 없었을 것이다.

위싱턴에서의 협상은 이처럼 경직된 분위기로 인해 결국 결렬되었고, 이후 한두 차례 협의를 더 거친 후에야 타결될 수 있었다. 적전 분열의 후유증은 그만큼 컸고, 우리 편조차 믿을 수 없는 현실에 대한 나의 좌절감은 더욱 깊어졌다. 그러나 이 경험은 국무부 한국과 친구의 충고와 함께 이후 미국을 비롯한 강대국들과 협상할 때 내가 늘 마음에 새기며 스스로 자제력을 잃지 않게 해준 '입에 쓴 보약'(補藥)이 되었다.

한·미 자동차 협상과 훈령 지연사건

허술한 합의문서 작업의 후과(後果)

식품유통기한 문제가 터지기 훨씬 전부터 시작되어 1995년 한 해 동안 내내 우리를 괴롭힌 이슈는 한·미 자동차 분쟁이었다.

국산차는 미국에 매년 수십만 대나 팔리는 상황에서 미국산 차는 우리나라에서 1년에 수백 대밖에 팔지 못하고 있는 것은 외산차 보유자에 대한 세무사찰 등 우리 정부의 부당한 개입과 관세, 세제, 표준, 인증 등 관련 제도와 정책의 구조적 문제에 원인이 있으니, 그걸 모두 뜯어고쳐야 한다는 게 미국의 주장이었다. 관련 제도나 정책에 문제가 있는 게 아니라 국산차를 선호하는 소비자의 성향에 근본 원인이 있는 것이라고 아무리 항변해 봐도 미국은 요지부동이었고, 심지어는 소비자의 그런 인식부터 바꿔야 한다고 주장하였다. '빅 3' 등 막강한 미국 자동차 업계의 압력이 거세었기 때문이다.

자동차 문제가 한·미 통상 관계에서 차지하는 비중이 워낙 컸기에 우리 정부도 미국의 협의요구에 응하지 않을 수 없었다. 1993년부터 수차례에 걸친 장관급 회의와 수많은 실무협의 끝에 1995년 9월에 워싱턴에서 최종 타결을 위한 실무협상이 개최되었다.

늘 그랬듯이 수석대표를 어느 부처가 맡을 것인지를 두고 한동안 부처간 실랑이가 있었지만, 자동차 업계의 이익을 보호해야 할 통상산업부가 맡는 것이 합당하다는 결론이 내려졌다.

워싱턴에서 진행되는 협상 경과를 보고받으며 대표단과 실시간으로 교신하느라 며칠째 집에도 들어가지 못하고 사무실에서 밤을 지새우던 어느 날 새벽, 사무실의 전화벨이 요란하게 울렸다. 책상머리에 앉아 꾸벅꾸벅 졸다가 급히 깨어 받아보니 워싱턴에서 걸려온 김종훈 경제참사관의 전화였다.

"협상이 최종 마무리 단계에 들어갔고 지금 합의문서를 작성 중인데 합의된 문서 초안의 첫 페이지부터 수용하기 어려운 문안들이 들어가 있습니다. 대표단 내에서 이의를 제기했지만 받아들여지지 않고 있어요. 지금 바로 팩스로 문안을 보내줄 테니 검토해 보시고 본부 입장을 급히 알려주시기 바랍니다."

팩스로 받아본 합의문서 초안의 첫 페이지는 '목표와 일반정책'(Goals and General Policies)이란 제목 아래, "이 합의의 목표는 한국에서 외산차의 시장접근을 실질적으로 증대시키고(substantially increase), 외산차에 대한 한국 내 소비자의 부정적 인식을 역전시키며(reverse negative consumer perceptions), 한국 내에서 외산차에 대해 차별적이지 않은(not discriminatory) 자동차 세제를 확립하는 데 있다"고 규정하고, "한국 정부는 향후 외산차의 시장접근에 악영향을

초래할 직간접적인 여하한 새로운 조치도 취하지 않을 것을 약속한
다"고 되어 있었다.

우리 자동차 시장이 왜곡되어 있다면 그 왜곡된 시장구조를 개선
하여 외산차에 공정한 경쟁의 기회를 부여하면 그만이지, 외산차의
수입량이나 판매량까지 늘려줘야 할 의무는 우리에게 없는 것이고,
외산차에 대한 우리 소비자의 인식을 정부가 강제로 바꿀 수도 없지
만 스스로 외산차에 대한 우리 소비자 인식이 부정적이라는 사실을
명문으로 확인할 필요도 없는 것이다. 더욱이 우리의 자동차 세제가
외산차에 대해 차별적이라는 걸 자인하는 데에서 더 나아가 앞으로
새로운 차별적 조치를 절대 취하지 않겠다는 다짐까지 했으니 국가
적 체면과 대의명분을 실질내용 못지않게 중시하는 우리 직업 외교
관들의 눈에는 도저히 수용할 수 없는 문안이 합의된 것이었다.

실질적 측면에서도 위의 문안은 심각한 문제를 안고 있었다. 얼
핏 보면 당연히 추구해야 할 목표와 원칙을 기술한 데 불과한 것 같
지만, 합의문서의 맨 앞에 합의목표와 일반적인 정책방향을 이런 식
으로 규정하면 미국산 자동차의 국내 시장점유율이 늘지 않을 경우
미국이 우리 제도나 정책을 더 수정하라는 추가요구를 할 수 있는
빌미를 주게 되고, 우리는 추가조치를 취하지 않을 수 없는 상황으
로 몰리게 될 가능성이 있는 것이다. 추후 합의내용의 해석과 적용
에 관한 분쟁이 발생할 경우에도 우리가 수세적 입장에 놓일 수 있
기 때문에 수용해서는 안 되는 문안이었다.

긴박했던 새벽의 통화

나는 곧바로 선준영 차관보에게 전화를 걸었다. 이미 새벽 4시가 다된 시간이었지만 촌각을 다투는 상황에서 머뭇거릴 이유가 없었다. 합의문 초안을 팩스로 받아본 선 차관보는 몇 분도 채 지나지 않아 내게 전화하고는 이시영 차관께 즉각 보고하고 훈령안에 대한 지침을 받으라는 지시를 내렸다. 평소 이 차관은 통상문제에까지 깊이 관여하진 않았지만, 워낙 중요한 문제라 차관 이상의 재가 없이 훈령을 내릴 수는 없다는 게 선 차관보의 판단인 것 같았다. 나는 지체 없이 이 차관께 전화로 보고하고 합의문서 초안을 팩스로 보내 드렸다. 초안을 받아본 이 차관은 곧바로 내게 전화하더니 기가 차다는 듯이 말했다.

"어떻게 이런 문안에 합의할 수가 있는 겁니까? 당장 협상을 중단하고 본부 훈령을 기다리라고 워싱턴에 내 이름으로 지시하세요. 그리고 오전 일찍 재경원에 관계부처 대책회의 소집을 요구해서 정부 입장을 정리한 후 최종 훈령을 보내세요."

이시영 차관의 반응은 예상보다 더 강했다. 수많은 협상을 경험한 외교 전문가의 입장에서 워싱턴에서 날아온 합의문 초안은 도저히 받아들이기 어려웠던 것이다.

급히 워싱턴에 이 차관 명의로 협상중단 지시 전문을 보내고 출근시간이 되기도 전에 재경원에 연락하여 관계부처 회의 소집을 요청하였다. 회의는 오전에 과천에서 개최되었다. 이른 아침부터 서둘

렸지만 관련부처가 여럿인 데다 갑작스럽게 소집된 회의라 다소 시간이 지체되었다. 소집된 회의에서 외무부는 자초지종을 설명하고 문제의 문안을 수정하도록 대표단에 지시할 것을 강력히 주장했다. 그러나 이미 미국과 합의된 문안을 수정하기가 어려울 것이라는 현실 논리와 해당 문안은 당연한 협상목표와 일반원칙을 확인한 것에 불과하기 때문에 크게 문제될 게 없다는 통산부의 주장이 꽤 먹혀들어가는 분위기였다.

결국 외무부가 지적한 문안을 최대한 수정하도록 노력하라는 선에서 타협이 이루어졌고 훈령은 오전 11시경에 타전되었다.

갑자기 협상중단 지시를 받은 워싱턴의 대표단이 크게 당황하였을 건 불문가지(不問可知)였고, 현장에서 어떤 반응을 보였을지도 짐작되는 일이었다. 그러한 상황에서 현지 대표단이 나름대로 노력은 하였겠지만, 결과적으로 협상은 합의문안이 당초안에서 별로 진전된 것도 없는 상태에서 종료되었다. "소비자의 부정적 인식을 역전시킨다"(reverse negative consumer perceptions)는 문안을 "소비자의 인식을 개선시킨다"(improve consumer perceptions)는 긍정적 표현의 문안으로 수정하는 등의 소소한 합의만 이루어졌을 뿐이다.

합의내용 못지않게 합의문안을 대단히 중요하게 생각하고 수석대표도 법률전문가의 의견을 무시하지 못하는 것이 관례화된 미국이 이미 합의된 사항에 대해 아무런 추가양보도 얻지 못하고 우리의 문안 수정요구를 받아줄 리는 만무하였다.

외무부가 고의로 훈령을 지연시켰다?

우여곡절 끝에 협상은 마무리되었지만 합의문안 협상과정에서 촉발된 외무부와 통산부의 갈등은 해소되지 않았다. 다음날 조간에 "외무부가 한·미 자동차 협상 훈령을 고의로 지연시켰다"는 기사가 일제히 실렸다. 당시 통산부 출입기자가 알려준 바에 의하면, 통산부 간부가 기자실에 내려와 협상결과를 브리핑하면서 "한·미 자동차 협상 수석대표 자리를 뺏겨 화가 난 외무부가 고의로 최종 훈령을 6시간이나 지체시켜 협상에 큰 혼란을 야기하였다"고 얘기했다는 것이었다.

협상 준비단계에서부터 합의에 이르기까지 여러 차례 문제 삼을 만한 일이 있었음에도 협상을 원만히 마무리하기 위해 자제했던 외무부로서는 참을 수 없는 일이었지만 이미 엎질러진 물이었다. 반박기사를 내면 외무부와 통산부가 이전투구(泥田鬪狗)하며 국민을 상대로 진실게임이나 하는 볼썽사나운 모습을 보이게 될 것이었다.

더 이상 문제가 확대되지 않도록 하라는 총리의 함구령(緘口令)까지 떨어져 외무부로서는 그야말로 백주대로(白晝大路)에 뭇매를 맞고 아무런 저항도 하지 못한 채 망연자실(茫然自失)해 있는 꼴이 되어버렸다.

며칠 후 공로명 장관을 수행하고 남미 출장을 다녀온 외무부 출입기자들이 사실관계를 파악하고는 우리 외무부 실무자들보다 더 분기탱천(憤氣撐天)하였다. 몇몇 기자들은 반박기사를 쓰겠다고 여기저기 관련 부서들을 찾아다니며 취재에 열을 올리기도 하였다. 평소 친분이 있던 어느 기자는 장문의 통산부 비판기사를 써서 가판에 1면 톱기사로 실렸는데 내가 밤늦게까지 그 기자에게 통사정한 끝에 최종 순간에 가판에서 기사를 삭제한 일까지 있었다. 더 이상의 관련기사가 나오면 관계자를 엄중 문책하겠다는 총리 지시를 이행해야 했기 때문이다.

반박기사를 부추겨도 시원치 않을 판에 그걸 말려야 했던 심정이 어땠을지 짐작되지 않는가? 1990년대 통상협상을 둘러싼 부처간 갈등과 마찰은 지금 생각해도 도를 넘는 것이었다.

부처간 갈등과 통상조직 개편의 악순환

1998년 김대중 정부 시절 외무부의 이름을 외교통상부로 바꾸고 각 부처에 흩어져 있던 통상교섭 기능을 흡수 통합하여 외교통상부 내 신설 조직인 통상교섭본부로 일원화한 것은 이러한 부처간 갈등의 고질적 병폐를 근원적으로 해소하겠다는 김 대통령의 결단에 따른 결과였다. 이후 대외통상교섭권을 둘러싼 관계부처간의 주도권 싸움은 멈췄지만 잠재적 갈등요인은 그대로 남아 2013년 박근혜 정부에 들어와서 또다시 통상교섭 기능이 산업자원부로 이관되는 정부조직개편이 이루어졌다.

그러나 통상교섭 기능을 어느 부처에 두든 문제의 본질은 조직이나 제도에 있는 것이 아니라 제도를 운영하는 사람과 조직문화 속에 잠재해 있는 것이기 때문에 우리 관료사회의 인식과 문화가 바뀌지 않는 한 부처간 갈등과 이에 따른 조직개편 논의가 계속되는 악순환의 고리는 끊기 어려울 것이다.

한·미 담배협정의 불평등조항 개정협상

조세주권을 박탈당한 불평등협정

1988년에 체결된 한·미 담배협정은 담배에 대한 우리 정부의 조세주권을 거의 박탈하다시피 한 불평등 협정이어서 체결 직후 우리 국회에서 엄청난 비난을 받았다. 이후에도 국내 정치권으로부터 끊임없는 개정요구가 이어져 내가 통상과장이 되었을 때는 아주 골치 아픈 대표적 통상현안 중의 하나가 되어 있었다.

길거리에서 외산 담배만 피워도 경찰에 붙잡혀 가던 시절이었으니 협상 당시 미국의 담배시장 개방압력이 얼마나 거셌을지 짐작하기 어려운 바는 아니었다. 아무리 그렇다 하더라도 정부가 담배관련 세제개정은 물론 수입 및 판매와 관련하여서도 아무런 조치를 취하지 못하도록 손발을 꽁꽁 묶어 놓는 협정에 합의하였다는 건 무슨 말로도 변명하기가 어려운 일이었다.

어떻게 해서든 담배에 관한 조세주권을 되찾아야겠다는 생각이 머릿속을 떠나지 않았고 실제로 이런저런 계기에 담배협정 개정문제를 미국에 제기해 봤지만 요지부동이었다. 협정을 개정해야 할 만큼 중대한 사정변경이 있거나 협정개정을 통한 경제적 추가혜택이 예상되지 않는 한 미국이 한·미 담배협정 개정에 응할 이유는 없었던 것이다.

우연한 계기에 찾아온 개정협상의 기회

그런데 그 기회는 우연한 계기에 워싱턴에서 찾아왔다. 미국 내에서 담배의 폐해로부터 인류의 건강을 보호해야 한다는 시민운동이 거세게 일어났고, 그 와중에서 한·미 담배협정이 미국담배 수출을 통해 외국인의 건강까지 해치는 나쁜 협정으로 부각되어 시민운동의 타깃이 된 것이었다. 우리는 그 기회를 놓치지 않았고 미국도 종전과는 달리 우리의 개정협상 요구에 생각보다 훨씬 더 유연하게 반응하였다. 한·미 담배협정에 대한 미국 내 비판을 잠재우고, 협정개정을 통해 미국도 인류 건강증진을 위해 진지하게 노력하고 있다는 걸 국내외에 과시할 필요가 있었던 것이다.

기대하지 않았던 미국 내 상황변화에 힘입어 마침내 한·미 담배협정 체결 후 7년 만인 1995년 8월에 협정개정을 위한 협상이 워싱턴에서 개최되었다. 우리는 신명호 재경원 차관보를 수석대표로 대표단을 구성하고 나는 외무부 대표로 협상에 참여하였다.

첫날 회의에서 미국 수석대표는 양국의 국민건강 보호 차원에서 한·미 담배협정 개정협상에 응하게 되었다고 배경을 설명하면서

호혜적 협상결과를 만들어 낼 수 있기를 기대한다고 언급하여 상당히 우호적 분위기를 연출했다. 담배에 관한 우리의 조세주권과 국민건강 보호를 위한 정책재량권이 이번 협상에서 반드시 확보되어야 한다는 우리 수석대표의 발언에 대해서도 미국은 우리 입장을 충분히 이해한다는 반응을 보여 우리 대표단의 기대를 한층 올려놓았다.

마침내 풀린 불평등의 족쇄

그러나 협상이 무르익어 갈 무렵 미국이 위에 언급한 우리 수석대표의 요구에 대한 응답으로 내놓은 제안은 "담배 관련 조세와 국민건강 보호에 관한 한국 정부의 재량권을 재확인하며"(reaffirming) 라는 문안을 협정안 서문(preamble)에 넣어 주겠다는 것이었다. 첫날 우리의 기대를 한껏 부풀게 해 놓더니 막상 우리에게 선심 쓰듯이 내놓은 건 선언적 성격의 권리확인 문안에 불과하였다.

그런데도 우리 대표단은 미국이 약속을 어기지 않고 성의 있게 문안을 제시해 준 데 대해 대체로 안도하는 분위기였다. 담배에 관한 조세권과 국민건강 보호를 위한 우리 정부의 재량권을 구체적으로 확인하는 내용이 이미 협정 본문 여기저기에 반영되었기 때문에 위의 문안이 서문에 들어가는 것만으로 충분하다는 것이 그 이유였다.

그러나 똑같은 문안이라 할지라도 협정 본문과 서문에 들어가는 것은 실체적 권리 측면에서 큰 차이가 있는 것이기 때문에 선언적 성격에 불과한 서문에 위의 문안을 삽입하는 것만으로는 우리 국민을 설득할 수 있을 것 같지 않았다. 나는 우리 언론과 정치권의 관심은 과연 우리 정부가 이번 협상을 통해 잃었던 담배 조세주권을 확실하게 되찾아 왔는지에 온통 쏠려 있을 것이기 때문에 이에 관한 명쾌한 문장이 협정 본문 맨 앞에 자리 잡는 것이 무엇보다 중요하다고 판단하였다.

협정 본문에 구체적 내용이 반영되어 있다 하더라도 그것이 담배 조세주권 회복에 필요하고도 충분한 조건인지 판단할 수 있는 전문적 지식이 우리 언론에게 있으리라 기대하는 건 무리라고 생각했다. 우리 언론이 협상결과를 처음부터 확실하게 긍정적 톤으로 보도하지 않으면 애써 얻은 협상결과가 물거품이 될 수도 있는 것이었다.

나는 대표단 내부 토의시 이러한 이유를 들어 미국 제시문안을 협정 본문 제1조로 옮겨 규정하도록 미국에 요구할 것을 강하게 주장하였다. 모두들 우리가 지나치게 공세적으로 나갈 경우 이미 얻은 것까지 놓치게 되지 않을까 걱정하는 눈치였다. 그런데 대표단에 자문위원으로 동행한 김두식 변호사가 내 의견에 적극 동조하고 나섰다. 우리 수석대표는 법률전문가인 김 변호사의 입으로 이런 주장을 펴는 것이 미국을 설득하는 데 더 효과적일 수 있다고 판단했는지 그에게 그 역할을 맡겼다.

다음 날 회의에서 김두식 변호사가 발언권을 얻어 협정서문은 실체적 권리의무 사항을 규정하는 것이 아니기 때문에 그것만으로는 우리 국민을 설득하기가 어렵다는 점을 강조하고, 미국 제시문안을 협정서문에서 본문 제1조로 자리를 옮겨 명확히 규정할 것을 강력히 주장했다. 예상대로 미국은 서문에 동 문안을 삽입하는 것으로 우리측 우려는 충분히 해소되는 거 아니냐고 반문하면서 우리 요구를 수용할 기미를 보이지 않았다.

그러나 나는 미국이 겉으로는 그런 태도를 보이지만 이 문제를 우리가 얼마나 중시하고 있는지 알고 있기 때문에 내심 우리측 요구를 수용할 준비가 되어 있다고 믿었고, 끝까지 밀어붙이면 우리 주장을 관철시킬 수 있다고 판단하였다.

그 판단은 틀리지 않았다. 미국은 협상 마지막 단계에서 우리 요구를 수용하여 위의 문안을 협정 제1조로 자리를 옮겨 규정하는 데 동의하였다. 다음날 우리 언론이 일제히 한·미 담배협정 개정협상의 성과를 담배 조세주권 회복이라고 크게 보도하였음은 물론이고, 이로써 우리는 오랫동안 우리를 옭아매었던 불평등의 족쇄에서 완전히 벗어날 수 있게 되었다.

한·미 사회보장협정이 가져다 준 기회

한·미 통상협상에 대한 사회적 통념을 바꿀 기회

내가 통상외교에 발을 들여놓은 이후 경험하고 목격한 한·미 통상 협상은 단 한 건의 예외도 없이 모두 미국이 공세적으로 제기한 사안에 대해 우리가 수세적 입장에서 대응한 것이었다. 따라서 우리 국민의 눈에는 한·미 통상협상이란 늘 미국에 끌려 다니기만 하는 협상이었다. 그런데 그러한 통념을 바꿀 수 있는 절호의 기회가 찾아왔다. 사회보장협정을 체결하자는 우리의 제의에 미국이 긍정적 반응을 보인 것이다.

사회보장협정이란 해외 거주 국민이나 파견 근로자가 체류국에 연금보험료 등을 이중 납부하지 않도록 협정 체결국이 자국에 체류하는 상대국 국민에게 사회보장세를 면제해 주고, 해외 체류기간으로 인해 연금수급 최소 가입기간을 충족시키지 못해 연금혜택을 받지 못하는 일이 없도록 상대국에서의 연금 가입기간을 합산해주는 협정이다. 호혜적 협정이지만 당시 우리나라에 체류하던 미국인에 비해 미국에 체류하는 우리 국민이나 상사 주재원들이 훨씬 많았기 때문에 협정 체결의 효과와 기대이익 측면에서 우리에게 훨씬 더 유리한 협정이었다.

우리가 항상 미국의 압력에 질질 끌려 다니는 협상만 하는 게 아니라는 걸 우리 국민에게 보여주기 위해서는 우리도 미국에 통상문제를 제기하여 최소한 모양새라도 균형을 맞추기 위해 노력하여야 한다는 게 평소 외무부의 일관된 입장이었다. 그래서 매번 관계부처에게 우리 기업들이 미국 시장에서 겪고 있는 애로사항이 없는지 알아보고 이에 대한 업계의 반응이 신통치 않으면 해당부처가 눈에 불을 켜고서라도 미국에 제기할 만한 문제를 찾아내 달라고 요청하곤 했다. 그러나 관계부처와 업계의 반응은 늘 그럴 만한 사안이 없다는 것이었다. 실물경제를 다루지 않는 외무부가 나서서 그런 문제들을 발굴해 내기는 어려웠기 때문에 우리는 늘 이런 이슈에 대한 갈증을 느끼고 있었다.

그러던 차에 보건복지부로부터 미국과 사회보장협정을 체결했으면 좋겠다는 얘기가 들려왔고, 우리는 바로 이것이 기울어진 운동장을 바로잡을 수 있는 기회라고 판단했다. 금액으로 환산하면 얼마되지 않지만 우리 국민과 기업인들이 직접 피부로 느낄 수 있는 혜택을 부여하는 협정이기 때문에 협상결과에 대한 국내 여론의 반응이 긍정적일 수밖에 없고, 어쩌면 모처럼 잘한 협상이라는 적극적 평가도 기대할 수 있는 것이었다.

상대로부터 배우며 하는 이상한 협상

그런데 문제는 그때까지 한 번도 체결해 본 적이 없는 협정이라 주무 부처인 보건복지부를 포함해서 우리 정부 내에 협상 경험이 있는 사람이 없었다는 것이다. 내가 직접 수석대표로 나설 수밖에 없었다. 그러나 연금제도는 굉장히 기술적인 분야여서 관련 서적이나 서류를 그냥 읽기만 해서는 문맥을 이해하기조차 힘들 때가 많았다. 실제 공식에 숫자를 대입해 가며 읽어야 무슨 뜻인지 이해되는 경우가 많아서 양국 제도의 전체적 윤곽을 파악하는 데에만 수 주일이 걸릴 정도였다.

초기 협상은 협상이라기보다는 상대방으로부터 다양한 연금제도와 국제관행에 대해 설명을 듣고 배우는 과정이었다는 게 더 맞는 표현이었다. 애초부터 전문성이나 경험 측면에서 결코 대등한 협상이 될 수 없는 협상이었다. 나중에 안 사실이지만 선진국의 사회보장협정 담당관들은 그 일만 수십 년 해온 사람들이라 서로 친구처럼 지내며 관련 정보를 수시 교환하고 있었고, 자기들끼리 긴밀한 네트워크를 갖고 있었다.

그들만의 세계에 사회보장에 대해서는 전혀 문외한인 내가 끼어들어 협상하겠다고 앉아 있었으니 얼마나 만만해 보였겠는가. 실제로 미국 수석대표인 사회보장청 과장은 선준영 외무부 경제차관보를 예방한 자리에서 "조 과장은 학습능력이 대단한 사람"이라고 칭찬 아닌 칭찬을 하는 바람에 아주 민망했던 적도 있었다.

기울어진 운동장의 균형을 잡아준 협정

그의 말처럼 나는 협상 상대방으로부터 배우고 물어가며 협상해야 하는 협상가 아닌 협상가였지만, 협상이 협상다운 수준으로 올라갈 때까지 전문지식을 익히기 위해 부단히 노력하였다. 그 결과 본격적인 협상단계에 이르러서는 미국과 제법 논쟁을 벌일 정도의 수준에 올라설 수 있었고, 마무리 단계에서는 공세적으로 나가 제법 의미 있는 협상결과물을 만들어낼 수도 있었다.

협정을 완전히 종결짓지는 못하고 가서명만 한 상태에서 1996년 가을 제네바로 떠나게 되었지만, 해외 거주 우리 국민과 상사 주재원들에게 실질적 혜택을 주는 최초의 사회보장협정을 내 손으로 시작하여 실질적인 마무리를 할 수 있었다는 데 보람을 느꼈다.

협정 가서명 다음 날 아침 라디오 인터뷰가 있었다. 출근길 차 안에서 인터뷰를 들은 공로명 장관이 내게 전화를 하였다.

"인터뷰 잘 들었네. 수고 많았어. 그런데 이 사람아, 이왕 하는 김에 한·미 사회보장협정 얘기만 하지 말고 영국 등 다른 나라들과도 사회보장협정을 추진하고 있다는 얘기를 덧붙이지 그랬어."

통상협상에 대한 우리 국민의 부정적 시각을 바꿔놓고 싶은 마음은 과장인 나보다 장관이 더 컸고, 좋은 기회를 좀더 영리하게 활용하지 못한 내게 아쉬움이 있었던 것이다.

미국과의 사회보장협정 협상 경험은 내가 다시 수석대표를 맡아 추진한 캐나다와의 협상에서 소중한 자산이 되었고, 이후 우리 정부

가 여타국과의 수많은 사회보장협정을 체결하는 데에도 좋은 참고
가 되었을 것이다. 무엇보다도 한·미 사회보장협정은 기울어진 운
동장이었던 한·미 통상협상에 조금이나마 균형을 잡아준 협정이었
다는데 의미가 있었다.

제 4 장

다자협상: 현실과 인식의 괴리

우루과이라운드 쌀 협상

WTO 시대의 개막

1986년 우루과이의 푼타 델 에스테에서 출범한 우루과이라운드 (UR) 다자무역협상은 1993년 12월 15일 제네바 소재 갓트(GATT) 본부 회의장에서 서덜랜드 갓트 사무총장이 두드리는 의사봉 소리와 함께 7년여에 걸친 긴 장정을 끝냈다. 그 1년 후 모로코의 마라케시에서 최종의정서가 채택되면서 제 2차 세계대전 이후 이른바 브레튼우즈 체제의 한 축을 이루었던 갓트 체제는 역사의 뒤안길로 사라지고 세계무역기구(WTO)라는 이름의 새로운 국제기구가 탄생하였다. 이른바 WTO 시대가 닻을 올린 것이다.

쌀로 시작해서 쌀로 끝난 협상

적지 않은 우리 국민들에게 UR 협상은 쌀시장 개방을 막지 못한 협상으로만 기억되고 있을 만큼 쌀로 시작해서 쌀로 마무리한 협상이었다고 해도 과언이 아니다. 농업 기반을 무너뜨리는 협상이라고 해서 농민들은 '우르르쾅쾅' 협상이라고 불렀으니 당시의 우리 사회 분위기를 짐작할 수 있지 않은가. 협상이 종료되자마자 황인성 국무총리와 허신행 농림수산부 장관이 경질된 것도 다름 아닌 쌀 협상결과 때문이었다. '단 한 톨의 쌀도 들여오지 않겠다"는 김영삼 대통령의 선거공약을 이행하지 못했다는 이유로 그들이 대신 정치적 책임을 지고 자리에서 물러나야만 했다.

그러나 제네바 현장에서는 각국 대표들이 우리에게 이구동성으로 '대단한 거래'(big deal)를 해냈다고 축하인사를 건넬 만큼 전례 없는 성공을 거둔 협상이었다. 제일 큰 이해당사국인 미국과 힘들고도 오랜 협상 끝에 쌀을 '관세화(關稅化, tarrification) 원칙'의 유일한 예외 품목으로 인정받았을 뿐만 아니라, 같은 처지에 있던 일본보다도 훨씬 유리한 조건의 타협안을 이끌어 냈기 때문이었다.

우리는 쌀에 대한 10년간의 관세화 유예를 인정받는 대신 매년 '최소시장접근'(MMA: Minimum Market Access)에 해당하는 물량의 수입을 허용하기로 하고, 그 비율을 첫해인 1995년에는 기준년도 쌀 국내소비량의 1%에서 시작하여 매년 단계적으로 인상하여 1999년까지 2%로 올리고 2000년부터 다시 2%에서 시작하여 마지막 해인 2004년까지 4%로 인상하기로 합의한 반면, 일본은 관세화 유예기간을 6년밖에 얻지 못하였을 뿐 아니라 MMA도 첫해에는 우리의 4배인 4%에서 시작하여 마지막 해인 2000년에는 8%까지 인상하도록 되어 있었다.

148

결과가 이러함에도 불구하고 UR 쌀 협상은 우리 국민들에게 실패한 협상으로만 기억되고 있으니, 협상결과에 대한 국내외의 평가가 이처럼 극명하게 갈린 경우는 없지 않을까 싶다.

나는 UR 쌀 협상현장에서 협상이 최종 마무리되던 긴박한 순간을 직접 목격하였을 뿐 아니라 협상결과를 반영하여 WTO 농업협정 제5부속서 쌀 조항의 영문을 직접 작성한 남다른 인연을 갖고 있다. 마지막 며칠 동안 내가 목격하거나 경험한 일들 중에서 세간에 잘 알려지지 않은 몇 가지 이야기는 기록으로 남겨둘 가치가 있다고 생각된다.

한·미 협상 못지않게 숨 막혔던 복수국(複數國) 협상

UR 협상이 종료되기 이틀 전인 12월 13일 저녁 나는 외무부 선준영 경제차관보와 함께 차를 타고 갓트(GATT) 본부로 향하고 있었다. 그날 낮에 미국과의 쌀 협상을 겨우 마무리 짓고 이제 태국, 호주, 아르헨티나 등 쌀 협상결과에 직간접의 이해를 갖고 있는 다른 나라 대표들을 만나 한·미 협상결과를 추인받으러 가는 길이었다. 우리 쌀에 대해 가장 큰 이해 관계국인 미국과 힘든 협상 끝에 간신히 우리 쌀에 대한 예외적 특별대우에 합의하긴 하였지만 이들 여타 이해 관계국 중 단 한 나라라도 한·미 협상결과를 수용할 수 없다고 버티면 협상결과는 수포로 돌아가는 것이었기 때문에 우리는 그날 저녁 무슨 수를 써서라도 그들을 설득해야만 했다. 자동차 뒷좌석에

꼿꼿이 앉아 있는 선 차관보의 얼굴이 무척 어두웠다.

"오늘 회의는 무슨 말로 시작을 해야 하지?"

선 차관보가 혼잣말처럼 중얼거렸다.

"차관보님, 오늘 아침 동아일보에 실린 사설을 인용하시는 게 어떻겠습니까?"

"무슨 내용의 사설이었는데?"

"김영삼 정부가 출범 후 강하게 개혁 드라이브를 걸어 기득권층이 등을 돌리기 시작했는데, 쌀시장 개방을 막지 못하면 농민들까지 등을 돌려 정권이 위태롭게 될 것이라는 요지의 사설이었습니다. 쌀 문제가 우리에게는 정권을 흔들 만큼 심각한 국내 정치이슈임을 강조하여 분위기를 잡아 놓으시면 그 사람들이 쉽사리 딴죽을 걸지는 못할 겁니다."

"응, 그거 괜찮은 생각인데 …."

갓트 본부에 도착하여 예정된 회의장에 들어서니 10여 명의 대표들이 이미 자리를 잡고 앉아 있었다. 모두 대사급 외교관들이었다. 선준영 차관보가 무겁게 입을 열었다. 동아일보 사설 요지를 언급하며 우리에게 쌀 문제가 국내 정치적으로 얼마나 심각한 문제인지를 강조한 후, 미국과의 협상결과를 그대로 수용하여 줄 것을 정중히 요청하였다. 아르헨티나 대사가 제일 먼저 마이크를 잡았다.

"당신의 말을 듣고 보니 쌀 협상이 한국에서 얼마나 심각한 정치적 이슈가 되고 있는지 잘 이해하겠습니다. 그러나 이해 관계국인 우리 입장에서 보면 한국 쌀에 대한 특별대우는 지나치다는 느낌입니다. 다른 품목에서 특별대우에 상응하는 보상이 이루어져야 한다고 봅니다."

메시지는 강경했지만 발언의 톤은 예상보다 사뭇 부드러웠다. 이어서 발언한 다른 나라 대표들도 모두 쌀 문제의 국내 정치적 심각성을 충분히 이해한다는 말로 시작하였다. 우리가 의도했던 대로 동아일보 사설 내용을 언급한 것이 최소한 다른 나라 대표들이 회의 초반부터 우리를 세차게 몰아붙이는 분위기는 막을 수 있었다.

그러나 회의가 마냥 우리 뜻대로 돌아가지는 않았다. 일부 대표들이 "농산물협정의 다른 품목에 대해 적절한 시장접근 기회가 부여되어야 한다"(shall be provided)는 문안을 농업협정 제5부속서에 추가할 것을 요구하였다.

한·미 쌀 협상결과로 가장 난처한 입장에 빠진 일본의 입김이 배후에서 작용하는 것 아닌가 하는 느낌이 강하게 들었다. 일본은 우리에게 쌀을 수출하는 나라가 아니었기 때문에 우리에게 양자 협상을 통해 대가를 요구할 입장에 있지는 않았다. 일본이 몽니를 부렸다면 그것은 순전히 국내 정치적 이유 때문이었다. 일본보다 한국이 협상을 더 잘했다는 비난을 면하려면 한국이 쌀에 대한 특별대우를 거저 얻은 것이 아니라 그에 상응하는 추가보상의 대가를 치르게 되어 있다는 점을 일본 국민들에게 설명할 수 있는 근거를 확보하여야 했기 때문이다.

선준영 차관보는 단호한 목소리로 응수하였다.

"쌀에 대한 특례규정을 확보하기 위해 우리는 이미 미국 등 이해

관계국들과의 양자 협상을 통해 다른 농산물에서 상당한 대가를 지불하였습니다. 여타 이해 관계국들이 대가를 원했다면 진작 요구했어야 했습니다. 협상이 다 끝나가는 이 시점에서 추가양보를 요구하는 것은 수용할 수 없습니다."

선 차관보는 대신 "농업협정의 다른 품목에서 이미 적절한 시장접근 기회가 부여되었다"(*have been provided*)는 취지의 완료형 문안을 추가하는 것은 최종 타협안으로 수용할 수 있다는 말을 남기고 자리에서 일어섰다. "받든지 말든지 알아서 하라"(*take it or leave it*)는 최후통첩이었다.

이튿날인 12월 14일 오전 갓트 본부에서 전체 협상참여국 수석대표 회의가 열렸다. 농업협정을 포함한 UR 협상 최종결과물에 대한 승인여부가 결정되는 중요한 회의였다. 이 회의에서 누군가가 쌀 협상결과에 이의를 제기하면 쌀 협상은 수포로 돌아가는 것이었다. 선 차관보가 수석대표로 참석하는 회의장 밖에서 우리는 초조하게 회의가 빨리 끝나기만을 기다리고 있었다. 얼마나 시간이 흘렀는지 모르지만 회의장 문이 열리고 선 차관보가 각국 대표들에 둘러싸여 축하인사를 받는 모습이 보였다. 그들은 회의장 밖에서 기다리는 우리에게도 엄지손가락을 치켜 올리며 축하인사를 건넸다. 우리는 비로소 안도의 숨을 내쉬었다. 그날 회의에서 아무도 우리 쌀 문제에 대해 이의를 제기하지 않았던 것이다.

이로써 한·미 양자협상 결과는 여타 이해 관계국과의 '복수협상'(*plurilateral negotiations*)을 거쳐 전체 협상국들이 참석한 수석대표

회의에서 '다자적 추인'(*multilateralization*)을 받게 되었다. 전날 저녁에 토의되었던 추가보상 문제와 관련하여서도 "여타 품목에서 적절한 보상이 이미 제공되었다"는 문안을 추가하는 것으로 최종 타결되었음을 확인할 수 있었다. 아마도 국제협정이나 조약에 협정 당사국의 의무에 관한 사항이 '현재 또는 미래형'이 아닌 '현재완료형'으로 표현된 경우는 WTO 농업협정 쌀 조항이 유일한 예일 것이다.

쌀 협상은 최대 이해 관계국인 미국과의 협상이 최대 걸림돌이었고 한·미 협상결과가 사실상 쌀에 대한 UR 협상결과 그 자체라 해도 과언이 아닐 만큼 알파요 오메가였다. 따라서 한·미 협상이 끝나기 전에는 쌀 협상이 어떤 결과로 마무리될지 아무도 모르는 상황이었기 때문에 한·미 협상이 진행되는 동안에는 다른 이해 관계국들이 우리에게 구체적으로 어떤 수준의 보상을 요구해야 할지 가늠하기가 어려워 구체적 요구를 유보하고 있었다. 이러한 상황에서 한·미 협상이 UR 협상 종료일을 사실상 하루 앞둔 12월 13일에야 마무리된 것은 결과적으로 다른 나라들이 우리에게 별도 보상을 요구할 기회와 시간을 주지 않았다는 점에서 우리에겐 참으로 다행스러운 일이었다.

다른 나라 대표들이 12월 13일 저녁 회의에서 여타 품목에 대한 추가보상 제공의무를 규정한 문안을 강하게 주장한 것은 협상종료 후에라도 보상 받을 수 있는 근거를 확보하고자 한 것이었으나 우리 측의 강력한 저항과 하루밖에 남지 않은 협상시한에 막혀 뜻을 이루지 못하였던 것이다.

그러나 다른 이해 관계국들이 추가대가를 요구하지 않고 한·미 협상결과를 그대로 받아들일 수밖에 없었던 것은 선준영 차관보의 담대한 대응이 있었기에 가능하였다. 사실 12월 13일 저녁 회의를 선 차관보가 맡게 된 것은 그날 낮에 미국과의 협상이 끝난 후 우리 쌀 협상 팀 중 어느 누구도 선뜻 그 역할을 맡겠다고 나서지 않았기 때문이었다. 한꺼번에 여러 나라를 상대하여야 했을 뿐만 아니라 이 중 단 한 나라라도 한·미 협상결과를 수용하지 못하겠다고 버티면 협상이 어디로 튈지 알 수 없었고 이를 막으려면 또 얼마나 많은 대가를 지불해야 할지 모르는 상황이었기 때문이다.

미국과 협상을 잘 끝내 놓고 마무리 협상을 잘못했다는 비난을 다 뒤집어쓸 수도 있는 상황이었다. 선 차관보는 그러한 부담을 피하지 않고 스스로 총대를 멘 것이었다.

모든 시선은 한·미 쌀 협상으로

UR 협상이 막바지를 향해 치닫던 무렵, 나는 사우디에서 근무하고 있었다. 1993년 봄에 3년간의 워싱턴 근무를 마치고 리야드로 자리를 옮겼고 그해 가을까지도 생소한 환경에 적응하느라 애를 먹고 있었는데 어느 날 갑자기 본부로부터 장기간 제네바 출장을 명령하는 전문이 날아왔다. UR 협상 최종단계에서 현지 교섭업무를 지원하라는 것이었다. 통상 업무에서 손을 뗀 지 3년 반이나 지난 데다 다자통상 업무는 경험이 없어 내가 무슨 도움이 될까 싶었지만 중요한 시기에 UR 협상현장에 불러준 본부의 배려가 고마웠다.

다소 들뜬 마음으로 11월 초에 리야드를 떠났다. 리야드 근교의 '붉은 사막'이 유일한 안식처였던 내게 몽블랑의 천년설을 배경으로 한 레만호의 풍경은 천국이 따로 없었다.

제네바에서 내게 맡겨진 임무는 UR 협상업무를 총괄하던 이성주 참사관과 한 팀이 되어 허승 대사를 보좌하는 일이었다. '무역협상 위원회'(TNC: Trade Negotiations Committee)나 수석대표 회의에서 허 대사가 주요 쟁점에 관해 우리 입장을 밝힐 발언문 초안을 작성하는 일이 주업무였다. 선배인 이 참사관과 나는 호흡이 서로 잘 맞아서 이심전심으로 일을 쉽게 할 수 있었고, 이 참사관으로부터 UR 협상의 다양한 이슈에 대해 많이 배울 수 있었다.

여러 분야의 수많은 쟁점들이 남아 있었지만 우리에게는 뭐니뭐니 해도 쌀 협상이 초미의 관심사였다. 협상시한을 보름 정도 남겨 둔 12월 초에는 경제기획원, 상공부, 농림수산부 차관보들로 구성된 본부 대표단이 도착하였고, 함께 온 40여 명의 기자들은 하루 종일 대표부 회의실에 진을 치고 앉아 매일 매일의 협상경과를 취재했다. 강봉균 경제기획원 차관보가 매일 협상결과를 취재진에게 브리핑하였고 기자들은 쌀 협상 진전사항과 관련하여 특종을 얻으려고 눈에 불을 켜고 있었다. 김영진 의원 등이 쌀시장 개방을 결사적으로 막기 위해 갓트(GATT) 본부 앞에서 삭발시위를 하여 해외 언론에까지 보도되고 있던 것도 그때였다.

쌀 협상은 그때까지 천중인 농림수산부 국장이 실무협상을 맡았으나 12월에는 김광희 차관보에 이어 허신행 장관이 직접 제네바로 날아와 협상을 진두지휘하였다. 선준영 외무부 경제차관보도 허 장관 일행과 함께 도착하였다. 그날부터 이 참사관과 나는 쌀 협상팀에 대한 지원업무로 방향을 틀었다. 허 장관과 미국의 에스피 농무장관이 처음 만나던 날 4개 부처 차관보 이외에 면담에 배석한 우리측 실무자는 이 참사관과 나뿐이었다.

그날 첫 만남에서 에스피 장관은 간단한 인사말을 통해 쌀 문제에 대한 특별 배려를 할 용의가 있음을 시사하고는 허 장관과 단둘이서만 얘기하고 싶다면서 다른 사람들은 자리를 비켜 달라고 부탁하였다. 그날 단독회담에서 에스피 장관은 허 장관에게 특정기간 동안 쌀에 대해 관세화를 유예해 주는 대신 매년 최소시장접근(MMA)에 해당하는 수입 물량을 단계적으로 인상하는 방안으로 타협하되 구체적인 유예기간과 MMA 수치는 다른 품목에서 우리가 얼마나 양보하는지 보아가며 정하겠다는 뜻을 밝힌 것으로 알려졌다.

우리는 일단 미국과의 합의기반이 마련된 것으로 보고 안도의 숨을 내쉬었으나 이후 협상이 종료되기까지의 10여 일간은 한시도 마음을 놓을 수 없는 긴장의 연속이었다. 미국과의 양자협상을 직접 담당한 허 장관과 농림수산부 대표들에게는 아마 피를 말리는 시간이었을 것이다.

제네바와 서울의 온도차

12월 14일 오후 쌀 협상결과를 취재진에게 알리기 위한 기자회견이 주제네바 대표부 회의실에서 열렸다. 허신행 장관이 감격스러운 어조로 말문을 열었다. 쌀시장 개방을 막기 위해 최선의 노력을 다하여 성공적 협상결과를 얻게 되었음을 국민 여러분께 보고드리게 되어 매우 기쁘게 생각한다는 요지였던 것으로 기억된다. 그런데 내 등 뒤에서 누군가가 중얼거리는 소리가 들렸다.

"국민 여러분께 약속을 지키지 못해 죄송하다는 말부터 해야지. 저 양반 자리를 내놓으려고 작심하셨구먼."

돌아보니 모 신문 기자였다. 나는 아차 싶었다. 허 장관은 각고의 노력 끝에 최선의 협상결과를 얻었으니 우리 국민들에게 기쁘고 자랑스러운 마음으로 보고드리고 싶었을 것이다. 그러나 기자들이 바라보는 우리 국민들의 눈높이는 달랐다. 한 톨의 쌀도 들여오지 않겠다는 대통령의 약속을 우리 협상단이 얼마나 지켜 낼 것인지에 모든 관심이 쏠려 있었고, 제네바 현지의 분위기나 힘든 협상환경은 제대로 알지도 못하였을 뿐만 아니라 알려고 하지도 않았던 것이다. 불행히도 그 기자의 판단은 옳았다. 허 장관은 귀국 후 며칠 만에 국민에 대한 약속을 지키지 못했다는 정치적 책임을 지고 경질되었다.

12월 15일 오전 갓트 본부에서 전 회원국 대표들이 참석한 가운데 폐막식이 열렸다. 허승 주제네바 대사가 우리 정부를 대표하여 협상 종료를 축하하는 발언을 하였다. 허 대사는 이 연설에서 특히 우리 정부가 농산물 교역에서 관세화 원칙을 수용하고 쌀시장 개방에 합의한 것은 대통령이 협상종료 후 대국민 사과문을 발표할 만큼 국내 정치적으로 매우 어려운 결정이었다고 말하고, 우리 정부는 최종협상 결과가 순조로이 이행되도록 주요 교역국으로서 응분의 역할과 책임을 다하겠다는 의지를 밝혔다.

그날 오후 나는 동료들과 어울려 오랜만에 여유로운 시간을 보내고 호텔로 돌아와 짐을 꾸렸다. 다음 날 리야드로 돌아가기로 되어 있었기 때문이다. 저녁 늦은 시간에 작별인사를 드리러 선준영 차관보를 호텔로 찾아갔다. 선 차관보는 그렇지 않아도 나를 부르려던 참이었는데 마침 잘 왔다면서 허 장관이 귀국하자마자 공항에서 곧바로 청와대로 직행하여 대통령께 협상결과를 보고드리게 되어 있으니 그 자리에서 보고서 초안을 만들어 보라고 지시하였다.

마지막 날 밤이지만 워낙 중요한 일이라 군소리 없이 그 자리에 앉아 작업을 시작하였다. 전날 허 장관의 기자회견 때 내 등 뒤에서 기자가 중얼거리던 말이 떠올라 대통령께 쌀시장을 지키지 못해 죄송하다는 말로 보고서 초안을 시작하였다. 그때 전화벨이 울렸다. 서울에서 이른 아침에 정의용 통상국장이 걸어온 전화였다. 수화기를 든 지 몇 초도 안 되어 선 차관보가 놀란 목소리로 말했다.

"그래요?"

황인성 총리가 막 사임의사를 표명하였던 것이다. 서울과 제네바의 온도차는 그만큼 컸다.

158

특이했던 쌀 협상결과 최종문서화 작업

UR 쌀 협상은 최종문서화 작업에서도 특이한 선례를 남긴 협상이었다. 지금 생각하면 어떻게 그런 식으로 마무리되었을까 싶을 정도로 한·미 쌀 협상결과를 문서화하는 작업은 매우 이례적인 방식으로 진행되었다.

한·미 쌀 협상이 한창 진행 중이던 12월 10일경 나는 선준영 차관보로부터 협상에 상당한 진전이 있었고, '관세화 유예기간 10년'과 'MMA 비율 1~4%'에 대체적 합의가 이루어졌다는 말을 전해 들었다. 선 차관보는 이 말을 내게 전하면서 한·미 협상이 언제 마무리될지 알 수 없으니 미리 예상되는 협상결과를 반영한 문안을 영문으로 만들어 놓으라고 지시하였다. 협상결과를 문서화하는 과정에서 미국과 한 차례 더 어려운 실랑이를 벌이게 될 가능성이 있으니 미리 대비해 놓자는 것이었다. 그러나 협상이 어떻게 마무리될지 알지 못하는 상황에서 문서화 작업을 한다는 것은 한 마디로 실체가 없는 대상을 두고 상상 속의 그림을 그리는 것과 마찬가지였다.

10년간 1%에서 4%까지 인상된다는 개략적인 말만 들었지, 그것이 매년 일정량씩 증가하여 1%에서 4% 수준까지 '일직선으로 상승'하는 모양이 되는 건지, 아니면 처음 5년간은 2%까지 인상하고 다음 5년간은 4%까지 증가하는 '2단계 직선'이 되는 건지 분명치가 않았다. 2단계 직선일 경우에도 5년이 되는 시점에서 '꺾인 직선'이 될지, 아니면 가운데 1~2년간은 2%에서 멈추었다가 다시 상승하는 '계단형 직선'이 될지 알 수 없었다. 농업협상을 담당하던 농림수산부 관계관들에게 물어도 자신 있게 답을 주는 사람이 없었다.

나는 일단 3가지 유형의 문안을 영문으로 준비했다가 최종협상 결과를 확인한 후에 마무리하기로 마음을 먹었다. 문안을 만들어 놓고 실제 MMA 증가량을 대입하여 계산해 보니 '계단형 직선'이 될 경우 10년간 총 112.5만 톤(기준년도 국내소비량의 22.5%)을 수입하게 되어 우리에게 가장 유리하고, '꺾인 직선'이 그 다음으로 유리한 결과(117.5만 톤, 23.5%)가 되며, '일직선' 형이 제일 불리한 결과(125만 톤, 25%)가 된다는 걸 알게 되었다.

그런데 한·미 협상이 최종 마무리된 12월 13일 낮에 내가 우리 협상팀으로부터 확인한 협상결과는 '최초 5년은 1~2%, 이후 5년은 2~4%로 증가'한다는 것일 뿐, 어느 누구도 이것이 '꺾인 직선'인지, '계단형 직선'인지 확인해 주지 않았다. UR 협상시한이 반나절도 남지 않은 상황에서 이를 확인할 시간도 없었다. 나는 '꺾인 직선'보다는 '계단형 직선'이 전해들은 합의사항에 더 부합하는 것 같고, 우리에게도 더 유리한 안이므로 이 안을 들고 곧바로 갓트 사무국 농업국장을 찾아가 한·미 협상결과를 반영한 문안임을 설명하고 문안을 전달하였다. WTO 농업협정 제5부속서 B조 7항은 바로 그때 내가 작성하여 갓트 농업국장에게 전달한 바로 그 문안이다.

내가 작성한 문안이 협상결과를 제대로 반영한 것인지 여부를 미국이 점검하지 않았을 리는 없다. 그러나 12월 13일 당일에 합의내용이 '꺾인 직선'인지, '계단형 직선'인지의 기술적 사항까지를 미국이 세밀히 점검하였는지는 솔직히 의심스럽다.

　그보다 더 의아스러운 것은 미국이 그토록 중요한 협상결과를 협정에 반영하기 위한 문안작성 작업을 우리측에 일임하였다는 사실이다. 내 경험에 비추어 미국은 법률문제에 관한 한 절대 허투루 넘어가는 일이 없고, USTR 내에는 쟁쟁한 전문변호사들이 수두룩하기 때문에 그런 작업을 협상 상대방에게 맡기지 않는다. 미국이 의도적으로 그렇게 했는지 아니면 시간에 쫓겨 할 수 없이 그렇게 했는지는 알 수 없으나, 쌀 협상처럼 중요한 협상결과를 우리가 작성한 문안으로 WTO 농업협정에 반영시킬 수 있었던 것은 국익을 위해 다행스러운 일이었다.

라카르테 협상 그룹과 최빈개도국 조항

어설픈 율사 노릇

1993년 11월 UR 협상 막바지 현장에서 내가 따로 혼자 맡은 일은 '제도적 문제(institutional issues)에 관한 협상그룹'에 우리 정부 대표로 참석하는 것이었다. 십여 개의 협정으로 구성된 WTO 협정이 개별협정의 문안이나 내용에 서로 상충하는 것이 없는지 비교분석하여 일관성 있는 내용으로 문안을 수정하는 작업이었다. 20여 명의 핵심국가 대표들만 참석하는 회의였다. 대부분 다년간의 협상경험을 가진 변호사 출신들이어서 내가 별달리 기여할 게 없었으나 그렇다고 해서 '꿔다 놓은 보릿자루'처럼 앉아 있을 수만은 없었다. 외무부 조약국 근무시절의 경험과 법대 출신으로서의 감각을 살려 나름대로 존재감을 보여주려 애를 썼다.

이 협상그룹은 의장인 라카르테 우루과이 대사의 이름을 따서 '라카르테 그룹'이라 불렸다. 그는 당시 다자통상 무대에서는 전설적인 인물이었고 지금도 WTO 본부 건물에는 그의 이름을 딴 '라카르테 룸'이 있을 정도로 존경받는 외교관이자 협상가였다. UR 협상 당시 이미 70대에 접어든 중후한 모습의 노인이었다. 나는 늘 그의 오른쪽 옆자리에 앉아 일거수일투족(一擧手一投足)을 유심히 관찰하며 하나라도 더 배우고자 노력하였다.

라카르테 그룹 회의에 처음 참석하던 날은 보조금 협정과 여타 협정의 관련조항 사이에 상호모순되는 문안이 없는지를 협의했는데 나는 보조금 협정의 내용이 어떤 것인지도 모르던 때라 한참 동안 듣고만 있었다. 그런데 하는 얘기를 가만히 듣고 보니 내용이 별것도 아니라는 생각이 들어 외무부 조약국 사무관 시절에 각종 국제협정을 다루던 경험과 지식을 살려 이것저것 코멘트를 하기 시작했다. 내가 지금 말도 안 되는 소리를 하는 건 아닌가 싶어 염려되기도 하였지만 신참이 좀 틀린 소리를 했기로서니 무슨 큰 문제가 되랴는 배짱이었다. 두 시간가량 지난 후 커피 브레이크가 있었는데 브라질 대표가 내게 다가오더니 나보고 보조금 전문가냐고 물었다. 사실을 얘기하자면 그들도 대단한 전문가는 아니었던 것이다.

한번은 EU의 멤버십 특례에 관한 문제가 토의되었다. 요지는 EU에게만은 개별 회원국이 갖는 투표권 이외에 EU 전체로서 별도의 투표권을 하나 더 인정하자는 것이었다. 토론을 듣던 내가 한 가지 궁금한 게 있어 물었다.

"내가 하는 질문이 우문(愚問)인지는 모르겠지만 EU가 전체 EU 회원국을 대표하는 엔티티로서 별도 투표권을 부여받을 경우 기여금과 같은 의무도 추가 부담하게 되는지 궁금하군요."

EU 대표 얼굴이 약간 일그러진 것 같다고 생각하는 순간 어디선가 종이쪽지 하나가 내게 건네졌다.

"당신 질문은 전혀 우문이 아니에요."(It is not a silly question at all)

메모지에 적힌 글에서 눈을 떼고 고개를 드니 맞은편 오른쪽에 앉아 있던 미국 대표가 내게 눈을 찡긋하며 웃고 있었다.

최빈개도국의 설움

라카르테 그룹의 작업내용에 어느 정도 익숙하여 제법 토론을 즐기게 되었을 무렵의 어느 날 오전 갑자기 아프리카 대사 대여섯 명이 회의장에 나타났다. 라카르테 그룹 회의에는 한 번도 참석하지 않았던 아프리카 대표들이 웬일로 회의장에 나타났을까 궁금해 하는데 라카르테 의장이 경위를 설명했다. 최빈개도국(LDCs: Least Developed Countries)에 대한 특별대우 조항을 신설해 달라는 요청을 위해 찾아온 것이었다.

탄자니아 대사가 대표로 제안서 내용을 설명하고 간곡한 어조로 라카르테 그룹의 지원을 요청하였다. 그런데 내 맞은편에 앉아 있던 브라질 대표가 제일 먼저 마이크를 잡더니 아주 퉁명스럽게 말했다.

"지금 이 시점에 와서 이런 제안서를 들고 오면 어떻게 하자는 겁니까? 제안내용을 토의하는 것조차 받아들일 수 없어요."

브라질은 늘 개도국의 리더로서 행세했기 때문에 이런 유형의 토의시에는 당연히 개도국 편에 서서 얘기할 줄 알았는데 참으로 의외였다. 그런데 이번엔 미국 대표가 나서더니 한술 더 뜨는 것이 아닌가. 그는 내 맞은편 테이블 맨 끝 좌석에 앉아 있었는데 거의 뒤로 비스듬히 누운 자세로 말을 시작하였다.

"당신들은 아마 이 그룹에서 토의하는 이슈들이 얼마나 복잡한 것인지 잘 모를 거요. 지금까지 여기서 토의된 모든 제안서에 대해 당신들의 입장을 가지고 나오면 방금 제안한 내용을 토론에 부쳐 줄 용의가 있소."

맞은편에 앉아 있는 탄자니아 대사의 순박한 얼굴이 너무 슬퍼 보였다. 내가 굳이 나설 자리는 아니었지만 도저히 가만히 앉아 있을 수가 없었다. 라카르테 의장에게 발언권을 얻었다.

"지금까지 이 그룹 회의에 참석하면서 나는 새로운 제안들이 수없이 제출되고 토의되는 것을 보았습니다. 그런데 지금 어떤 대표들은 아프리카 대표들이 제출한 제안서 내용을 토의조차 못하겠다고 했습니다. 특정 그룹이나 국가의 제안서는 아무 제한 없이 토의하면서 또 다른 국가나 그룹의 제안서는 토의조차 하지 않겠다니 이게 말이나 됩니까? 이거야말로 이중잣대(double standard)가 아닙니까?"

미국 대표가 매서운 눈으로 나를 바라보고 있었다. 당시는 쌀 협상이 워낙 중차대한 시점에 와 있었기 때문에 미국 대표들과 불필요한 대결을 자제하라는 본부지침이 내려진 상태여서 마음 한구석이 찝찝하였지만 애써 무시하였다.

탄자니아 대사의 눈물

결국 아프리카 대표들의 제안서는 토의조차 못한 채 그날 오전회의는 끝났다. 서류를 접어들고 회의장을 나서는데 탄자니아 대사를 비롯한 아프리카 대표들이 회의장 밖에서 나를 기다리고 있었다. 탄자니아 대사는 내 손을 꼭 잡으며 이렇게 말했다.

"오늘 정말 고마웠습니다. 비록 우리 제안서는 토의조차 되지 않았지만 당신의 지지발언이 우리에게 큰 위로가 되었습니다."

나는 그의 손을 마주 잡고 진심을 다해 위로해 주었다. 순간 탄자니아 대사의 눈이 촉촉해지는 걸 보았다. 그날 그의 모습은 이후에도 저개발국들이 다자협상에서 부당한 대접을 받거나 어려운 입장에 처한 걸 보게 될 때면 늘 떠올리는 장면이 되었고, 나로 하여금 그들을 위해 무언가를 하지 않으면 못 견디게 하는 채찍이 되었다.

우리가 주도한 WTO 투자·경쟁정책 작업반

선진국과 개도국간 교량 역할?

제네바 출장에서 사우디로 복귀 후 다시 다자협상에 관여하게 된 건 제네바에 참사관으로 부임한 1996년 가을이었다. 부임 후 1년간은 인권 업무를 맡았다가 1997년 가을에 WTO 담당부서로 옮겨 분쟁 패널 업무와 함께 경쟁정책과 투자에 관한 두 개의 작업반(working group) 관련 업무를 맡게 되었다.

경쟁정책과 투자는 뉴라운드 다자협상이 개시될 경우 핵심협상 대상이 될 이른바 '뉴이슈'였지만, 당시에는 아직 이 문제에 대한 컨센서스가 이루어지지 않은 상황이었기 때문에 다자협상 출범을 위한 정지작업 성격의 기초적 논의가 진행되고 있었다. 물론 선진국은 차기 협상대상에 '뉴이슈'를 포함시키자는 입장이었지만, 개도국들의 반대입장이 강해 합의는 요원해 보였다.

우리나라는 당시 국제무대에서 '선진국과 개도국간의 교량 역할'을 다자외교의 슬로건처럼 외치고 있을 때였다. 나는 이 두 개 이슈야말로 국제통상 분야에서 우리가 실질적인 교량 역할을 하기에 적합한 이슈라고 생각했다. 개도국 중에서 우리나라처럼 경쟁정책을 적극적으로 도입, 시행하는 나라가 당시에는 거의 없었고, 투자정책에서도 우리나라는 다른 어떤 개도국보다도 빠른 속도로 투자 제한에서 투자 자유화로 정책전환을 이룬 나라여서 회원국들과 공유할 경험과 정책적 시사점, 교훈이 많았기 때문이다.

그러나 내가 업무를 맡아 회의에 참석하면서 그 이전의 토의기록과 문서파일을 뒤적여보니 우리의 경험을 토대로 작업반의 토론을 활성화하는 데 기여하기보다는 우리가 과거에 이러이러한 노력을 해서 지금은 이만큼 잘하고 있다는 게 우리가 발언한 내용의 거의 전부였다. 작업반 업무에 대한 우리의 접근방식을 바꾸지 않으면 안 되겠다는 생각이 들었다.

실증적 경험으로 주도한 작업반 논의

나는 우선 두 작업반 모두가 경쟁정책이나 투자정책에 관한 성공 스토리를 여타 회원국과 공유하기 위한 자리가 아니라, 무역과 투자·경쟁정책이 상호 어떻게 작용(interact)하고 있고, 양자가 시너지 효과를 내기 위해서는 무엇을 어떻게 해야 하는지를 각국의 경험을 토대로 토론하는 자리이므로, 고위인사보다는 토론에 활발히 참여할 수 있는 실무자를 보내 줄 것을 본부에 건의하였다.

그리고 경쟁정책 작업반과 관련하여서는 그동안 우리가 경쟁정책을 도입하여 시행하는 과정에서 어떠한 도전적 과제들을 어떻게 극복하였는지, 그런 경험이 무역정책과 상호 어떤 시너지 효과를 창출하였는지를 실증적 사례로 제시할 수 있는 페이퍼를 작성해 보내 달라고 건의하였다. 투자 작업반에 대해서도 지난 수십 년간 우리 정부가 취해 온 투자 정책의 진화과정과 정책 추진과정에서 겪은 시행착오와 교훈을 회원국들과 공유할 수 있는 페이퍼를 만들어 보내 달라고 본부에 요청하였다.

다행히 건의가 받아들여져 그동안 차관급 인사가 맡아오던 공정거래위 대표는 과장급 실무자로 대체되었고, 본부에서는 공정거래위와 협의하여 우리가 건의한 페이퍼 초안도 보내왔다. 투자정책에 관해서도 본부의 김한수 과장이 산업연구원(KIET)의 협조를 얻어 아주 좋은 내용의 페이퍼를 만들어 보내 주었다.

투자나 경쟁정책에 관한 전문적 지식은 이렇게 전문가의 도움을 받아 보완하면 되는 것이었지만, 본부에서 만들어 보내온 페이퍼들을 영문으로 번역하여 내용을 다듬는 건 내 몫이었다. 정성을 다해 주석까지 달아가며 만든 페이퍼를 두 작업반 사무국에 제출하여 작업문서(working document)로 회원국들에게 사전 배포해 줄 것을 요청하였다. 작업문서를 제출한 회원국은 관련 토의시 제일 먼저 발언하여 논의를 주도할 수 있었기 때문이다.

이러한 노력의 효과는 투자 작업반에서 먼저 나타났다. 회의가 시작되자마자 우리가 첫 번째 발언권을 얻어 페이퍼를 소개하면서 정책적 경험과 성공, 실패에서 얻은 교훈 등을 설명하자 선진국과 개도국 모두 즉각적 반응을 보였고, 이어 우리가 제시한 논점들을 중심으로 투자 제한과 투자 자유화정책에 대한 찬반 논의가 활발히 전개되었다. 이전에는 선진국과 개도국이 기존 입장만 반복하여 개진함으로써 토론이 접점을 찾지 못하고 평행선을 달렸으나, 우리가 경험을 토대로 제시한 정책적 결론이 진지한 논의를 촉발한 것이었다. 인도, 파키스탄, 이집트, 말레이시아 등 개도국들은 우리의 투자 자유화 주장에 찬성할 수 없는 입장이었고 어쩌면 우리가 선진국과 같은 논리를 주장하는 게 못마땅했을지도 모르지만, 실제 경험을 토대로 제시하는 주장과 논리에 감정적으로 반응할 수는 없었기에 한층 더 진지한 자세로 토의에 임하는 모습을 보였다.

한편, 미국, EU 등 선진국들은 자신들이 하고 싶은 얘기를 우리가 실증적 경험을 토대로 더 설득력 있게 개진하는 걸 보며 고맙기도 하고, 덕분에 논의가 겉돌지 않고 진지하게 전개되는 데 대해 만족스럽게 생각하는 분위기였다.

경쟁정책 작업반에서도 우리는 경쟁정책의 유용성과 무역정책과의 시너지 효과에 초점을 맞추면서도 일본, 싱가포르, 홍콩 등 미국의 반덤핑 조치 남발로 피해를 입던 나라들과 공조하여 반덤핑과 경쟁정책의 상관관계를 의제로 올려놓고 미국 반덤핑 제도의 반경쟁적 요소들을 비판하는 데 앞장섰다. 미국은 경쟁정책 작업반에서 생각지도 않았던 반덤핑 문제가 의제로 상정되고 우리와 같은 피해국들이 세를 규합하여 조직적으로 공세를 펴 나가자 상무부 차관보를 수석대표로 하는 고위급 본부 대표단을 파견하여 대응하지 않을 수 없을 만큼 수세에 몰리게 되었다.

우리는 경쟁정책과 투자 작업반 업무를 담당하던 2년 동안 회의가 열릴 때마다 거의 예외 없이 사전에 페이퍼를 제출하여 이슈별로 우리의 시각과 경험을 공유하며 토론을 주도하였다. 제출한 작업문서(*working document*)의 숫자도 경쟁정책과 투자 작업반에서 각각 EU 및 미국에 이어 2위를 차지할 만큼 논의 진전에 실질적으로 기여하였고, 그만큼 우리의 존재감이 높아지는 성과도 거두었다. 투자 작업반의 경우에는 장만순 주제네바 대사가 의장을 맡아 회의를 주재하였기 때문에 우리의 리더십이 더욱 돋보일 수 있었다.

미국과 EU 대표는 내게 여러 기회에 깊이 있는 토론을 할 수 있도록 한국이 리더십을 발휘해 주어 고맙다고 인사했고, 개도국들도 공개석상에서는 우리 주장에 반론을 폈지만 사석에서는 한국이 논의를 실질적으로 주도하는 모습이 인상 깊었다는 덕담을 건네곤 했다.

관행적 태도를 버리면 새 길이 보인다

나는 '선진국과 개도국간의 교량 역할'은 단순한 외교적 구호로 그칠 것이 아니라 실천적 프로그램으로 구체화하여 반드시 실현해야 할 우리 다자외교의 정책적 목표요 과제라고 생각한다. 왜냐하면 다자외교 현장에서 이런 역할을 우리보다 잘 해낼 수 있는 역량을 갖춘 나라는 많지만, 우리만큼 국제사회의 신뢰와 기대를 받으며 그 역할을 해낼 수 있는 나라는 드물기 때문이다. 단기간 내에 이룩한 산업화와 민주화 경험이 그 신뢰와 기대의 원천이다.

지금 이 시간에도 우리가 하기에 따라서는 국제회의나 다자협상에서 이런 역할을 할 수 있는 이슈와 분야는 널려 있다. 우리가 관행적 태도와 고정관념에서 벗어나지 못하고 옛 것을 답습하고 있기 때문에 그런 기회가 안 보이고 안 만들어지고 있을 뿐이다. 이런 노력은 돈이 들어가는 것도 아니고 대단한 리더십이 필요한 것도 아니다. 분야별로 진지하게 우리가 걸어온 길을 성찰하고 그 속에서 우리만이 던질 수 있는 메시지와 교훈, 정책적 시사점을 찾아내려는 노력만 하면 해낼 수 있는 일이다.

발전권(發展權) 논의에서 드러난 인권외교의 허상

소리높이 외쳐야 할 이슈에 침묵해

통상외교와는 좀 거리가 있지만 '선진국과 개도국간 교량 역할'이란 것이 공허한 외교적 구호에 그치고 있었다는 걸 실감한 또 하나의 일화가 있다. 그것은 내가 WTO 담당부서로 옮기기 전 1년간 담당했던 유엔인권위원회(UN Human Rights Commission) 회의에서였다.

1996년 가을 제네바에 부임하자마자 나는 유엔 고문방지협약 이행에 관한 국별 심사로 한 2주 동안을 정신없이 보냈다. 잠시 여유를 찾은 어느 날 인권 업무에 관한 파일을 뒤적이다가 '발전권'(*right to development*)이라는 생소한 용어에 눈이 멈췄다.

'경제적, 사회적, 문화적 권리에 관한 국제인권 A 규약'은 알고 있었지만 '발전권'은 처음 접한 인권용어라 호기심에 끌려 자세히 살펴보니 1986년 유엔총회에서 채택된 '발전권 선언'에서 유래한 새로운 인권 개념으로서 "모든 인간이 인권과 기본적 자유가 최대로 실현될 수 있는 경제, 사회, 문화, 정치적 개발에 참여하고 기여하며 향유할 수 있는 불가양의 권리"를 의미하는 것이었다.

개발과 인권을 통합적 시각에서 접근하면서 인권이나 개발 그 자체보다 이를 증진시키는 데 필요한 환경과 조건을 만드는 데 초점이 맞추어져 있다는 점에서 개도국들의 입장이 더 반영된 개념이라고 볼 수 있었다. 실제로 개도국들은 그런 조건과 환경이 갖추어져 있지 않은 상황에서 인권 논의는 무의미하다는 논리를 펴고 있었고, 중국이 선진국의 인권 공세에 대응하기 위해 개도국들과 합세하여 이런 주장을 펼치는 데 앞장서고 있었다.

나는 이거야말로 우리나라가 인권 논의에서 선진국과 개도국간 교량 역할을 하며 실질적 기여를 할 수 있는 이슈라고 생각하고, 과거 우리 대표들이 어떤 논리로 어떤 주장을 펼쳤는지 궁금하여 서류를 살펴보았다. 그러나 그때까지 수년간 우리 대표가 발전권에 대해 언급한 흔적을 찾을 수가 없었다. 의아스러워서 경위를 알아보았더니, 김영삼 정부 출범 후 모든 인권 분야와 이슈에서 선진국과 입장을 같이하여 국제사회에서 인권선진국으로서 좋은 이미지를 만들어 가고 있던 때라 이 문제에 대해서만 개도국 주장에 동조하기는 적절치 않은 것 같고, 우리의 개발 경험에 비추어 선진국 입장에 동조할 수도 없어 차라리 침묵하기로 하였다는 것이었다.

불과 한 세대 만에 산업화와 민주화를 동시에 이룩한 남다른 경험을 가진 우리가 개발과 인권 문제가 연계된 이런 이슈에서마저 침묵한다면 도대체 어떤 이슈와 분야에서 우리가 교량 역할을 하며 건설적 기여를 하겠다는 것인지 이해하기 어려웠다.

선발 개도국의 차별화된 메시지

나는 더 이상 이 문제에 대해 침묵할 수는 없다고 생각했다. 다른 나라들과 차별화된 메시지를 발신하는 데 초점을 맞추어 발언문 초안을 작성하여 본부에 보고하였다. 요지는 이렇다.

"지난 한 세대 동안 우리는 산업화와 민주화를 모두 달성하는 값진 성과를 거두었다. 그러나 경제개발의 초기성과는 민주주의와 인권의 희생 위에서 이루어졌다. 전후 국가재건과 경제개발에 매진하느라 인권 보호와 증진에 소홀했고, 때로는 기본적 인권을 심각하게 침해한 적도 있었다. 지금 돌이켜보면 그것이 과연 불가피한 선택이었는지, 경제개발과 인권신장이라는 두 개의 수레바퀴를 함께 끌고 갈 수는 없었는지 자문해 보지 않을 수 없다. …

선진국들은 인권 문제를 논의함에 있어 개도국들이 안고 있는 내부조건의 제약과 인적, 물적 자원의 한계를 이해하고 공감하려는 자세를 가지고 이를 극복하기 위한 개도국의 노력을 적극 격려하고 지원해야 하며, 개도국들은 내부 제약요인과 한계 속에서도 인권신장과 이를 위해 필요한 조건 마련 및 선정 (*good governance*) 을 위해 부단히 노력하여야 한다. 우리 속담에 '밑 빠진 독에 물 붓기'란 말이 있는데, 개별국가 차원에서 진지한 노력과 성찰 없이는 아무리 많은 외부지원이 있어도 소용이 없는 법이다."

발언해야 할 날은 다가오는데 본부에서는 아무런 회신이 없었다. 전화를 걸어보니 발언문 초안을 상부에서 들여다보고 있는데 우리 정부 대표가 국제회의에서 과거 정부의 인권정책을 자가비판한 전례가 없어 재가를 망설인다는 것이었다. 본부에서 발언문 초안을 수정하다가 초안내용 중 과거를 비판한 부분을 다 지우고 나니 남는 메시지가 없어 이러지도 저러지도 못하고 있다면서 나더러 그냥 알아서 하는 게 어떻겠느냐는 반응이었다.

나는 다음 날 오전 회의장에 나가 원안대로 발언해 버렸다. 과거 우리 정부의 잘못을 공개석상에서 거론하는 게 문제가 될 이유가 없고 오히려 우리 메시지의 진정성을 더해 줄 것이라고 생각했기 때문이다. 내 발언에 대한 선진국과 개도국의 반응은 예상했던 대로였다. 발언이 끝나자마자 바로 앞자리에 앉아 있던 미국 대표가 뒤를 돌아보며 엄지손가락을 치켜세웠고, 오른쪽 몇 자리 건너 앞쪽에 앉아 있던 말레이시아, 네팔 대표 등도 나를 향해 박수를 보내는 제스처를 하며 호응해 주었다.

메시지를 잘못 발신하면 양측으로부터 모두 비판을 살 수 있지만, 개도국의 고민을 배려하면서 동시에 선진국의 논리에 좀더 다가가는 설득력 있는 메시지를 개발하면 양측으로부터 공히 평가를 받을 수 있다는 걸 그때 실감하였다.

한국이 언제부터 선진국인데?

그런데 섣부른 메시지는 그 반대의 결과를 초래할 수 있다는 걸 나는 그 무렵 다른 사례에서 경험하였다.

하루는 영국 옥스퍼드대학 연수시절 함께 공부했던 태국 외교관이 외교부 경제국장이 되어 제네바 출장을 와 저녁을 함께 했는데 그 친구가 식사 도중 어렵게 입을 열었다.

"오늘 오후 유엔무역개발협의회(UNCTAD) 회의에서 한국 대표가 발언하였는데, 너무 선진국과 같은 논리로 강하게 입장을 개진해서 회의종료 후에 있었던 아세안 회원국 모임이 한국 성토 모임이 되어버렸네. 한국이 언제부터 선진국이 되었다고 국제회의에서 그런 식으로 선진국 입장을 대변하느냐면서 분노를 표시한 나라가 많았으니 참고하시게."

들으면서 낯이 뜨거웠다. 내가 직접 회의에 참석하지 않아 정확한 발언내용을 알 수는 없었지만 대충 어떤 상황이었을지는 짐작이 되었다. 대표부 직원 아니면 본부 대표로 참석한 실무자가 훈령을 영어로 직역하다시피 하여 발언하였을 게 틀림없었다. 아무리 훈령이 선진국 입장과 같은 내용이었다 하더라도 전달할 메시지는 개도국 입장을 배려하여 신중하고도 정교한 언어로 다듬어 표현했어야 했는데 이를 소홀히 한 것이었다.

같은 메시지도 '아 다르고 어 다른 법'인데 외교현장에서 마치 비즈니스하듯이 거친 발언을 했으니 그런 반발을 산 것이었다. 더구나 개도국의 눈에는 당시의 한국이 선진국으로 보이지는 않았을 것이기 때문에 그런 반응은 어찌 보면 당연한 것이었다.

우리는 선진국과 개도국 사이에서 교량 역할을 하겠다고 말로만 외치면서 막상 그런 역할을 해야 할 상황이 되면 침묵 아니면 애매

모호한 중립입장을 취하거나, 그것도 아니면 분별없이 우리 국익만을 생각하며 거친 언어로 입장을 개진하곤 한다.

개도국의 공통된 아픔을 겪고 어렵게 선진국 문턱에 다다른 나라로서 양 진영의 입장 차이를 좁히고 절충안에 좀더 다가설 수 있는 여건과 논리를 만드는 데 창의적 자세로 임하기보다는 우리의 필요에 따라 선택적으로 선진국과 개도국을 오가며 기회주의적 태도를 취한 예도 일일이 열거하기 어려울 정도다. 실패로 끝나버린 다자무역협상이지만, WTO 도하개발어젠다(DDA) 협상에서도 우리는 공세적 입장에 있는 공산품 협상에서는 선진국 그룹과 공조하에 적극적으로 자유화를 외치면서도 수세적 입장에 있는 농산물 협상에서는 수입 개도국 그룹의 뒤에 숨어 방어이론을 제공하는 이중적 태도를 취하여 선진국과 개도국 모두로부터 비판을 자초하였다.

예나 지금이나 우리의 이런 자세에 근본적 변화는 없다는 게 내 생각이다. 지금 이 순간도 지구촌 어느 곳에서 누군가가 그런 행태를 답습하고 있을지 모른다. 우리 사회가 이런 문제를 두고 진지한 성찰과 담론의 자리를 가져 본 적이 없기 때문이다.

시애틀 WTO 각료회의와 쌀 협상

긴장감으로 덮인 '그린 룸' 회의

1999년 11월 30일부터 12월 3일까지 미국 시애틀에서 개최된 WTO 각료회의는 각국의 시민사회 대표 수천 명이 몰려와 회의장 밖에서 전례 없는 폭력 가두시위를 벌이는 바람에 회의결과나 의미보다는 극렬한 세계화 반대시위의 도화선(導火線)이 된 사건으로 세인의 기억에 더 많이 남아 있다. 회의장 밖의 분위기도 험악하였지만 회의장 안의 분위기도 그 못지않게 팽팽한 긴장감으로 덮여 있었다. 1994년에 끝난 UR 협상에 이어 새로운 다자무역협상(뉴라운드)을 출범시킬 수 있을 것인지의 여부가 시애틀에서 판가름 나게 되어 있었기 때문이다.

우리나라를 포함한 20여 개 핵심 무역국들로 구성된 이른바 '그린 룸'(Green Room) 회의는 막판 협상타결을 위해 마지막 안간힘을 쓰고 있었으나 각국의 입장이 첨예하게 대립하는 주요 쟁점들에 대해 도무지 타협점을 찾지 못하고 있었다.

각료회의 마지막 날인 12월 3일 오전 나는 우리측 수석대표인 한덕수 통상교섭본부장이 참석중이던 '그린 룸' 회의장 밖 로비에서 협상결과를 기다리며 다른 나라 대표들과 어울려 이런저런 정보를 교환하고 있었다. 그날 회의에서도 돌파구를 찾지 못하면 시애틀 각료회의는 실패로 끝나는 것이었기 때문에 다른 모든 협상그룹은 회의를 중단한 채 '그린 룸' 회의결과에 촉각을 곤두세우고 있었다. 아침에 시작된 회의는 3시간이 넘도록 정회 한 번 없이 진행되고 있었다.

다시 불거진 쌀 문제

점심시간이 거의 다 되었을 때 갑자기 동료 한 명이 뛰어와 나를 붙잡더니 숨을 헐떡거리며 말했다.

"참사관님, 본부장께서 회의 도중에 갑자기 회의장을 나와 참사관님을 급히 찾고 계세요."

나는 마시던 커피를 쓰레기통에 집어 던지고는 쏜살같이 회의장으로 달려갔다. 한덕수 본부장은 나를 보자마자 "며칠 전 조 참사관이 작성한 쌀 문제관련 협상문안 있지요? 그거 빨리 큰 글씨로 써서 25부만 회의장 안으로 들여보내세요"라고 말하고는 급히 회의장 안으로 들어갔다.

나는 드디어 쌀 문제가 막판 협상 테이블에 올랐다는 걸 직감하고 그 자리에서 A4 복사용지 하나를 얻어 "Except as otherwise provided for in Annex 5 of the Agreement on Agriculture"라고 큼지막

하게 써서는 25장을 복사하여 회의장 안으로 들여보냈다. WTO 농업협정 제 5부속서는 쌀에 대한 관세화 예외를 인정한 특례규정인데 한 본부장은 필시 내가 회의장 안으로 들여보낸 문안을 가지고 시애틀에서 뉴라운드가 출범할 경우에도 우리 쌀 문제는 2004년까지 협상대상에서 제외된다는 걸 분명히 약속받기 위해 필사적으로 싸우고 있음에 틀림이 없었다.

제네바에서의 실수

우리 쌀 문제가 갑자기 시애틀에서 다시 불거지게 된 경위는 이렇다. 스위스 제네바에서 시애틀 각료회의 준비를 위한 분야별 협상에 여념이 없던 어느 날 아침 출근하는 내게 옆방에 있던 후배 최경림 서기관이 문서 한 장을 건네주며 근심 어린 표정으로 물었다.

"선배님, 이거 한번 봐 주세요. 오늘 아침에 받은 문서인데 어제 저녁에 있었던 농업협상 우호그룹(EU, 노르웨이, 스위스, 대만, 한국 등과 같이 농업협상에서 수세적 입장에 있던 선진국 및 선발 개도국 그룹) 회의에서 마련된 공동 제안서입니다. 그런데 모두(冒頭)에 있는 이 문안이 우리 쌀을 지키는 데 문제될 소지가 있는 것 아닌가요?"

들여다보니 우리나라를 포함한 그룹 참여국들이 마련한 공동제안서에 "협상은 품목 및 조치에 관한 사전 배제 없이 포괄적인 것이어야 한다"(Negotiations shall be comprehensive with no a priori exclusion of products and measures)는 문안이 들어 있었다. 나는 본능적으로 사태가 심각하게 돌아가고 있다는 걸 직감하였다. 의심할 것도 없이 이 문안은 쌀을 포함한 모든 품목이 뉴라운드 농업협상의 대상이 된다는 뜻이었기 때문이다.

앞에서도 언급한 바 있듯이 쌀시장 개방은 UR 협상에서 우리 정부가 다른 분야 이익을 희생하면서까지 전 협상력을 동원하여 막아야만 했던 가장 어렵고도 민감한 문제였다. 제일 큰 이해 당사국인 미국과 힘들고도 오랜 협상 끝에 1995년부터 10년간 쌀을 관세화 원칙의 유일한 예외품목으로 인정받는 대신 매년 최소시장접근(MMA)에 해당하는 물량의 수입을 허용하기로 하고 그 비율을 첫해인 1995년에는 기준년도 쌀 국내소비량의 1%에서 시작하여 매년 단계적으로 인상하여 1999년까지 2%로 올리고 2000년부터 다시 2%에서 시작하여 마지막 해인 2004년까지 4%로 인상하기로 합의하였음은 이미 앞에서 설명한 바 있다.

쉽게 얘기하면 '쌀에 대한 10년간의 관세화 유예'는 UR 협상결과 우리가 얻어낸 가장 소중한 성과로서 WTO 농업협정 제5부속서에 명시된 법적 권리이므로, 1999년 시애틀에서 뉴라운드가 출범한다 하더라도 2004년까지는 협상대상이 될 수 없는 사안이었다.

그런데 우리가 공동제안하는 협상문서 초안에 WTO 농업협정상 확보된 우리의 권리를 훼손할 수 있는 문안이 포함되었으니 그대로 두면 큰 문제가 될 것은 불문가지였다. 나는 농업 협상담당 동료에게 이러한 문제점을 설명하고 시애틀 각료회의가 개시되기 전에 제네바에서 이를 바로잡아야 한다고 주장하였다. 그러나 그는 쌀에 대한 우리의 권리는 UR 협상결과에 따라 WTO 농업협정에 명시적으로 확보된 법률적 권리이기 때문에 협상관련 제안서에 불과한 문서가 이러한 우리의 법적 권리를 훼손할 수 없는 것인데, 괜히 긁어 부스럼 만들 필요가 없다는 반응을 보였다.

나는 과거 경험에 비추어 미국 등 이해 관계국들이 우리가 제출한 공동제안서에 그런 문안이 포함되어 있다는 걸 알게 되면 그걸 협상의 지렛대로 활용하려 하지 그냥 넘어갈 리가 없다고 강조했다. 이런 중요한 문제는 분명히 바로잡고 넘어가야지 그대로 놔두면 나중에 큰 화근이 될 것이므로 각료회의 개최 이전에 제안서 문안을 수정하든지 아니면 제안서 초안에 주석으로라도 쌀에 대한 우리의 권리를 명기해 두어야 한다고 거듭 주장했다. 그리고 다자협상에서는 한 나라의 중차대한 국익이 걸린 문제에 대해 그 나라가 끝까지 반대입장을 고수하면 다른 나라들도 어쩔 수 없는 것이니 남의 눈치를 볼 이유가 없다고 목소리를 높였다. 그러나 그는 자신의 입장을 굽히지 않았고 그로 인해 각료회의 참석을 위해 시애틀로 떠날 때까지 며칠간 아무런 조치도 취하지 못하였다.

시애틀의 잠 못 이루는 밤

시애틀에 도착한 후에도 나는 이 문제 때문에 다른 일이 손에 잡히지 않았다. 농업협상 담당자도 아닌 처지에 너무 나설 수도 없고 그렇다고 일이 잘못되고 있는 걸 뻔히 알면서 손을 놓고 있을 수도 없는 일이었다. 그런데 다행히 그날 저녁 도착한 본부 대표단의 정우성 다자통상국장이 내 설명을 듣더니 당장 문제를 바로 잡아야겠다면서 나더러 우리 입장의 논리적 근거를 문서로 정리해 주면 그걸 가지고 EU 등 관련국 대표들을 설득해 보겠다고 하였다.

나는 곧바로 호텔 방으로 돌아와 영문 Talking Points를 작성하기 시작하였다. 요지는 ① WTO 농업협정 제5부속서는 우리나라의 쌀에 대해 2004년까지 관세화 예외를 인정한 특례규정이며, ② 2004년까지 10년의 유예기간은 쌀에 대한 관세화 예외와 함께 동 특례규정으로 확보된 우리의 법적 권리의 핵심요소이므로, ③ '예외 없는 포괄적 협상원칙'이라는 이름 아래 쌀을 뉴라운드 협상대상에 포함시키는 것은 WTO 농업협정상 명시적으로 인정된 우리의 법적 권리를 훼손하는 것이기 때문에 동 원칙에 관한 논의시 이점을 분명히 하여야 한다는 것이었다.

나는 이 영문 Talking Points와 함께 문제해결 방안의 하나로 작성한 협상문안을 정우성 국장에게 전달하였다. 그것은 "WTO 농업협정 제5부속서에 달리 규정된 경우를 제외하고는"이란 단서조항을 "예외 없는 포괄적 협상원칙"에 관한 문안 바로 뒤에 추가하자는 것이었다.

위에 언급한 각료회의 마지막 날 '그린 룸' 회의 도중 한덕수 본부장이 회의장에서 나와 내게 급히 찾은 문안은 바로 이것이었다. 그날 밤 나는 잠자리에 들면서 뒤늦게나마 잘못을 바로잡을 기회가 생긴 데 대해 안도하면서도 불안한 마음을 씻을 수 없었다.

다음 날 아침 정우성 국장은 애보트 주제네바 EU 대사 등 관련국 대표들을 조찬에 초청하여 우리 쌀 문제와 관련하여 공동제안서 문안이 갖고 있는 문제점을 설명하고 협조를 요청하였다. 그랬더니 애보트 EU 대사는 단박에 무슨 말인지 알겠다는 반응을 보이고는 상황이 그렇다면 제네바에서 문제를 바로잡았어야 했다면서 "당신들이 제네바에서 큰 실수를 했군요"(You made a big mistake back in Geneva) 라고 말하더라는 것이었다. 역시 다자협상에서 잔뼈가 굵은 사람이라 문제의 핵심을 파악하는 데 시간이 필요하지 않았던 것이다

예상했던 대로 며칠 후 시애틀에 도착한 한덕수 본부장의 최대 관심사는 쌀 문제였다. 한 본부장은 이미 정 국장으로부터 보고를 받아 쌀 문제의 경위를 소상히 파악하고 있었고, 어떤 경우에도 시애틀에서 우리 쌀 문제가 불거지는 것은 막겠다는 각오를 단단히 하고 있었다. 서울을 떠나기 전 전직 농림수산부 장관들과 오찬을 같이했는데 그들은 하나같이 이구동성으로 시애틀에서 쌀만 잘 지키면 성공이라면서 쌀 문제를 신중히 처리할 것을 당부하였다고 한다.

EU 등 관련국 대표들과의 조찬회의로 사태는 수습국면으로 접어들긴 했으나 문제의 불씨가 완전히 꺼진 것은 아니었다. 왜냐하면 '품목이나 조치에 관한 사전배제 없는 포괄적 협상원칙'에 대해서는 이미 회원국간 컨센서스가 이루어져 있었기 때문에 각료선언문이 채택될 경우에는 어떤 형태로든 이러한 취지의 문안이 들어가게 되어 있었고, 그 경우 이 원칙에도 불구하고 쌀은 2004년까지 농업협

상의 대상이 되지 않는다는 데 대해 미국 등 이해 관계국들의 양해를 얻어내야 문제가 완결되는 것이었기 때문이다.

나는 남은 절차가 결코 간단한 일이 아니라고 생각했다. 그런 내 걱정은 며칠이 지나지 않아 현실로 나타났다.

쌀 문제를 거론하기 시작한 미국

시민단체들의 격렬한 시위로 각료회의가 표류하던 어느 날 한덕수 본부장이 미국과의 양자회동을 가진 직후 점심시간에 시애틀 시내 한 식당으로 나를 급히 불렀다. 한 본부장은 다소 언짢은 표정으로 대뜸 내게 물었다.

"WTO 분쟁해결협정(DSU: Dispute Settlement Understanding) 개정협상에서는 왜 미국과 반대편에 서서 이렇게 불편한 관계를 만들어 놓은 겁니까?"

나는 영문도 모른 채 쏟아지는 한 본부장의 질문에 답변을 이어갔다. 방금 있었던 한·미 회동에서 미측이 DSU 개정협상에서 우리가 EU, 일본 등과 한 그룹이 되어 미국을 공격하는 데 대해 유감을 표명하였고, 이와 관련하여 위에 언급한 쌀 문제 관련 우리의 공동 제안서 문안을 들먹이면서 DSU 개정협상에서 우리 입장을 완화하지 않으면 쌀 문제도 그냥 넘어가지 않겠다는 투로 한 본부장을 압박하였다는 걸 알게 된 건 한 본부장과의 문답이 끝난 뒤였다.

예상했던 대로 미국은 우리의 농업협상 공동제안서 문안이 쌀 문제 처리와 관련하여 갖고 있는 함의를 이미 파악하고 여차하면 협상에서 이를 흥정거리로 삼을 생각을 갖고 있었던 것이다. 나는 한덕수 본부장에게 우리가 DSU 개정협상에서 일부 미국과 대립된 입장을 취하지 않을 수 없었던 것은 핵심 쟁점인 WTO 분쟁 패널판정 이행과 관련한 분쟁에서 미국의 일방주의(*unilateralism*)를 견제해야 한다는 데 EU, 일본 등 다수 회원국이 동조하고 있었고, 미국과 수많은 통상분쟁을 안고 있는 우리의 국익에도 합치한다고 판단했기 때문이며, 본부에도 이미 보고된 사항임을 강조하고 DSU 개정협상 경위를 상세히 설명했다. 한 본부장은 내 이야기를 다 듣고 나서는 납득하는 모습을 보였으나 얼굴에는 수심이 가시지 않았다. 앞으로 쌀 문제를 헤쳐 갈 일이 걱정스러웠던 것이다.

각료회의 마지막 날 한덕수 본부장이 '그린 룸' 회의에서 만사를 제쳐 놓고 쌀 문제를 거론한 것은 상황이 그만큼 절박하다고 판단하였기 때문일 것이다. 그날 시애틀 각료회의는 실패로 끝날 것이 거의 틀림없었으나 그것으로 뉴라운드 협상이 물 건너가는 것은 아니고 그때까지의 협상결과를 동결(*freeze*)한 채 협상은 계속 이어질 것이므로 추후 협상에서 쌀 문제가 다시 불거지는 것을 막기 위해서는 어떻게든 시애틀에서 쌀 문제에 대한 우리의 입장과 권리를 분명히 해둘 필요가 있다고 한 본부장은 판단한 것이었다.

사실 쌀 문제는 시애틀 각료회의의 성패와는 아무 관련이 없는 이슈였기 때문에 전체 협상이 파국으로 치닫던 마지막 날 '그린 룸' 회의에서 회원국들이 쌀 문제로 시간을 허비할 여유는 없었다. 그럼에

도 불구하고 무려 한 시간 이상이나 쌀 문제를 붙잡고 늘어진 한 본
부장의 집요한 요구는 결국 회의를 주도하던 바세프스키 미 무역대
표로 하여금 배석한 WTO 농업담당 사무차장에게 쌀 문제에 관한
한국의 우려를 해소할 수 있는 방안(formula)을 따로 마련하라는 지
시를 하게끔 만들었다. 이는 차기 각료회의에서 뉴라운드 협상 출범
에 합의할 경우에도 우리의 쌀 문제는 '포괄적 협상원칙'의 예외로
처리해야 한다고 주장할 수 있는 절차적 근거를 마련해 놓았다는 의
미를 갖는 것이었다.

위기는 정면 돌파해야 극복할 수 있다

우리의 쌀 문제를 그렇게 정리하고 난 후 여타 핵심쟁점들을 놓고
몇 시간이나 더 진통을 거듭한 '그린 룸' 회의는 아무런 합의도 이루
지 못한 채 끝나 버렸다. 미국과 EU, 일본, 캐나다 등 협상을 주도
하던 선진국 그룹(이른바 'Quad 그룹') 내에서도 이해가 서로 대립하
고 있었을 뿐 아니라, 브라질, 인도 등이 주도하는 개도국 그룹도
더 이상 UR 협상시절의 허약한 개도국 그룹이 아니었다. 경쟁정책,
투자 등 '뉴이슈'들을 포함한 새로운 다자무역협상 출범이라는 야심
찬 목표를 가지고 개최된 시애틀 WTO 각료회의는 결국 그렇게 실
패로 끝나고 만 것이다.
　시애틀 각료회의 자체가 실패로 끝났기 때문에 우리 쌀 문제에 대
한 협상경위와 결과는 회의문서 어디에도 남아 있지 않으며, 우리의

협상기록에도 상세한 논의내용을 찾을 수 없다. 위에 적은 얘기는 관여한 몇 사람의 기억에만 남아 있는 이야기인 것이다. 시애틀에서 우리의 쌀을 지키기 위한 힘겨운 노력과 성과는 그렇게 역사 속에 묻혀 버렸지만 그때의 경험은 내게 위기는 피하려 하면 할수록 더 큰 위기로 다가오므로 용기 있게 정면 대응하여 돌파해야 한다는 소중한 교훈을 새삼 깨닫게 한 계기였다.

제 5 장

협상보다 힘겨운 법리논쟁

한·미 / 한·EU 주세(酒稅) 분쟁

WTO 패널 절차에 회부된 최초의 분쟁

1995년 1월 WTO 체제가 출범하자 미국, EU 등 선진국들은 양자 협상채널뿐만 아니라 WTO 분쟁해결 절차라는 다자채널까지 동원하여 전방위적 시장개방 압력을 가해 왔다. 종전의 갓트 체제하에서도 분쟁해결 절차는 마련되어 있었으나 패소국이 분쟁패널의 판정을 이행하지 않을 경우 이를 강제로 집행할 수단이 없었다. 이러한 제도적 결함을 보완하기 위해 새로이 출범하는 WTO 체제에서는 패소국이 패널판정을 이행하지 않을 경우 승소국이 보복조치를 취할 수 있도록 하였기 때문에 선진국들은 우리 시장을 열기 위한 효과적인 압력수단으로 WTO 분쟁해결 제도를 적극 활용하고자 했다.

실제로 UR 협상 당시 분쟁해결 제도의 집행력 강화는 미국을 비롯한 선진국들의 주요 협상목표 중 하나였고, 이렇게 강화된 분쟁해결 제도는 WTO 체제의 중요한 한 축을 구성하는 요소로서 최근까지 20여 년간 매우 효율적으로 작동하였다. 패널 및 상소기구의 판결내용과 관행에 불만이 컸던 미국이 임기가 만료된 상소기구(上訴機構, *Appellate Body*) 위원의 후임 임명에 제동을 거는 등 WTO 분쟁해결제도 운영 전반에 본격적으로 문제를 제기하며 개혁을 요구하기 시작한 것은 트럼프 행정부 출범을 전후한 최근의 일이다.

1996년 가을 내가 1년 반의 통상과장 근무를 마치고 제네바에 참사관으로 부임하기 전 WTO에 최초로 회부된 우리 관련 분쟁은 미국산 수입 자몽을 둘러싼 한·미 식품위생검역 분쟁이었다. 그러나 이 분쟁은 패널 절차로까지 이어지지는 않고 양자 협의단계에서 타결되어 그 결과만 WTO 분쟁해결기구에 통보하는 것으로 마무리되었기 때문에 우리나라가 관련된 최초의 WTO 분쟁이라고 하긴 어려운 측면이 있다. WTO 분쟁패널이 구성되어 상소기구에까지 회부된 사실상 최초의 WTO 분쟁은 한·미 / 한·EU 주세 분쟁인데 내가 제네바 부임 후 1년간 인권 업무를 맡았다가 WTO로 담당업무를 바꿔 처음으로 맡은 분쟁이 바로 이 주세 분쟁이었다.

소주와 위스키는 동종상품(同種商品)이 아니다?

주세 분쟁은 미국과 EU가 우리 주세법상 소주와 수입 위스키의 세율을 차별화하는 것이 갓트 규정 위반이라는 이유로 우리를 WTO에 제소하여 발생한 분쟁이었다. 분쟁 발생당시 우리나라는 세계 3대 위스키 소비시장의 하나였기 때문에 우리나라에서 수입 위스키에 대한 주세와 관세를 대폭 인하하는 것은 미국과 EU의 최대 관심사

중 하나였다. 당시 우리의 주세율 체계는 고가·고급주인 위스키에는 고세율을, 저가·저급주인 소주에는 저세율을 부과했는데 미국과 EU는 바로 이런 차별이 동종상품(like products)에 대한 차별적 세율을 금지한 갓트 제3조 2항(내국민대우 원칙에 관한 규정)을 위반한 것이라고 주장하고 우리나라를 WTO에 제소한 것이었다.

따라서 우리가 승소하기 위해서는 소주와 위스키가 동종상품이 아님을 입증해야만 했다. 그런데 우리에 앞서 미국과 EU에 의해 WTO에 제소된 일본의 '쇼주'가 이미 WTO 분쟁패널에서 위스키와 동종상품이라는 이유로 패소하였기 때문에 우리는 '소주'와 '쇼주'가 동종상품이 아니라는 것까지 입증하여야 하는 이중부담을 안고 있었다.

이처럼 어려운 임무를 수행하기 위해서는 무엇보다도 WTO 분쟁해결 제도에 대한 전문적 지식과 경험을 갖춘 사람이 필요한데 당시 우리 정부는 물론 법조계 내에서도 그러한 자격을 갖춘 인사가 전무하였기 때문에 필요할 때 자문하고 우리를 지도할 수 있는 유능한 해외 로펌을 찾는 게 급선무였다. 다양한 소스를 통한 수소문 끝에 네덜란드 국적의 전문 변호사를 선임하여 임전태세를 갖추었다.

광화문, 종로 일대의 술집, 식당 설문조사까지

제일 먼저 할 일은 전반적 소송전략을 수립하는 일이었다. WTO 분쟁해결 제도하에서는 패널판정과 상소기구의 판결이 기판력(旣判力)을 갖는 것이기 때문에 일본 쇼주 패널의 판정에 구속되지 않으려면 우리 주세 분쟁에 사용될 분석의 틀이 일본 쇼주 분쟁패널에 의해 확립된 분석의 틀과는 달라야 한다는 걸 패널이 납득할 수 있도록 하는 것이 무엇보다 중요한 일이었다.

이를 위해 우리는 경쟁법(競爭法, competition law)의 요소를 분석의 틀에 추가하는 전략을 수립하였다. 쉽게 얘기하면 소주와 위스키가 모두 증류주이긴 하지만 상호대체 또는 경쟁관계에 있는 품목이 아니기 때문에 동종상품이 아니라는 논리를 토대로 법리를 구성하자는 것이었다. 이러한 전략에 따라 우리는 소주와 위스키는 소비자가 다르기 때문에 시장도 다르고 따라서 서로 대체 또는 경쟁관계에 있을 수 없다는 논리를 세우고, 그 증거로 소주는 주로 식당에서 반주(飯酒)로 먹는 술이지만 위스키는 술집에서만 먹는다는 점과 소주는 서민들이 먹는 술인 반면 위스키는 고소득자들이 먹는 술이라는 점을 적시하였다.

이를 실증하기 위해 광화문과 종로 일대의 술집과 식당을 방문하여 손님들에게 "소주 가격이 올라가거나 위스키 가격이 떨어지면 소주에서 위스키로 주종(酒種)을 바꿀 의향이 있느냐?"는 설문조사를 하여 응답한 이의 대부분이 "아니오"라고 답변했다는 걸 증거자료로 제시하기도 하였다. 또한 일본 쇼주와 우리 소주가 동종상품이 아니라는 걸 증명하기 위해 일본 쇼주는 고급주로서 포장도 위스키처럼 고급스러운 반면 우리 소주는 서민주로서 외양도 소박하다고 주장하고, 쇼주와 소주 샘플을 가져다가 패널 위원들에게 직접 보여주기도 하였다.

유리한 패널구성을 위한 긴 샅바 싸움

법리구성도 중요하지만 우리가 의도하는 방향으로 패널심리를 유도하기 위해서는 우리의 주장에 적극 동조할 인물을 패널위원으로 임명하는 것이 매우 중요하였기 때문에 우리는 패널 구성단계에서부터 한·미·EU 3자 협의시 경쟁법 전문가가 패널위원에 포함될 수 있도록 필사적인 노력을 기울였다.

　WTO 분쟁해결 절차상 패널은 분쟁당사국간 협의를 거쳐 합의된 3명의 위원으로 구성하고, 당사국간 합의가 이루어지지 않을 경우에는 WTO 사무총장이 패널위원을 임명하게 되어 있다. 그러나 각각 이해관계가 다른 3자가 패널구성에 합의하는 건 거의 불가능에 가까운 일이었다. 미국과 EU가 합의한 후보는 우리가 반대하고 우리가 제시한 후보는 미국이나 EU가 반대하는 패턴이 반복되었고, 미국과 EU 사이에도 의견이 일치하지 않는 경우가 많았다.

　우리가 계속 양측이 제시한 후보를 거부하자 한번은 EU 대표가 우리가 부당하게 지연작전을 편다면서 소리를 버럭 지르더니 들고 있던 펜을 방바닥에 내동댕이치고는 자리를 떠버린 일까지 있었다. 나는 이럴 때 같이 흥분하면 우리가 진다는 걸 경험을 통해 알고 있었기 때문에 일부러 옅은 미소까지 띠어가며 차분하게 대응하였다. 동석한 WTO 법률국장에게 협조적 인상을 주어야 나중에 당사국간 합의에 의한 패널 구성에 실패하여 WTO 사무총장이 패널위원을 임명하게 될 경우에도 우리 입장이 더 배려될 수 있으리라는 판단도 그런 대응을 한 이유의 하나였다.

우리의 노력은 헛되지 않았다. 무려 8차례에 걸친 협의에도 불구하고 당사국간 패널구성 합의는 실패하였고, 이에 따라 WTO 사무총장이 임명한 3명의 패널위원 명단에는 우리가 강력히 천거한 프랑스의 경쟁정책위원회 부위원장이 포함되어 있었다.

진로소주 웹사이트 홍보문안이 결정적 패인(敗因)?

3명의 패널위원 중 적어도 1명의 지지는 받을 수 있는 구도를 만드는 데에는 성공하였지만 아쉽게도 패널은 최종 판정시 우리의 손을 들어주지 않았다. 일본 쇼주 패널에 의해 확립된 선례의 벽을 뛰어넘기에는 제반여건이 우리에게 너무 불리했다. 무엇보다 아쉬웠던 것은 정부와 업계가 그토록 많은 협의를 하며 공동노력을 기울였음에도 불구하고 세밀한 부분까지 조율이 이루어지지 않아 결정적 순간에 패착을 두었다는 점이다.

2차 패널심리 마지막 날 미국 대표는 진로 소주 웹사이트에서 프린트아웃한 것이라면서 종이 한 장을 꺼내 들더니 거기에 적혀 있는 문구를 소리 내어 읽었다.

"진로 소주는 한국판 보드카입니다."(Jinro Soju is a Korean version of Vodka)

패널심리 내내 우리가 주장했던 것은 소주가 위스키나 보드카와는 다른 술이기 때문에 차별적 세율이 정당하다는 것이었는데, 그

술을 만들어 파는 회사가 자신의 웹사이트에서 소주가 위스키나 보드카와 동종의 술이라는 걸 대놓고 홍보했으니 이를 들은 패널위원들이 어떤 생각을 하였을지 짐작이 되지 않는가.

몇 주 후 나는 우리의 추천으로 패널위원에 임명되었던 프랑스 경쟁정책위원회 부위원장과 오찬을 하며 우리의 결정적 패인이 어디에 있다고 보느냐고 물었더니 그는 한 치의 망설임도 없이 패널심리 최종일에 미국 대표가 꺼내어 읽은 진로소주 웹사이트 홍보문안이 결정타였다고 답변하였다. '도둑질도 손발이 맞아야 한다'는데 주세분쟁 패널에서 우리는 전혀 손발이 맞지 않는 짓을 한 셈이었다.

상소기구에서의 승산 없는 싸움

우리에게는 최초의 WTO 분쟁 패널이었기 때문에 패소의 심리적 충격과 파장이 컸고 국내 사정상 패널판정 이행도 최대한 미루어야 할 형편이었기에 우리 정부는 승산이 없는 줄 알면서도 상소하기로 결정하였다.

상소기구의 심리는 우리 대법원의 경우와 같이 법률심이기 때문에 패널판정에 법리 측면에서의 결함이나 하자가 있는지 여부에 논쟁이 집중되었다. 우리가 고용한 네덜란드 변호사는 자기 주장이 강한 사람이었는데 패널심리 때와는 달리 상소기구 심리에는 자신이 직접 나서서 답변하겠다는 뜻을 강하게 피력하였다. 우리 스스로가 상소기구 심리경험이 없었기에 가급적 전문가가 답변하는 게 나으리라는 판단에 그의 희망을 적극 수용하기로 하였다.

그런데 심리과정에서 그의 답변이 생각만큼 정교하지 않다는 생각이 들었다. 나는 "일단 우리가 일차적 대응을 할 테니 보완할 사항이 있으면 그때 가서 당신이 보충 답변하라"고 한 후, 당시 우리 대표단 자문위원으로 참석한 김현종 변호사와 함께 재판장과의 문답을 이어가며 나머지 심리절차를 마무리하였다. 비록 경험과 전문성은 부족했을지 몰라도 우리의 분쟁이기 때문에 우리가 더 자신감 있게 답변할 수 있었고, 그 경험은 나중에 다른 WTO 분쟁을 다룰 때 소중한 자산이 되었다. 그리고 그때 그러한 경험이 없었더라면 몇 년 후 내가 다른 나라들 사이의 분쟁을 다루는 WTO 분쟁패널 위원에 이어 의장으로 임명되고 훗날 김현종 변호사까지 상소기구 위원으로 임명되는 기회를 갖기는 어려웠을지도 모른다.

열심히 싸웠지만 우리는 상소기구에서 또 한 번 고배를 마셨다. 패널판정을 뒤집는 게 매우 어려운 일이기도 하였지만, 재판장의 편파적 태도에도 문제가 있었다.

당시 재판장은 동경대 법대 교수였는데 심리과정에서 우리가 증거로 제시한 광화문과 종로 일대의 술집, 식당 설문조사 결과에 대해 "한국의 주류시장이 왜곡되어 있는 상황에서 그런 정량분석(定量分析, *quantitative analysis*)이 무슨 의미가 있느냐?"고 발언했다. 나는 엄정중립을 지켜야 할 재판장의 입에서 나올 수 없는 극히 편파적인 발언이라 생각했고 본안(本案)에 대해서도 이미 결론을 내리고 심리를 진행하고 있는 게 분명하다고 판단하였다.

"재판장님, 우리는 지금 당신에게 한국의 주류시장이 공정한지 아닌지에 대해 판정을 요구하고 있는 것입니다. 그런데 방금 당신은 한국의 주류시장이 왜곡되어 있기 때문에 정량분석이 의미가 없다고 발언하였습니다. 이거 본말이 전도된 거 아닙니까(Isn't it like putting the cart before the horse?)? 당신은 한국의 주류시장이 왜곡되어 있다는 결론을 이미 내리고 심리를 진행하는 것 아닌가요?"

재판장은 내 질문에 답을 하지 못하였다.

패널판정 이행기간 협상에서의 실수

WTO 분쟁패널이나 상소기구의 판정은 '합리적 기간'(reasonable period of time) 내에 이행되어야 한다. 그런데 이번에는 그 이행기간을 두고 한·미간에 이견이 생겼다. 우리는 가급적 패널판정 이행을 최대한 미룰 수 있도록 가능한 최장의 이행기간을 얻고 싶었지만, 국내 입법 절차상의 이유만을 가지고 12개월 이상의 이행기간을 확보하기가 쉽지 않았다. 장기간에 걸친 패널 및 상소기구 심리절차를 끝내고도 이행기간에 대한 이견으로 우리는 미국 및 EU와 또다시 협상 테이블에 마주 앉을 수밖에 없었다.

어느 토요일 오후 집에서 쉬고 있는데 본부의 선준영 차관이 갑자기 국제전화로 제네바에 있는 나를 호출하였다.

"오늘 당장 브뤼셀 경유 워싱턴행 항공권을 구입해서 월요일부터 시작되는 주세 분쟁 패널판정 이행을 위한 EU, 미국과의 양자 협상

대표단에 합류하세요."

재정경제부 차관이 선준영 차관에게 전화를 걸어 나를 대표단에 포함시켜 협상을 지원해 달라고 요청하더라는 것이었다. 나는 서둘러 항공권을 구입하여 한·EU, 한·미 협상 대표단에 합류하였다.

브뤼셀에서 있었던 EU와의 협상은 패널판정 이행에 필요한 '합리적 이행기간'을 두고 비교적 실무적이고 우호적인 분위기에서 진행되었다. 그러나 예상했던 대로 워싱턴에서의 회담은 아주 긴장된 분위기에서 진행되었고, 마지막에는 험악한 분위기까지 연출하였다.

우리의 속내가 드러나는 바람에 터진 일이었다. 협의과정에서 우리는 국내 입법절차에 필요한 시간을 감안할 때 최소한 12개월 이상의 이행기간이 필요하다고 주장했지만, 실제 이유는 국내 총선일정을 피하고 싶었기 때문이었다. 그러나 이런 사정을 미국이 알게 되면 오히려 우리 주장의 허구성을 공격할 빌미만 주게 되고, 우리의 주장이 모두 국내 총선일정을 피하기 위한 핑계에 불과하다는 걸 시인하는 결과가 되기 때문에 어떤 경우에도 미국에 해서는 안 될 얘기였다. 그런데 미국과의 회의를 끝내면서 우리 수석대표가 마무리 발언을 하는 과정에서 그 이야기를 하고 말았다. 이제는 우리가 12개월 이상의 이행기간이 필요한 이유를 객관적 국내 입법절차를 토대로 아무리 설명해 봤자 소용없는 일이 되어버리고 만 것이다.

계속 말을 이어가려는 그에게 나는 그쯤에서 발언을 마무리하고 최종발언을 내게 넘겨 달라고 요청하여 허락을 얻었다. 그런데 내가 발언을 막 시작하자마자 미국 수석대표인 메리 라티머 USTR 부대표보는 내 말을 들을 필요가 없다는 듯이 자리에서 벌떡 일어나는 것이었다. 나는 즉각 정색을 하고 "앉아요!"(Sit down!)라고 외쳤다. 라티머 부대표보는 자리에서 일어나다 움칫하더니 "길게 얘기할 거냐?"고 물으면서 엉거주춤 자리에 다시 앉았다.

나는 "지금 내가 하는 말은 우리 수석대표를 대신해서 하는 말인데 왜 듣지도 않고 자리를 뜨는 겁니까? 길든 짧든 내 얘기를 들어야 하는 거 아닙니까?"라고 응수하고는 10여 분에 걸쳐 마무리 발언을 하였다. 라티머 부대표보의 표정이 좋았을 리는 없지만 그녀의 무례한 태도에 내가 멈칫했더라면 모양은 더 우스웠을 것이다.

무려 7시간이나 걸린 그날 회의가 끝난 후 나는 우리 수석대표에게 그렇게 신신당부했는데도 미국에 국내 총선일정을 얘기한 이유가 뭐냐고 물었다. 그의 대답은 출장을 떠나기 전 상부로부터 그렇게 지시를 받았기 때문에 자신으로서는 지시를 이행하지 않을 수 없었다는 것이었다. 우리 국내 입법절차를 설명하는 것만으로는 12개월 이상의 이행기간을 확보하기 어려우니 국내 총선일정 때문에 이행을 미룰 수밖에 없다는 사정을 잘 설명하면 미국이 이해해 주리라는 순진한 발상이 미국에 통할 리가 없었고, 오히려 그로 인해 우리 주장의 설득력만 잃게 되었으니 양자 협상이 우리 뜻대로 잘 마무리되었을 리가 없었다.

이 문제는 결국 중재절차까지 가서 마무리되었는데 중재절차 심리과정에서도 이미 내뱉어 놓은 총선일정 언급에 발목이 잡혀 우리가 원하는 만큼의 이행기간은 확보하지 못하고 말았다.

한 · 미 인천국제공항 정부조달 분쟁

고도의 집중력을 요하는 WTO 분쟁업무

1997년 가을부터 2년 반 동안 제네바에서 나는 WTO 분쟁담당 참사관으로서 위에 언급한 주세 분쟁을 포함하여 WTO 출범 초기의 모든 우리 분쟁을 현장에서 직접 다루는 실무 책임자 노릇을 하였다. 분쟁업무의 특수성 때문에 대사나 차석대사가 관여할 여지가 거의 없었기 때문이다. WTO 분쟁경험이 일천하여 패널 및 상소기구 심리절차 진행은 분쟁 사안별로 유명한 해외 로펌의 지원을 받을 수밖에 없었지만, 모든 법리구성의 기본골격과 소송전략 수립책임은 정부의 몫이었기 때문에 관계부처 담당관들과 머리를 맞대고 결론을 내리기까지의 모든 과정을 현장에서 책임지고 이끌어야 했다.

법률적 쟁점이 다른 여러 개의 분쟁이 양자 협의에서 패널, 상소기구 심리에 이르기까지 각각 절차적 단계를 달리하여 동시다발적으로 진행되었기 때문에 항상 내 머리의 뇌를 분쟁 별로 여러 개의 방으로 나누어(*compartmentalize*) 각각 다른 내용을 담아 두었다가 필요할 때 적시에 제대로 꺼내 써야만 했다. 그런데 이것이 말처럼 쉬운 일이 아니었다. 어떤 때는 A방에서 꺼내 써야 할 정보를 B방에서 꺼내 쓰다가 논리가 꼬여 버린 적도 있을 만큼 고도의 집중력을 요하는 일이었기 때문에 패널심리 절차에 들어가면 늘 정신을 똑바로 차리고 있어야만 했다. 하나의 분쟁을 마무리하면 더 이상 헷갈릴 소지를 원천적으로 제거하기 위해 내 머릿속에 남아 있던 관련 법률쟁점에 관한 기억과 지식, 정보를 모두 지워버리곤 했다.

아마 그때 그 경험과 훈련이 내가 나중에 고위직이 되어 동시다발적으로 터지는 수많은 외교현안을 다룰 때 사안별로 핵심내용을 기억하고 논리적 흐트러짐이 없이 대응할 수 있는 능력을 잃지 않게 해준 힘이 되었는지도 모른다.

미국이 걸어온 법정 싸움에서 거둔 최초의 승리

주세(酒稅), 디램 반도체, 유제품 세이프가드, 쇠고기, 정부조달 등 내가 그때 제네바에서 다루었던 수많은 WTO 분쟁처리 과정을 여기에 길게 소개할 필요는 없다. 다만 한 가지 인천국제공항 정부조달 분쟁은 우리가 미국이 걸어온 법정 싸움에서 승리를 거둔 드문 쾌거로서 우리의 통상외교 차원에서뿐 아니라 WTO 분쟁사적 측면에서도 의미 있는 분쟁임에도 불구하고 그동안 국내에서 거의 주목받지 못하였기 때문에 그 의의를 간략히 언급하고자 한다.

인천국제공항 정부조달 분쟁은 우리나라가 WTO에 피소된 분쟁

중 처음으로 승소 판정을 받은 사례이다. 우리나라가 미국 등 다른 나라를 WTO에 제소하여 승소한 사례는 반덤핑 분쟁 등 몇 건이 있지만 우리가 WTO에 피소된 분쟁에서 당당히 싸워 이긴 사례는 이 분쟁이 최초였다. 그것도 다른 나라가 아닌 미국이 당연히 승소할 것을 믿고 의기양양하게 WTO로 끌고 간 분쟁에서 우리가 보기 좋게 이긴 것이다. USTR의 변호사들도 사석에서 내게 인천국제공항 정부조달 분쟁은 미국이 WTO 분쟁 중에서 가장 뼈아프게 생각하는 분쟁의 하나라고 실토한 적이 있다.

자칫 놓쳐버릴 수도 있었던 승소(勝訴)의 기회

분쟁의 경위는 이렇다. 미국은 1999년 2월에 당시 인천국제공항 건설을 담당하던 신공항건설공단(KOACA)이 WTO 정부조달협정(GPA) 적용대상 정부기관임에도 불구하고 GPA 협정에 따른 조달절차를 실시하지 않았다는 이유로 우리나라를 WTO에 제소하였다. WTO 분쟁해결 절차는 일단 제소절차가 진행되면 양자 협의부터 하게 되어 있는데, 나는 당시 다른 분쟁패널과 상소기구 심리로 정신이 없었기 때문에 이 문제에 대해서는 신경을 쓸 여력이 없어 양자협의는 대표부의 상무관실이 주무를 맡아 처리하고 있었다.

그런데 어느 날 오후 좀 여유 있는 시간이 생겨 상무관보의 방에 마실 삼아 들렀다가 이 문제에 관한 양자협의 진행상황을 듣게 되었다. 상무관보가 전해준 바에 의하면 통상교섭본부는 패널절차로 가더라도 이길 가능성이 거의 없기 때문에 가급적 양자 협의단계에서 원만히 타결지을 생각이라는 것이었다.

나는 좀 시간적 여유가 있기도 했지만 과연 본부의 판단이 맞는 것인지 궁금하기도 하여 상무관보로부터 관련 파일을 빌려 사무실에 돌아와 핵심쟁점이 무엇이고 양측 주장이 무엇인지 자세히 들여다보았다.

내용을 파악해보니 우리에게 승산(勝算)이 없는 게 아니었다. 미국의 주장은 KOACA는 신공항 건설추진 초기단계에 우리 교통부에 태스크포스 형태로 설치된 내부조직이 진화하여 발족한 기구이므로 교통부 산하기관(subsidiary organ)으로 보아야 하며, 그동안 미국은 우리 교통부와 주고받은 모든 문서와 협의기록을 토대로 KOACA가 우리 정부 산하기관으로서 GPA 협정절차에 따른 조달절차를 준수하리라는 '합리적 기대'(reasonable expectation)를 가지고 있었기 때문에 KOACA의 조달행위는 GPA 협정위반이라는 것이었다.

이른바 '비위반 제소'(非違反 提訴, non-violation complaint)에 입각한 논리였다. '비위반 제소'란 협정에 위배되지는 않는 조치이지만, 그로 인해 협정으로부터 기대했던 혜택이 무효화 또는 침해되었을 때 분쟁해결 절차에 회부할 수 있는 제도를 말한다.

그러나 파일을 자세히 살펴보니 우리 정부가 교통부 내에 태스크포스를 설치할 때부터 독립기관인 KOACA가 발족할 때까지 단계별로 모든 관련정보를 미측과 공유하진 않았지만 매 단계마다 관보에 관련사항을 게재하는 등 필요한 최소한의 주의의무(due diligence)는 다하였다는 걸 알 수 있었다. 매번 상세한 정보를 미국에 알려줬으면 더 좋았겠지만 국제관례상 그렇게까지 할 의무는 없는 것이고 미국이 그처럼 중요하게 여긴 사안이라면 최소한 관보게재 시점에서만이라도 우리에게 우려사항을 제기해야만 했었다.

그러나 미국은 관보게재 이후에도 그런 문제를 제기한 흔적이 없었다. 설사 미국이 합리적 기대를 할 만한 충분한 사유가 있었다손 치더라도 미국의 이러한 행위는 '권리 위에 잠잔 것'에 다름 아니었다. 더구나 '비위반 제소'로 승소하기 위해서는 '합리적 기대'를 할 만한 충분한 이유가 있다는 걸 원고가 입증해야 한다. 분쟁의 특성상 이를 입증하기가 쉽지 않고, 그런 이유로 인해 WTO 분쟁 역사상 '비위반 제소'로 승소한 예가 거의 없다는 걸 나는 알고 있었다.

나는 곧바로 상무관실과 의논한 후 본부에 건의전문을 발송하였다. 충분히 승산이 있는 사안이니 양자협의에서 양보하지 말고 WTO 분쟁패널 절차까지 끌고 가자는 게 요지였다. 건의전문을 받고서도 본부는 여전히 패널절차까지 가는 걸 주저한다는 얘기가 들려왔다. 나는 며칠 후 양자협의차 제네바에 출장 온 본부 국장에게 승산이 있다고 생각하는 이유를 상세히 설명하고 미국이 기어이 WTO 분쟁패널 절차까지 가겠다면 당당히 싸워보자고 설득하였다. 이런 설득이 통했는지 본부 대표단은 양자협의에서 적극적 타결을 시도하지 않았다. 예상했던 대로 미국은 WTO 패널설치를 요구하였고, 결과는 앞에 언급한 대로 우리의 승리로 끝났다.

인천국제공항 정부조달 분쟁은 이길 수 있는 싸움을 피하려다 승리를 놓쳐 버릴 수도 있었던 사안을 WTO로 끌고 가 미국과 당당히 싸워 법리논쟁에서 승리한 값진 경험을 안겨준 분쟁이었다. 늘 미국에 당하기만 하던 통상외교현장에서 미국이 걸어온 법정싸움을 승리로 이끌었으니 우리 국민에게도 기분 좋은 선물이 될 수 있었고, 그런 의미에서 우리 언론도 관심을 가질 법한 사안이었는데 현실은 그렇지 않았다. 여론의 관심을 끌 만큼 묵직한 대형사건이 아니었기 때문일 것이다.

집에 도둑이 들어왔으면 개가 짖어야 하지 않나?

이 분쟁에서의 승인은 여러 가지가 있겠지만 무엇보다도 미국의 논리를 압도한 우리의 탄탄한 법리구성에 있었다. 나는 이 분쟁을 다루면서 우리가 고용한 워싱턴 소재 로펌과 수많은 대책협의를 가졌는데 그 과정에서 상대방 논리를 깨기 위해 그들이 동원하는 얄미우리만큼 예리한 수사(修辭)와 판례인용 능력에 감탄한 적이 한두 번이 아니었다. 그때까지는 외국 로펌에 왜 그 많은 수임료를 지불해야 하는지 수긍이 가지 않았는데, 이 분쟁을 담당한 로펌에 대해서는 그만한 대가를 지불해도 괜찮다는 생각이 들었다.

한번은 내가 KOACA가 독립기관으로 발족하기까지의 과정에서 우리 정부가 관보게재 등의 필요한 조치를 취하였음에도 불구하고 이에 대해 미국이 적시에 대응하지 않은 건 미국의 불찰이지 우리의 책임이 아니라는 걸 강조해야 한다고 하자 미국 변호사는 그 자리에서 노트북의 자판을 두드리더니 "집에 도둑이 들어왔으면 개가 짖어야 하는데, 우리는 개 짖는 소리를 듣지 못하였다"는 문장을 만들어 내게 건네는 것이었다. 그 상황에서 그 말처럼 귀에 쏙 들어오는 표현이 어디 있겠는가.

그는 늘 대책협의에 달랑 노트북 컴퓨터 한 대만 들고 오곤 했는데 그 속에는 온갖 판례와 필요한 정보가 가득 담겨 있었고, 내가 무슨 말을 하기만 하면 금세 필요한 판례와 정보를 노트북에서 끄집어내어 내게 전달하곤 했다. 전문성을 얘기하려면 이 정도는 되어야 하는 것이 아니겠는가. 우리도 이후 상소기구 위원을 두 명(장승화 서울대 법대 교수와 김현종 전 통상교섭본부장)이나 연이어 배출할 만큼 WTO 분쟁에서 제법 존재감을 과시하는 나라가 되었지만, 통상법을 다루는 우리 법조계 인사들이 위에 언급한 미국 로펌의 수준에 도달하려면 아직도 가야 할 길이 멀다고 느껴진다.

대사관저 나무 절단 사건

오만한 자에겐 따끔한 맛을 보여줘야

분쟁 얘기가 나온 김에 제네바에서 내가 경험한 색다른 분쟁 하나를 소개하고 넘어가고자 한다.

1996년 가을 제네바에 부임하니 서용현 참사관이 담당업무인 WTO 업무 이외에 희한한 업무 하나를 더 맡고 있었다. 그 전해에 있었던 대사 교체시기에 일어난 사건에 관한 소송 업무였다. 선준영 신임 대사가 부임한 며칠 후 관저 뒷집 주인이 무단으로 관저에 침입하여 정원에 있던 커다란 고목의 밑둥을 절단해 버렸다. 그 나무가 자기 집에서 레만호를 내려다보는 전망을 가려 홧김에 그렇게 했다는 것이었다.

선 대사는 따끔한 맛을 보여줘야겠다고 단단히 벼르고 즉각 뒷집 주인을 주거침입죄와 재산손괴죄를 걸어 고소하였고, 서 참사관은 그 1차 심리준비를 하고 있었다. 나는 그처럼 못된 짓을 저지른 사람에겐 그렇게 대응하는 게 맞다고 생각하고 곁에서 성원하였다. 그런데 이듬해 봄 서 참사관이 마닐라 발령을 받아 떠나게 되어 내가 그 일을 담당하게 되었다. 당시에는 대표부 신축공사를 둘러싸고 제네바 환경단체가 우리 대표부를 고소하는 바람에 내가 그 소송업무까지 담당하고 있어, 주업무인 WTO 분쟁패널 업무까지 합치면 무려 3개의 소송업무를 맡게 된 셈이었다. 외교관인지 변호사인지 분간하기 어려웠던 나의 제네바 생활은 사실 그때부터 시작되었다.

첫 공판이 있던 날 선준영 대사는 나와 스위스인 비서를 데리고 가 직접 변론에 나섰다. 그 전날 밤 관저에서 직접 변론문 요지를 작성하여 법정에서 마치 변호사가 직업인 것처럼 능숙하게 변론했다. 피고인 뒷집 주인은 변호사를 고용하였는데 그가 변론 도중에 왜 한국은 변호사도 고용하지 않고 대사가 직접 변론하느냐고 빈정거리는 투로 말하였다가 그 자리에서 선 대사에게 면박을 당하였다.

"재판장님, 저는 지금 주권국가의 대표로서 이 법정에 서 있는 것입니다. 방금 피고측 변호사의 발언은 전권대사인 제게 할 수 있는 말이 아닙니다. 적절히 주의를 주시기 바랍니다."

재판장은 피고측 변호사에게 주의를 준 후, 선 대사에게도 외교특권 면제를 포기하고 법정에 선 만큼 자칫하면 명예훼손죄로 피소될 우려도 있음을 발언시 유의하라고 덧붙였다.

그날은 양쪽 변론을 듣고 재판장이 기본적 사실관계를 확인하는 질문을 하고 끝났다. 나는 법대 출신이긴 하지만 재학시절 법원에 가본 적이 한 번도 없기 때문에 그날이 법정구경을 처음 해본 날이었다. 분위기는 생경했지만 새로운 경험이어서 흥미로운 하루였다.

외국 법정에서의 첫 변론

2차 심리는 몇 개월 후로 잡혔는데 공교롭게도 그 사이 선준영 대사가 외교부 차관으로 영전하여 귀국하는 바람에 그때부터는 나 혼자이 소송업무를 맡게 되었다. 선 대사는 떠나면서 다른 업무에 대해서는 특별한 언급을 하지 않고 이 사건만큼은 반드시 승소해야 한다고 거듭 당부한 후 귀국했다.

대사 비서를 대동하고 참석한 2차 심리는 내가 실제로 법정에서 변론을 해본 첫 번째 경험이었다. 서울대 법대 재학시절 학생회관에서 열린 '독도 영유권 문제에 관한 모의재판'에서 일본측 변호사를 맡아 변론해 본 적이 있고, WTO 회의장에서 개최된 분쟁 패널심리 절차에서 변론해 본 적도 있지만, 실제 법정에 서 본 적은 처음이었다. 그런 첫 경험을 국내법원이 아닌 외국법원에서 했다는 것도 역마살이 낀 내 팔자 때문이 아닌가 싶었다.

결론부터 얘기하자면 이 사건은 2차 심리를 끝으로 우리측 승소로 마무리되었다. 2차 심리에서 피고측 변호사는 되지도 않는 논리로 피고의 행동을 정당화하려 들었다. 심지어는 피고가 나무를 절단한 건 맞지만 그 나무가 죽은 게 아니기 때문에 다시 자라면 원상복구될 수 있을 거라는 황당한 얘기까지 늘어놓았다. 나는 즉각 발언권을 얻어 "깡패가 행인을 때려 상처를 입혀 놓고, 때린 건 맞지만 나중에 상처가 아물 것이기 때문에 괜찮다는 거냐?"고 반박하자, 그는 아무 대꾸도 하지 못하였다.

심리절차가 진행될수록 자신에게 불리해지고 있다는 걸 깨달은 그는 결국 내게 '화해'(out-of-court settlement)를 요청하였다. 형사사건이기 때문에 패소할 경우 전과기록이 남는 게 무엇보다 두려운 눈치였다.

나는 애초부터 피고를 감옥에 넣으려는 게 목표가 아니었기 때문에 진정한 사과를 담은 편지와 충분한 배상금을 조건으로 화해 용의가 있음을 법정에서 밝혔다. 그런데 재판장이 이 사건은 형사사건이기 때문에 원고가 화해의사를 밝혔다고 해서 종결되는 게 아니라 검사가 기소를 취하해야 한다면서 이를 위해서는 원고인 내가 화해의사를 검사측에 서한으로 분명히 해야 한다고 덧붙였다.

잠시 후 휴정시간에 피고측 변호사가 내게 다가와 검사에게 화해의사를 밝히는 서한을 보내 달라고 간청했다. 나는 대답 대신 "당신 변호사 맞아요? 화해를 위해서는 검사의 기소취하가 필요하다는 걸 알고는 있었나요?"라고 핀잔을 주었다. 그의 얼굴이 붉으락푸르락해지는 걸 보며 나는 못 본 듯이 돌아서 법정을 나왔다.

국고에 환수된 배상금

2차 심리종결 후 피고측 변호사와 화해조건을 논의했는데 나는 피고본인이 사과편지를 들고 직접 우리 대사를 찾아와 정중히 사과할 것을 요구했고, 배상금도 정신적 피해와 변호사 비용 등을 합해 10만 스위스 프랑(1억 원)을 요구했다. 변호사를 고용하진 않았지만 선

214

대사와 내가 변호사(*in-house lawyer*) 노릇을 한 셈 치고 시간당 몇 백 프랑으로 계산해서 듬뿍 얹어 놓은 것이다. 물론 다 받을 생각은 없었고 협상용으로 올려놓은 액수였지만, 피고측 변호사는 끝까지 배상금을 깎으려 애썼다. 나는 한동안 애를 먹인 후 1만 5천 스위스 프랑(우리 돈으로 1천 5백만 원)으로 배상금을 대폭 깎아주었다. 물론 배상금으로 받은 1천 5백만 원은 국고에 환수되었다. 아마 이런 일로 받은 배상금이 국고에 환수된 건 이 사건이 처음이었을 것이다.

제 6 장

외환위기 직후의 워싱턴

함께 찾아온 행운과 부담

기대하지 않았던 워싱턴 발령

1999년 여름을 맞이하면서 나는 제네바 생활을 마무리할 마음의 준비를 하고 있었다. 가을이면 통상적인 재외공관 근무기간인 3년이 끝나기 때문이다. 그런데 갑자기 본부에서 나의 제네바 근무기간을 6개월 연장한다는 통보가 왔다. 선진국 근무를 했으니 이번엔 개도국 발령이 나겠지 하면서도 선뜻 어디를 보내달라고 해야 할지 몰라 본부 처분만 기다리던 차에 6개월 근무연장은 뜻밖의 소식이었다. 그해 11월에 있을 시애틀 WTO 각료회의 준비를 위해서는 경험 있는 실무인력이 필요하다는 것이 그 이유였으나 뭔가 숨겨진 뜻이 있는 게 아닌가 하는 생각이 들었다.

외환위기 극복을 위한 대미 외교 첨병이 되어

그 숨겨진 뜻을 알게 된 건 이듬해 봄 두 번째로 워싱턴 발령이 난 후였다. 원칙에서 벗어난 인사라는 논란의 소지가 있었음에도 제네바에 있던 나를 워싱턴 경제참사관으로 발령낸 것은 1997년 말 발생한 외환위기를 극복하는 과정에서 미국 조야의 협조와 지원이 무엇보다 중요하였고, 주미 대사관이 해야 할 일도 평시의 일상적 경제업무와는 차원이 다르므로 경제통상 분야에 경험이 많은 참사관급 직원을 보내 달라는 이홍구 대사의 특별 건의가 있었기 때문이었다고 한다. 이 대사의 건의를 받은 외교부 본부에서 마땅한 사람을 찾다가 내가 그 행운과 부담을 함께 걸머지게 된 것이었다. 그렇게 해서 나는 2000년 봄에 생각지도 않았던 워싱턴에 다시 부임하게 되었다.

미 무역대표부 담당관과의 기(氣) 싸움

첫 단추를 잘 끼워야

워싱턴에 부임하여 USTR의 카운터파트인 메리 라티머 부대표보를 사무실로 처음 찾아간 날, 라티머 부대표보는 다소 경직된 얼굴로 나를 맞이하였다. 나는 제네바에서 한·미 통상분쟁에 관한 WTO 패널심리에 참관인으로 참석차 출장 온 그녀를 두어 번 만났고 제네바를 떠나기 1년 전 주세(酒稅) 분쟁 패널판정 이행문제로 워싱턴 출장 시에도 다시 만나 설전(舌戰)을 벌인 적이 있어 그녀가 어떤 성격의 인물인지 잘 알고 있었다.

나는 첫 단추를 잘 꿰어야 앞으로의 워싱턴 생활이 조금이라도 편해질 것이라는 생각에 웃으며 그녀에게 덕담을 건넸다.

"제네바에서는 내가 투사(*fighter*)였지만 여기서는 촉진자(*facili-tator*)라는 다른 모자를 쓰고 왔습니다. 서울과 워싱턴 사이의 소통을 원활히 하여 통상마찰 소지를 사전에 원만히 제거(*smooth out*)하는 역할을 하고자 하니 잘 지내봅시다."

그녀는 아무 대꾸도 하지 않았다. 무표정한 그녀의 얼굴에서 다소의 경계와 긴장감이 느껴졌다. 어쩌면 그녀에게 나도 거친 사람으로 기억되고 있을지 모를 일이었다.

나는 당신의 메신저가 아니야!

그로부터 며칠 후 라티머 부대표보가 자기 사무실에서 보자는 연락을 해 왔다. 지적재산권 보호문제로 상의할 일이 있다는 것이었다. 자료를 챙겨 들고 USTR로 찾아가니 그녀의 사무실에 7~8명의 미국 관계관들이 빙 둘러 앉아 있었다. 그녀가 일부러 불러 모은 관계부처의 담당관들이었다. 나는 그들에게 목례를 하고 라티머 부대표보 옆자리의 빈 의자에 앉았다. 왠지 배심원들에 둘러싸여 재판받으러 온 듯한 느낌이었다. 아니나 다를까 그녀는 준비한 페이퍼를 손에 들고는 마치 검사가 공소장을 읽어 내려가듯 자기가 하고 싶은 말을 쏟아 내었다. 자세한 내용은 기억나지 않지만 지재권과 관련한 우리 제도에 문제가 있으니 시정하라는 것이었다.

나는 내가 알고 있는 범위 내에서 우리 제도의 배경과 당위성을 설명하고 이해를 구해야겠다는 생각에 몇 마디 말을 시작하였는데 그녀가 내 이야기를 중간에서 끊었다.

"당신 말은 듣고 싶지 않으니 그냥 내가 한 말을 서울에 보고만 하세요."

나는 주세 분쟁 패널판정 이행문제로 워싱턴에서 그녀를 만났을 때의 불쾌한 기억이 되살아나 격해지려는 마음을 겨우 가라앉힌 후 정색을 하고 일갈(一喝)하였다.

"일전에 내가 부임 인사차 당신을 만났을 때 한 얘기를 당신이 아마 오해한 것 같군요. 나는 서울과 워싱턴 사이에서 촉진자(*facilitator*) 역할을 하겠다고 했지 당신의 메신저(*messenger*)가 되겠다고 한 적이 없어요. 내게 그런 역할을 기대했다면 당신은 잘못 생각한 겁니다(You are simply wrong). 앞으로 당신에게 이런 말을 다시 하지 않게 되길 바랍니다."

말을 마치고 자리에서 일어난 나는 그녀의 따가운 시선을 등 뒤에 느끼며 그 방을 나와 곧바로 대사관으로 돌아왔다. 앞으로 그녀와의 관계가 불편해질 것 같아 은근히 뒤가 켕기지 않은 것은 아니었지만 처음부터 그녀가 의도적으로 시작한 기싸움에서 내가 밀릴 수는 없었다.

기싸움에서 지면 먹잇감이 된다

한동안 사무실에서 불쾌한 마음을 가라앉히고 있는데 전화벨이 울렸다. 그 자리에 동석했던 중국계 미국인 변호사 스티브 고였다. 그는 제네바에서 WTO 분쟁패널을 담당하며 사귄 친구였는데 아까 라티머 부대표보의 무례한 태도에 내가 아주 잘 대처하더라면서 그런 부류의 사람은 그렇게 대해야 한다고 위로 반 격려 반의 말을 했다. 스티브의 전화가 다소 의외였지만 동료의 무례를 대신 사과하려는 선의로 해석되었고 동양계 미국인으로서 일종의 정서적 동질감도 작용한 게 아닌가 하는 생각이 들었다. 어쨌든 내 태도가 동석한 미국 관계관들에게 적어도 비굴하거나 무례하게 비치지는 않았다는 생각에 나는 안도하였다.

그 이후 라티머 부대표보와의 관계는 예상했던 대로 매끄럽지 않았지만 그렇다고 해서 더 나빠진 것도 아니었다. 그녀는 더 이상 내게 무례한 행동을 하지 못하였고 오히려 더 조심스럽게 대하는 느낌이었다. 다행히도 그녀는 몇 달 후 환경담당 부서로 자리를 옮기고 훨씬 합리적인 성격의 바바라 와이젤이 후임으로 부임하였다. 그녀 또한 예외 없이 터프한 협상가였지만 말이 통하고 신뢰할 수 있는 좋은 파트너여서 이후 나는 기대 이상의 순탄한 워싱턴 생활을 즐길 수 있었다.

경제개혁의 고통과 반미감정

외환위기로 잠잠해진 한·미 통상마찰

내가 워싱턴에 다시 부임한 2000년 봄은 우리 경제가 위기상황에서 아직 벗어나지 못하고 있었을 때라 속된 말로 미국이 좀 봐주어서 그런지 한·미 통상마찰도 예전 같지는 않았다. 물론 한·미 투자협정(BIT) 협상과 스크린쿼터 축소 문제, 미국산 자동차 수입 문제, 하이닉스 반도체 처리 문제, 미국의 철강 수입규제 문제 등 굵직한 현안들이 없지 않았으나 외환위기 이후 경제개혁 과제에 관한 한·미협조 현안에 밀려 과거처럼 한·미 통상문제가 국내신문의 1면을 차지할 만큼 언론의 관심을 끄는 일은 드물었다.

경제참사관으로서 내가 주로 하는 일은 통상문제를 논의하기 위해 USTR을 찾는 일보다는 각종 포럼이나 세미나에 참석하여 위기극복을 위한 우리의 경제개혁 노력을 설명하고 미국 조야의 이해와 협조를 구하는 데 집중되었다.

나는 연구소나 대학, 민간단체 등이 초청하는 공개 토론회나 세미나, 강의 요청에 대해서는 장소가 어디든지 마다하지 않고 달려갔다. 우리의 개혁정책이 무늬만의 개혁이 아니라 정부, 기업, 금융, 노동시장 등 4대 분야에 걸쳐 광범위하게 진행되는 진정한 개혁이라는 점을 강조하고, 개혁에 따르는 정치, 경제, 사회적 도전과 고통을 미국 조야가 좀더 이해하고 통상문제에 대해서도 당분간 인내심을 가지고 기다려 줄 것을 호소하였다.

우리 정부의 재정지원으로 운영되던 워싱턴의 한국경제연구소(KEI: Korea Economic Institute)가 대사관의 홍보노력에 큰 힘이 되어주었고, 조 윈더 KEI 소장은 나의 두 번째 워싱턴 근무기간 내내 든든한 후원자가 되어주었다.

경제개혁과 변화하는 한·미 관계

KEI는 워싱턴 시내 호텔이나 식당에서 한·미 관계에 관한 조찬 또는 오찬 모임을 자주 개최했는데, 경제문제에 관한 주제 발표는 거의 내가 도맡다시피 했다. 윈더 소장과 나는 종종 국무부의 한국과장이나 부과장과 함께 3인 패널을 이루어 미국 각 지역을 돌아다니며 한·미 관계와 한반도 안보 및 경제정세에 대한 강연과 토론행사에 참여하기도 했다. 피터 벡 KEI 연구원도 KEI가 주선하는 지방대학이나 학술단체 강연 프로그램에 자주 동행하던 인사였다.

미국의 웬만한 주(州)에는 대부분 외교협회(Council on Foreign Relations)나 국제문제협의회(World Affairs Council)라는 단체가 있

어 국제문제에 관심이 많은 지역주민들을 위해 강연회를 개최하는 경우가 많다. KEI는 이를 한·미 관계와 우리 정부의 정책을 홍보하는 기회로 잘 활용하였다.

이런 모임에서는 거의 예외 없이 연세 지긋한 노신사 한두 분이 청중석 맨 앞자리를 차지하고 있는 걸 발견하게 되는데 그들이 한국전 참전용사라는 건 직감으로 알 수 있었다. 나는 늘 그분들에 대한 감사인사로 강연을 시작하였고 참전용사들은 대부분 눈시울을 붉히며 감격해하곤 했다. 나는 전후 복구 및 경제발전 과정에서 베풀어 준 미국의 전폭적 지원에 대해서도 감사의 말을 잊지 않았지만, 한·미 관계의 현황과 미래에 대해서는 청중을 의식하여 공치사만 늘어놓지는 않았다. 오히려 평소 내 생각을 솔직하게 피력하곤 했다.

"한국이 지난 반세기 동안 산업화와 민주화를 동시에 이룩하는 보기 드문 성과를 거두긴 하였으나 아직은 선진 산업 민주국가로 가는 과도기적 상황에 처해 있습니다. 더구나 민주주의 제도화를 이루어 가던 과정에서 갑작스럽게 외환위기를 맞아 고통스러운 경제개혁과 함께 사회적 통합도 동시에 이루어 내야 하는 힘든 과제를 안고 있습니다. 그런데 미국이 한·미 현안을 다루면서 이러한 우리의 현실을 이해하려는 노력이 조금 부족하다는 느낌이 있습니다."

반미감정에 대한 잘못된 메시지

청중석에서 흔히 듣게 되는 반미감정에 관한 질문에 대해서도 나는 문제의 핵심을 우회하지 않았다.

"우리나라가 다원화된 민주사회로 발전하는 과정에서 발생하는 다른 여러 가지 국내 정치, 사회적 요인도 있지만 보다 본질적으로 는 미국으로부터 대등한 파트너(*equal partner*)로 대접받고 싶어 하 는 젊은 세대의 불만이 밖으로 표출된 것이라고 생각합니다. 불만을 표출하는 방식이 다소 과격하여 반미감정으로 비쳐지고 있지만, 일 반적으로 얘기하는 반미주의(*Anti-Americanism*)는 아니라고 봅니 다. 오늘의 한국은 한국전쟁 직후나 1970~80년대의 한국과는 다른 나라입니다. 기성세대보다 훨씬 자긍심이 강하고 자신감이 넘치는 신세대가 이끌고 있는 새로운 한국(*new Korea*)을 새로운 시각과 잣 대로 바라보려는 미국의 노력이 필요하다고 생각합니다."

이런 자리에 초청되면 대부분의 한국 사람들은 우리 사회가 겪고 있는 여러 가지 도전과 한·미 현안에 대한 우리의 입장을 때로는 미국에 대한 비판적 견해까지를 포함하여 가감 없이 전달하여 이해 와 협조를 구하기보다는, 어려울 때 도와준 미국 덕분에 우리가 이 만큼 살게 된 것이니 앞으로도 잘 도와달라는 투의 감성적 호소를 하려는 경향이 있다. 반미감정에 대해서도 우리 사회의 일부 급진 좌파인사들이 갖고 있는 생각일 뿐 절대 다수의 한국인들은 미국에 대해 감사한 마음을 갖고 있으니 전혀 염려할 것이 없다고 답변하고 는 한다. 나는 이런 태도가 오히려 한·미 관계의 현실을 호도하고 올바른 방향으로의 발전을 가로막는 것이라고 생각했고 지금도 그 런 생각에 변함이 없다.

물론 한국전쟁을 포함하여 과거 우리가 큰 고비를 겪을 때마다 우리를 적극 지원해 준 미국의 은혜를 결코 잊어서는 안 되지만, 당장 눈에 보이는 문제들을 단지 공개적으로 거론하기가 거북하다는 이유만으로 덮어 버리거나 피해 버리면 언젠가는 한·미 관계의 기초를 흔들어 버릴 수도 있다고 믿기 때문이다.

솔직하고 직설적인 대화가 통하는 미국인

미국인과 제대로 소통하기 위해서는 솔직하게 터놓고 대화해야 한다는 건 제네바를 떠나기 전 사석에서 만난 미국 대표부 동료가 이미 내게 귀띔해 준 것이었다.

2000년 봄 워싱턴 발령을 받고 제네바를 떠나는 나를 위해 어느 날 미국대표부 동료가 환송 오찬을 내주겠다고 해서 점심을 같이했다. 그는 자기가 지난 몇 년 동안 함께 일해 보니 내가 솔직하면서도 직설적(*candid, direct and straightforward*)인 사람이더라면서 미국인들한테는 그런 태도가 잘 통하니 워싱턴에 가서도 계속 그렇게 하라고 조언했다. 나는 실제로 협상 테이블에서 미국인들이 나의 직설적인 대화방식을 다소 불편해하는 것 같으면서도 그런 나를 싫어하기보다는 오히려 신뢰하고 존중해 준다는 느낌을 받을 때가 적지 않았는데 미국 친구가 자기 입으로 이를 직접 확인해 주는 것이 아닌가. 워싱턴에 부임하면서 내가 그때까지 미국인들을 상대해 온 방식이 틀리지 않았음을 확인한 건 큰 소득이었다.

워싱턴 부임 후 미국평화연구소(USIP)에서 주최한 미국의 협상 행태에 관한 워크숍에서의 토론과 미국 의회 의사당에서 개최된 KEI 주관 오찬 강연도 이를 다시 확인할 수 있는 계기였다.

미국평화연구소(USIP) 주최 워크숍 토론

미국의 협상행태를 신랄하게 비판하다

워싱턴의 새로운 분위기에 어느 정도 익숙해지고 있던 2000년 7월 하순 어느 날 유명환 정무공사가 사무실로 나를 불렀다.

"미국평화연구소(USIP)에서 주관하는 워크숍에 주제발표자로 참석해 달라는 요청이 왔네. 워크숍 주제가 미국의 협상행태에 관한 것인데, 조 참사관이 협상경험이 많으니 참석하는 게 좋겠어."

유명환 공사가 건네주는 초청장을 들여다보니 '상이한 문화권간의 협상에 관한 연구 프로젝트'(Cross-Cultural Negotiation Project)라는 이름 아래 '미국의 협상행태에 관한 국제시각'(International Perspectives on American Negotiating Behavior)을 주제로 워크숍이 열리는데, 우리더러 미국의 '설득 전술'(persuasive tactics)에 관해 주제발표를 해 달라는 것이었다. 워크숍 개최일이 1주일도 채 남지 않아 생각을 정리하기에도 시간이 부족하였지만 나는 미국 통상협상가들의 행태에 대한 평소의 내 생각을 전달할 좋은 기회라 생각하고 참석하기로 했다.

워크숍은 워싱턴 인근의 메릴랜드주에 있는 와이 컨퍼런스센터에서 개최되었다. 길눈이 어두운 남편을 혼자 보내기가 걱정스러웠던지 당일 아침 집사람이 운전기사 노릇을 자청하고 나섰다. 두 시간가량 데이트를 겸한 드라이브 끝에 도착한 컨퍼런스센터는 한적한 휴양지에 자리 잡고 있었다. 혼자 산보나 하며 기다리겠다는 집사람을 뒤에 두고 회의장 안으로 들어서니 30여 명의 참석자들이 막 오전 첫째 세션을 끝내고 커피를 마시며 환담을 나누고 있었다.

그들과 인사하다가 문득 내가 와서는 안 될 자리에 온 게 아닌가 하는 생각이 들었다. 거의 전원이 전·현직 장차관이나 대사급 고위 인사들이었고 참사관급 외교관은 나 하나뿐이었다. 학계 인사들도 에즈라 보겔 하버드대 교수와 같은 저명한 학자들이었다.

좌장으로 토론을 주재하던 리처드 솔로몬 USIP 소장은 아버지 부시 대통령 시절 국무부 동아태 차관보를 지냈고, 초청된 인사들 대부분은 미·소 전략무기협상 등 굵직한 군사 안보분야 협상을 맡았던 거물급 인사들이었다. 경제분야 협상 전문가는 나뿐이었다.

참석자 면면을 미리 알아보지 않고 덥석 가겠다고 한 게 갑자기 후회스러워졌고, 준비한 원고내용도 이들 앞에서 발표하기엔 지나치게 솔직하고 실무적인 게 아닌가 싶어 조금 걱정스럽기도 하였다. 그러나 이미 엎질러진 물이고 이제 와서 내용이나 톤을 조절하여 얘기하다간 죽도 밥도 안 될 것 같다는 생각이 들었다. 나는 메시지는 분명히 하되 태도는 겸손하게 하기로 마음먹고 입을 열었다.

"오늘 여러분들은 외교관에게서 듣기 어려운 매우 직설적이고 비판적인 얘기를 듣게 될 텐데, 이는 평소 저의 화법이기도 하지만 지난 10여 년간 미국 통상협상가들과 상대하며 더욱 굳어진 제 나름의 소신에 따른 것이니 양해해 주시기 바랍니다. 그리고 오늘 제가 하는 얘기는 토론이 비공개(*off the record*)로 진행된다는 전제하에 밝히는 순전히 개인적 견해이니 우리 정부의 입장으로 오해하지 말아 주시기 바랍니다."

　나는 미국의 협상행태에 관해 내 경험담과 예화(例話)를 들어가며 다음과 같은 요지로 말을 이어갔다.

내 것은 내 것이고 네 것은 협상 가능하다?

"미국 협상가들은 협상 입지를 강화하기 위한 증거, 정보수집 능력에 있어 세계 최고 수준인 미국의 인적, 물적 자원과 정보망을 최대한 활용한다. 미국과의 협상 시 우리의 입장이 미국에 사전 탐지되어 당황한 경우가 한두 번이 아니다. 미국은 협상에서 국력의 우위 (*asymmetry of power*)도 최대한 활용한다. 그들은 상대방이 종국에는 미국의 압력에 굴복하리라는 걸 잘 안다. '내 것은 내 것이고 네 것은 협상 가능하다'(What is mine is mine, and what is yours is negotiable)는 말은 미국 협상가들의 기본원칙(*cardinal principle*)처럼 되어 있다. 그들은 실질내용과 세부사항에 대한 철저한 사전준비 없이 협상 테이블에 나오지 않으며 수석대표조차 기술적 사항을 모두 소화하고 있을 만큼 완벽주의와 전문 협상가로서의 투철한 프로페셔널리즘으로 무장되어 있다.

미국은 협상목표 달성을 위해 일방적 조치와 시한, 양자 및 다자 협상 채널 등 모든 압력수단과 가용채널을 동원하며, 정부 내 충분한 사전조율을 거쳐 수립된 전략에 따라 하나의 목소리로 일관된 협상목표를 추구한다. 내부 입장이 갈릴 경우에도 협상 테이블에서의 입장은 통일되어 있고 명료하며 전혀 혼란스럽지 않다. 업계와 시민단체 등 국내 이해그룹의 이익도 지나치다 싶을 정도로 분명하게 반영한다. 그들은 또한 협상결과의 확실한 이행을 담보하기 위해 합의문서의 문안에 완벽성(*air-tight language*)을 추구한다. 미국 협상가들이 변호사인 경우가 많은 건 이런 이유 때문이며 그로 인해 협상과 관련된 광범한 정치사회적 문제들을 간과하는 경향이 있다."

미국의 잣대로 재단하며 협상보다는 명령하려 든다?

"협상 테이블에서 왕왕 경험하는 그들의 고압적 태도와 비외교적 언사는 협상 분위기를 해칠 뿐 아니라 상대방의 자존심을 건드려 입장을 경직시키는 경우가 많다. 어쩌면 미국 협상가들은 특정 국가의 경우 '후려치기'(*bludgeoning*)나 '팔 비틀기'(*arm-twisting*)가 가장 효과적인 협상수단이라고 생각할지도 모른다. 우리는 미국과의 협상 테이블에서 듣기 거북한 말들을 인내심의 한계를 느끼며 들은 경우가 적지 않은데, 그들이 과연 영국이나 중국, 러시아 같은 나라와의 협상에서도 그런 말들을 할 수 있을지 의심스럽다.

미국 협상가들은 매사를 미국의 잣대(*American yardstick*)로 재단한다. 미국 기준으로 수용하기 어려운 제도나 관행은 잘못된 것이기 때문에 협상하기보다는 명령하려 든다. 아마도 이는 미국 제도의 우월성과 미국 사회의 도덕적 우위(*moral high-ground*)에 대한 확신의 소산인 듯하다. '공정무역'에 대해 국제적으로 합의된 명확한 개념 정의도 없이 '공정성'이라는 도덕적 개념을 무역에 도입하려는 것이 그 증거다.

그들은 항상 윈윈 해법을 추구한다고 하면서 일방적인 요구만 한다. 그래서 미국과의 협상은 늘 일방통행이다. 언행이 일치하지 않는 것이다. 한국을 비롯한 동양인들은 체면을 매우 중시한다. 사실상 일방적 양보도 우리 국민에게는 균형 있는 협상결과로 설득해야 할 때가 적지 않은데, 미국 협상가들이 이런 측면에서 협조해 준 사례를 기억하기는 힘들다. 협상이 끝난 후 미측이 공개적으로 협상결과를 일방적 승리로 홍보한 경우가 얼마나 많은가. 그들은 상대방이 협상결과를 자국민에게 설득하면서 겪게 될 어려움에 대해 관심이 없는 듯하다.

미국 협상가들은 외교적이나 정치경제적 시각보다는 법률적 시각에서 문제에 접근하는 경향이 있다. 이는 문제를 미시적으로 관리(*micro-manage*)함으로써 타협을 더욱 어렵게 만들고 게임의 법칙이 적용되어야 할 협상상을 법정으로 만들 위험이 있다. 외교가 법률적 경직성으로 대체되는 것이다."

협상결과가 양국 관계를 훼손해도 목표만 달성하면 된다?
"미국이 설정하는 협상목표에도 문제의 소지는 많다. 이른바 '상호

주의', '공정성', '기울지 않은 운동장'(level-playing field) 이란 말은 양자 통상협상에서 미국이 가장 자주 쓰는 말들이다. 그러나 정치 경제적 측면에서의 국력이나 역사 문화적 배경이 다른 나라들 사이의 협상에서 이런 말들을 절대적 개념의 협상목표로 설정할 때 과연 진정한 공정성과 상호주의가 확보될 수 있을까? 오히려 반대가 아닐까? 우리는 미국의 이런 태도가 왕왕 우리 국내에서 반미감정을 촉발시켜 양국 관계를 훼손하는 수준으로 비화하는 경우를 많이 경험하였다. 미국 협상가들은 업계나 시민사회의 요구가 미국의 국익이나 협상 상대국과의 전반적 양자관계를 훼손하는지 여부를 고민하지 않고 아무런 여과 없이 그대로 전달하여 관철시키려 하는 경우가 많다. 그들은 협상목표나 결과가 양국관계와 관련하여 갖는 정치 외교적 함의를 배려하는 데 무척 인색하며, 장기적 양국관계를 희생하면서까지 편협한 상업적 이익을 추구하는 것이 그들의 협상목표인 것처럼 비쳐질 때가 있다."

터프하고 공격적인 협상가가 최고의 협상가다?

"협상은 제로섬 게임(zero-sum game)이 아니라, 플러스섬 게임(plus-sum game)이어야 한다. 특히 강대국과 상대적으로 힘이 약한 국가 사이의 협상에서는 강대국이 상대방의 정치, 경제, 사회, 문화적 어려움을 공감(empathy)하고 이를 덜어주려는 진정한 노력을 기울이지 않는 한 윈윈 게임이 될 수 없다. 미국이 이러한 노력을 기울이고 있다는 걸 상대방이 인정할 때만 미국의 논리는 설득력을 가질 수 있다.

문화적 특수성도 협상행태에 영향을 미친다. 동양인들은 주권, 체면, 의전, 비공개, 모호성 등을 중시하는 반면 서양인들은 본질, 콘텐츠, 디테일, 투명성, 개방성 등을 중시한다. 이른바 동양의 집단주의와 서양의 개인주의에서 오는 차이다. 미국에서는 합리적이고 사려 깊은 협상가보다는 터프하고 공격적인 협상가들이 더 평가를 받는 것 같으나 후자가 늘 최선의 협상가라고 볼 수는 없다. 완벽한 승리가 항상 최선의 승리도 아니며 경우에 따라서는 절반의 승리가 더 나을 수도 있는 것이다.

미국의 통상협상 스타일에 외교적 세련(diplomatic nicety and subtlety)과 상호 존중의 요소를 가미하여 더 많은 외교적 배려를 하는 것이 미국 협상가들의 협상행태상의 문제점들을 줄이고 미국의 장기적 국익을 증진하는 데에도 도움이 되는 길이라 믿는다."

이유 있는 비판엔 미국도 귀 기울인다

주제 발표를 마치자 제일 먼저 에즈라 보겔 교수가 코멘트했다.

"당신이 방금 얘기한 건 미국 통상외교의 문제점을 정확히 지적한 것으로 저도 전적으로 동의합니다. 국제통상문제에 관한 미국의 국내 대응체제가 지나치게 법률적 메커니즘으로 되어 있어 일본, 한국과의 양자관계를 크게 손상시킨 측면이 있고 최근에는 중국과의 관계에서도 긴장을 초래하고 있다고 생각합니다. 개방된 세계경제 체제를 구축하기 위한 미국의 노력이 성공하기 위해서는 지금보다 더 합리적인 메커니즘을 확립할 필요가 있다고 봅니다. 그러나 문제는 압력 이외에 별다른 수단이 없다는 것이에요. 미국의 압력이 없었더라면 과연 지금처럼 일본이나 한국의 시장개방과 경제자유화가 이루어질 수 있었다고 보십니까?"

나는 이렇게 답변했다.

"미국의 압력이 우리의 시장개방과 경제자유화에 기여하였다는 데 저도 동의합니다. 그러나 우리에게 미국과 똑같은 수준의 자유화를 요구하는 것은 부당하지 않습니까? 우리도 자유화의 혜택을 확실히 인식하고 있기 때문에 자유화의 범위를 확대하고 속도를 가속화하고 있으나 우리가 감당할 수 있는 범위와 속도가 있는 것입니다. 자유화라는 공동의 목표를 추구하는 과정에서 미국의 협상행태가 걸림돌이 되어서는 안 된다고 생각합니다."

보겔 교수는 머리를 끄덕이며 공감한다는 반응을 보였다. 이번엔 카이저 독일 외교협회 회장이 나섰다.

"통상문제로 인한 긴장과 갈등은 비단 미국과 아시아 국가 사이에서만 있는 것이 아니라 미·EU 관계에서도 빈번하게 발생하는 것이 아닙니까? 미·EU 통상관계에서의 협상행태는 한·미 협상과 어떻게 다릅니까?"

"미·EU 통상관계에서도 긴장과 갈등이 있고 최근 들어 더욱 고조되고 있는 것은 사실입니다. 그러나 기본적으로 미·EU 협상은 대등한 관계에서의 협상인 반면 한·미 협상은 강대국과 상대적으로 협상 레버리지가 약한 국가간의 협상이라는 데 차이가 있습니다. 따라서 협상전략과 전술에서도 상이한 접근방식이 필요하지 않겠습니까?"

몇몇 참석자들의 추가 코멘트가 있은 후 솔로몬 소장이 마무리 발언을 하였다.

"매우 솔직하게 의견을 개진해 주어 감사합니다. 많은 생각을 하게 하는 내용이었어요. 특히 경제분야에서의 특별한 협상경험을 공유해 주어 큰 도움이 되었습니다. 오늘 토론의 준비를 위해 당신이 얼마나 진지하게 시간과 에너지를 쏟았는지 짐작이 갑니다."

나는 발표내용이 지나치게 직설적이고 비판적이었음에도 불구하고 참석자들이 전혀 불쾌한 반응을 보이지 않았다는 것이 고맙고 조금은 놀랍기까지 하였다. 그러나 아무리 비공개 자리일지라도 워싱턴 주재 외교관이 미국 정부의 전·현직 고위인사가 참석한 자리에서 미국의 협상행태를 신랄하게 비판하였다는 사실이 누군가에게는 불편하게 느껴질 수도 있는 일이고, 그러한 불만이 서울에 전달될지도 모르는 일이어서 워싱턴으로 돌아온 후에도 마음 한구석이 찝찝하였다.

과거 1960~70년대에는 국제회의에서 우리 외교관이 공개적으로 미국의 반대편 입장을 지지하여 미국의 불만을 사는 바람에 고위층으로부터 인사조치 당한 일도 있었다고 들었는데 나도 혹시 그런 일을 당하는 게 아닌가 싶어 은근히 신경 쓰이기도 하였다.

이튿날 아침 출근하자마자 나는 전날 발표한 내용과 토의 요지를 정리하여 본부에 전문으로 보고하였다. 순전히 개인적 관찰내용임을 사전에 분명히 하고 주제발표를 한 것임을 강조했다.

본부 보고를 한 다음 날 전문 사본을 받아 본 본부 간부와 인근 지역 공관장 몇 분이 내게 격려 전화를 주었다. 그들은 대부분 한·미 통상문제를 다루어 본 이들이어서 누구보다도 한·미 통상협상현장의 분위기를 잘 알고 있었을 뿐 아니라 나와 비슷한 경험과 소회를 공유하고 있었기 때문에 그런 반응을 보였을 것이다. 통상교섭본부에서는 직원 교육용으로 쓰고자 하니 주제발표 원고가 있으면 보내라는 지시까지 왔다.

며칠 후 솔로몬 소장으로부터 편지 한 장을 받았다. 봉투 속에는 500 달러짜리 수표 한 장도 들어 있었다. 편지에서 그는 나의 워크숍 참석과 발표내용에 다시 한 번 사의를 표하고 그날 토의 요지는 '발언자 비공개 원칙'(non-attribution ground rules)에 따라 추후 모노그라프로 정리하여 발표하게 되며, 나중에 출간될 책에도 반영될 것이라고 알려 왔다.

USIP는 1990년대 초부터 중국, 러시아, 북한, 일본, 프랑스, 독일, 이란 등 주요국의 협상행태에 관한 일련의 워크숍을 개최하고 그 결과를 기초로 해당 국가별로 단행본 시리즈를 발간했는데, 미국은 그 여덟 번째 프로젝트였다. 나는 그 후 인터넷을 서핑하다가 위에 언급한 모노그라프를 발견했다. 내가 지적한 내용이 곳곳에 언급되어 있었다.

책은 몇 년이 더 지난 2010년에 가서야 《미국의 협상행태: 수완 좋은 사업가, 유능한 변호사, 힘으로 밀어붙이는 싸움꾼, 그리고 설교자》(*American Negotiating Behavior: Wheel-Dealers, Legal Eagles, Bullies, and Preachers*) 라는 제목으로 발간되었다. 책 제목이 말해 주듯이 워크숍에서 토의된 내용이 정직하고도 균형 있게 반영된 역작이었다. 공동 저자인 솔로몬 소장이 쓴 서문에서 집필에 도움을 준 이들의 명단에 내 이름이 언급되어 있는 걸 발견하고 남다른 감회를 느꼈다.

책을 읽는 미국의 협상가들은 남들의 눈에 비친 자신의 모습이 어떤 것인지를 좀더 정확하게 알게 될 것이고 한 번쯤 진지하게 자신을 되돌아보는 기회도 갖게 될 텐데, 내가 그런 계기를 만드는 작업에 조그만 기여를 했다는 데 보람을 느꼈다. 그런 개인적 소회를 떠나서라도 미국 의회의 재정 지원하에 진행된 미국의 협상행태에 관한 연구 프로젝트에 미국의 주요 협상파트너인 한국이 참여할 기회를 갖지 못하였다면 꽤 아쉬운 일이 아니었을까.

한·일 양국의 동병상련(同病相憐)

미국과의 협상에서는 우리 못지않게 일본도 꽤나 아프고 불쾌한 경험이 많았던 모양이다. 2005년에 제네바에서 차석대사로 있을 때 하루는 후지사키 일본대사가 최혁 대사와 나를 관저 만찬에 초청하였다. 그는 나보다 한 달 늦게 제네바에 부임하였는데 부임 직전엔 일본 외무성 경제심의관(차관보)을 지내며 한·일 FTA협상 일본 수석대표를 맡았던 인물이었다.

만찬을 하다가 미국의 협상행태가 화제에 올랐다. 내가 한·미 통상협상 경험을 얘기하면서 USIP 워크숍에서 발표한 내용을 언급했더니 후지사키 대사는 놀란 표정으로 "당신이 워싱턴에서 진짜 그런 얘기를 했다는 말이냐?"고 되묻고는 혹시 발언문이 남아 있으면 자기도 읽어 볼 수 있겠느냐고 하였다.

다음 날 아침 후지사키 대사에게 발언노트 사본을 보내 주었다. 며칠 후 나는 WTO 회의장에서 건너편 일본 대표단석에 앉아 있던 후지사키 대사로부터 친필 메모 한 장을 건네받았는데 거기엔 이렇게 씌어 있었다.

"당신의 발언노트를 읽으면서 난 거의 스릴을 느꼈습니다! (It was almost thrilling!) 나는 다른 나라 외교관이 워싱턴에서 이렇게 솔직하고 직설적으로 미국을 비판하는 걸 들어본 적도 없고 읽은 적도 없습니다. 당신의 용기에 경의를 표합니다."

동병상련(同病相憐)은 이런 걸 두고 하는 말이 아니던가. 그는 그 후 제네바 근무를 마치고 주미 대사로 영전했는데 워싱턴에서 외교 현안을 다루면서 그가 어떤 소회를 느꼈을지 가끔 궁금할 때가 있다.

미국 의회 의사당 오찬 강연

한·미 통상마찰에 대한 워싱턴의 편향된 시각

내가 워싱턴에 다시 부임했을 무렵, KEI는 1년에 서너 번씩 주로 미의회를 상대로 한·미 관계의 현황과 우리 정부의 안보, 경제 정책을 홍보하기 위한 오찬형식의 원탁협의회(Congressional Roundtable Luncheon)를 주최했다. 이런 오찬 협의회에는 한·미 관계를 다루는 미 행정부 주요 인사들이 연사로 초청되는 경우가 많았는데 나는 빠짐없이 참석하는 단골손님 중의 하나였다.

그런데 문제는 초청 연사들의 상당수가 한·미 통상문제나 우리 정부의 정책을 언급하면서 사실에 부합하지 않는 부당한 비판을 자주 한다는 것이었다. 이럴 때면 나는 발언권을 얻어 이들의 주장을 반박하곤 하였는데 늘 이렇게 수세적 입장에서 방어만 하다가는 워싱턴의 잘못된 시각을 바로잡기가 힘들다는 생각이 들었다. 그래서 기회가 되면 내가 연사로 나서야겠다고 생각했다.

2001년 겨울 어느 날, 원더 소장에게 다음 해 첫 번째 오찬 모임에서는 내가 연사로 나설 생각이 있는데 혹 참사관이라 격에 맞지 않는 건 아니냐고 물었다. 윈더 소장은 연사로 초청하는 데 전혀 문제가 없다면서 기꺼이 내 요청을 받아주었다. 그렇게 해서 나는 2002년 2월 7일 미 의회 레이번 빌딩에서 개최된 KEI 주관 오찬 협의회에서 '한·미 통상관계: 변화하는 현실과 향후 전망'(Korea-US Trade Relations: Changing Realities and Future Prospects)이라는 제목으로 강연할 기회를 갖게 되었다. 윈더 소장은 대사 이외에 미국 의회 의사당 건물 내에서 강연하는 한국 외교관은 내가 처음일 거라고 하였다. KEI에서 행사계획과 초청의사를 알리는 이메일이 발송되자 불과 이틀 만에 70여 명의 의회 보좌관과 전문위원, 행정부, 재계 인사들이 참석하겠다는 뜻을 통보해왔다.

나는 대사도 아닌 참사관급 외교관이 초청연사로 나서는 오찬행사에 미측 인사들이 이렇게 빠른 반응과 관심을 보였다는 것이 놀라웠다. 평소 미국 주요 인사들이 연사로 초청된 KEI 오찬 모임에는 많아야 40여 명 정도밖에는 참석하지 않았기 때문에 참석자의 수도 기대 이상이었다. 역시 미국 사람들은 초청연사의 직급이나 지위보다는 연설내용이나 주제에 더 관심을 보이는 실용적인 사람들이라는 걸 새삼 확인할 수 있었다. 어쩌면 대사도 아닌 한국 외교관이 미 의회 의사당에서 개최되는 오찬모임에 연사로 나선다는 사실에 더 흥미를 느꼈을지도 모르는 일이었다.

한·미 통상마찰은 정치경제적 시각에서 접근해야

오찬강연이 있던 날 미 의회 레이번 빌딩의 오찬장은 미국 인사들로 꽉 채워져 있었다. 나는 "그동안 이 오찬모임에 초청연사로 참석한 미국 인사들이 한·미 통상관계에 대해 미국 시각 일변도의 얘기를 하였기 때문에, 한국에 대한 미 의회의 시각에 균형을 잡아주고자 자청해서 연사로 나섰다"는 말로 강연을 시작하였다.

"한·미 통상마찰이 과거보다 완화된 것처럼 보이는 데에는 미국이 외환위기 이후 통상문제 제기를 자제해 준 데에도 일부 원인이 있긴 하지만, 보다 근본적으로는 그동안 양국의 인식과 태도에 변화가 있었기 때문이다.

먼저, 종전보다 한국시장이 훨씬 개방되었고 투자·영업환경도 개선되었다는 걸 미국 업계가 인정하기 시작했다는 걸 들 수 있다.

둘째, 통상문제가 과거와는 달리 양자협상보다는 주로 WTO 분쟁해결 제도를 통해 해결되는 추세에 있어 한·미 통상협상은 으레 미국의 압력에 따른 한국의 일방적 양보로 끝난다는 우리 국민의 고정관념으로 겪게 되는 국내 정치적 부담을 덜게 되었다는 점이다.

셋째, 한·미 통상마찰이 이제는 언론의 관심을 끌지 않을 만큼 한국 국민에게 익숙한 사안이 되었고, 싫든 좋든 한·미 통상마찰과 함께 살아야 한다는 걸 한국 국민들이 깨닫게 되었다는 사실이다.

마지막으로, 한·미 통상 현안을 다루는 미국 협상담당자들이 과

거의 고압적 태도에서 한국의 현실을 보다 이해하려는 자세로 변화하고 있다는 것이다. 이는 고무적인 현상이나 아직도 미국의 잣대로 매사를 평가하려는 경향이 남아 있다. …

한국이 다자협상에서는 건설적인 파트너인 반면 양자협상에서는 그렇지 못하다는 일부 미국 인사의 주장은 미국에 대한 협조 여부를 건설적 파트너이냐 아니냐의 판단기준으로 삼는 자의적인 것이다. 오히려 그동안 한국은 미국이 제기한 통상현안들을 협조적 자세로 해결했으나 미국은 반덤핑 문제 등 한국이 제기한 통상현안들을 성의 있게 처리한 적이 없다. 우리로서는 부득불 WTO 제소를 통해 이러한 문제들을 해결할 수밖에 없었다. 그럼에도 불구하고 우리가 미국을 건설적 파트너가 아니라고 비난한 적은 없지 않은가?"

"통상문제는 그 밑에 깔려 있는 보다 구조적인 문제들을 이해해야 원만한 해결책을 강구할 수 있다. 우리의 미국산 자동차 수입 문제와 하이닉스 반도체 문제 및 미국의 철강 수입규제 문제가 그 대표적 사례다.

우리의 미국산 자동차 수입 문제는 우리 국민의 지나친 민족주의 성향으로 인한 외산차 기피현상에 근본적인 원인이 있다. 이러한 국민의식의 전환은 정부의 조치로 단기간에 해결될 수 있는 게 아니기 때문에 좀더 인내심을 갖고 기다리는 자세가 필요하다.

하이닉스 반도체 문제는 시장이 작동하지 않는 위기상황에서 정부가 어디까지 개입할 것인가 하는 보다 근본적인 거시경제 정책적 문제로 귀착되는 것이므로 단순히 통상문제로 다룰 사안이 아니다.

미국은 자동차 문제에 대해서는 우리 정부에게 적극적인 시장개입을 요구하면서 하이닉스 문제에 대해서는 시장에 맡기고 정부는 손을 떼라는 상호 모순된 주장을 하고 있다.

또한 미국은 철강 수입규제 조치를 하면서 수입급증을 그 이유로 들고 있으나 실상은 취약한 미국 철강산업을 살리기 위한 고육지책이다. 미국은 지금 자유무역 선도국으로서 리더십을 지킬 것인가, 아니면 쓰러져 가는 철강산업을 살릴 것인가의 선택에서 이러지도 저러지도 못하는 어려운 입장(*catch 22 situation*)에 있다는 걸 잘 안다. 부시 대통령이 현명한 판단을 내릴 것으로 믿는다.

위에 언급한 3개 통상현안이 상징하는 국내 정치경제적 도전들을 양국이 성공적으로 극복해 낼 경우 한·미 통상마찰은 서서히 사라질 것이다."

나는 눈앞의 상업적 이익만을 보지 말고 보다 폭넓고 장기적인 경제협력의 틀을 만들기 위해 수년간 중단상태에 있는 한·미 투자협정(BIT) 협상을 조기 완료하고, 중장기적 과제로 한·미 FTA 체결도 적극 검토할 필요가 있음을 강조하며 강연을 마쳤다.

차분하고 진지했던 청중의 반응

미 의회 의사당에서 미국 정부의 입장과 정책을 정면으로 비판하는 내용의 강연이었음에도 불구하고 청중 속에서 감정적으로 반응하거나 동요하는 모습은 전혀 찾을 수 없었다. 형식과 스타일보다는 본질과 내용을 중시하는 미국인다운 모습이었다. 10여 년 전 주한 미 상공회의소 초청 오찬모임에서 홍순영 차관보의 연설에 대해 어느 미국 기업인이 보인 것과 같은 감정적 반응은 볼 수 없었다(99쪽 참조). 특히 강연 도중 USTR을 비판하는 대목에서 나와 눈이 마주친 와이젤 USTR 부대표보는 내 말에 동의할 수 없다는 표정을 지으면서도 미소를 잃지 않았다.

강연이 끝난 후 청중석에서 내게 던진 10여 개의 질문도 스크린쿼터 문제에서 김대중 대통령의 업적과 잔여 임기 최우선 과제, 엔화 평가절하 문제에 이르기까지 다양했는데, 나는 큰 어려움 없이 질문들에 대한 답변을 이어 갈 수 있었다. 오찬장을 나서는 내게 열댓 명의 의회 보좌관과 전문위원이 줄지어 다가와 인사를 건네며 미처 질문하지 못한 궁금한 것들을 물어 대는 데도 전혀 귀찮지 않았다.

김대중 대통령 방미와 월가 주요인사 오찬

대통령이 하는 투자유치 홍보(IR)행사

2001년 3월 김대중 대통령이 미국을 국빈(國賓) 방문하였다. 새로 취임한 부시 미국 대통령과 만나 북한문제 등에 관한 정책을 조율하고 외환위기 극복을 위한 경제개혁 과정에서 미국의 지속적 협조와 지원을 요청하기 위한 것이었다. 정상회담 후 가진 기자회견에서 부시 대통령이 김 대통령을 "this man"이라고 불러 논란이 있었던 바로 그 방미였다.

김 대통령은 워싱턴 방문에 이어 유엔총회 연설을 위해 뉴욕을 방문하기로 되어 있었다. 대사관에서는 대통령의 뉴욕 체류기간을 이용하여 월스트리트의 주요 인사들과 오찬 회동을 하는 일정을 포함시킬 것을 본부에 건의하였다. 금융의 중심지인 뉴욕에서 금융계 거물들을 초청하여 대통령의 경제철학과 개혁의지를 전달하는 것 자체가 의미 있는 일이었을 뿐 아니라, 외환위기의 충격에서 막 벗어나던 우리 경제의 미래를 위해 금융계 거물들의 조언을 듣고 협조를 요청할 필요도 있다고 판단되었기 때문이다. 물론 우리 언론이나 국민들에게 나라 경제를 이끌어가는 지도자의 고민하는 모습을 보임으로써 방미 성과를 높일 수 있다는 점도 고려되었다.

각본대로 진행되지 않아 다행스러웠던 오찬 토론

본부에서도 좋은 생각이라고 판단하여 초청대상자 선정 등 전반적인 추진계획을 보고할 것을 지시했다. 나는 오행겸 경제 공사와 함께 KEI 윈더 소장을 만나 초청인사 명단 및 오찬 진행방식 등을 일차 의논한 후 오찬 추진계획을 본부에 보고하였다. 우리 생각만 정리하여 보고하기보다는 미국인의 객관적 시각을 반영하는 것이 행사의 효과를 제고하는 데 도움이 될 것이라는 판단에서였다.

그런데 며칠 후 청와대 경제수석실 비서관이 전화를 걸어왔다. 초청인사 중 발언할 사람을 미리 선정하고 질문이나 발언할 내용도 사전에 파악하여 구체적인 행사 시나리오를 작성하여 보고하라는 것이었다. 사전에 준비된 각본대로 진행하겠다는 발상이었다.

월가의 거물들을 불러 앉혀 놓고 각본대로 토론을 진행하겠다는 발상을 나는 도대체 이해할 수가 없었다. 전용기를 타고 전 세계를 누비고 다니는 사람들이라 접촉하는 게 쉽지도 않았을뿐더러 그들에게 발언원고를 미리 부탁한다는 것 자체가 창피스러운 일이었고 설사 부탁한다 하더라도 그들이 우리 뜻대로 응할 리도 없었다.

내 의견을 얘기했더니 그 비서관은 대통령의 지시이니 그대로 이행하라는 말만 되풀이하였다. 나는 대통령이 그런 지시를 했을 리가 없다고 생각했다. 비서실이 나중에 혹시 행사가 잘못되었을 경우 대통령으로부터 꾸지람을 듣지 않으려고 궁리해 낸 것이 틀림없었다. 설사 대통령을 잘 모시려는 충정에서 나온 발상이었다 하더라도 이는 오히려 대통령을 욕되게 하는 것이었다. 우리의 그런 요청을 전해들은 참석자들이 김 대통령을 어떻게 생각할 것인지는 묻지 않아도 뻔한 일이 아닌가.

경위를 전해들은 윈더 소장도 혀를 찼다. 그는 김 대통령은 미국 조야에서 민주화 투쟁을 한 지도자로서 명망이 높고 확고한 신념과 철학이 있는 지도자로 각인이 되어 있는데, 그런 식으로 오찬을 진행한다면 안 하느니만 못하다는 반응을 보였다.

나는 청와대의 지시라 하더라도 그 지시는 그대로 이행할 수 없다고 판단하였고 오 공사도 마찬가지 생각이었다. 그러나 본부 지시를 완전히 무시할 수도 없는 상황이어서 할 수 없이 몇몇 참석 인사들의 보좌관들에게 전화하여 행사준비에 참고코자 하니 혹 김 대통령과 만날 때 특별한 관심사항이 있으면 알려 달라고 부탁하여 구색만 맞춘 자료를 만들어 본부에 보고하였다.

예상했던 대로 행사 당일 오찬모임은 각본대로 진행되지 않았다. 애당초 가능하지 않은 일이었기에 너무나 당연한 결과였다. 오히려 각본대로 말하고 행동하는 연극배우 같은 대통령의 모습을 그들에게 보이지 않은 게 천만다행이었다.

스크린쿼터와 한·미 투자협정(BIT) 협상

BIT 협상타결의 최종 걸림돌

2000년대 초 한·미 통상관계에서 가장 큰 현안은 김대중 정부 출범 초부터 시작하여 그때까지도 타결 짓지 못하고 있던 양자투자협정 (BIT) 협상의 마무리였다. 한·미 BIT협정은 1997년 말에 발생한 외환위기 타개책의 하나로 김대중 정부가 강력히 추진한 것이었다. 그 핵심은 우리의 투자환경을 선진국 수준으로 끌어올려 외국인투자를 대폭 유치하자는 것이었다.

전통적 투자보장협정과는 달리 외국인투자에 대한 제도적 장벽을 낮추어 투자를 자유화하자는 새로운 개념의 투자협정이었다. 협정이 체결될 경우 피해를 입게 될 분야의 국내업계가 강력히 반발하였으리라는 건 설명할 필요조차 없을 것이다. 서비스업계의 저항이 가장 컸고 금융, 통신 분야와 같이 공익적 성격이 강한 기간산업의 외국인투자 제한, 세이프가드 조치의 범위 등에 관해서도 논란이 컸다. 추후 한·미 FTA 비준과정에서 사법주권 침해 여부와 관련하

여 정치권을 흔들 만큼 뜨거운 논쟁거리가 되었던 투자자 국가 소송
(ISD) 제도도 주요 쟁점 중의 하나였으나, ISD 문제는 BIT 협상 때
이미 국내 관계부처간 심도 있는 협의조정을 거쳐 나중에 한·미
FTA협정에 포함된 내용과 대등한 수준의 타협안에 양국이 원칙적
합의를 이룬 상태였다. 오히려 BIT 협상의 타결에 최종 걸림돌이
되었던 이슈는 스크린쿼터 문제였다.

스크린쿼터와 BIT의 분리처리

스크린쿼터 문제에 관한 양국 정부간 이견을 해소하여 BIT 협상에
돌파구를 마련하는 일은 주미 경제참사관인 내게 부여된 가장 중요
한 임무 중 하나였다. 2000년 가을 이홍구 대사 후임으로 부임한 양
성철 대사는 도착 첫날 관저로 인사하러 간 내게 김대중 대통령의
최우선 관심사 중의 하나가 한·미 BIT 협상 타결이라면서 자신의
재임기간 중 반드시 협상이 타결될 수 있도록 각별히 노력할 것을
당부하였다. 나는 USTR 뿐만 아니라 미국 영화업계 인사들과도 폭
넓게 접촉하며 양측 입장의 거리를 좁혀 보려 무진 애를 썼다.

　미국은 당초 스크린쿼터 제도를 아예 폐지하라는 입장이었다. 왜
냐하면 스크린쿼터는 BIT협정 내용 중 양측이 이미 합의한 '투자관
련 이행의무 부과(performance requirement) 금지조항'에 위배되는 것
이었기 때문이다. 우리는 국내 영화산업이 아직 할리우드 영화산업
과 경쟁하기에는 역부족이기 때문에 상당기간 스크린쿼터 제도를

유지할 수밖에 없다는 입장을 고수하였다. 오랜 기간 밀고 당기는 협상 끝에 미국은 스크린쿼터 폐지라는 당초 입장에서 한 발짝 물러나 스크린쿼터는 유지하되 당시 우리 제도상 연간 146일 동안 국내영화 상영을 의무화하던 것을 73일로 축소하라고 요구했다. 이에 대해 우리는 당장 축소하는 건 곤란하고 양측이 합의하는 기간 내에 단계적으로 축소하자는 절충안을 내어놓았으나 그 기간을 얼마로 할 것인지에 대해 도무지 의견이 좁혀지질 않았다. 우리는 가급적 기간을 늘려 잡으려 했고 미국은 반대로 기간을 최대한 줄이려 했음은 두말할 필요도 없다.

나는 이 상태로 가다가는 이미 99% 이상 마무리된 BIT 협상이 스크린쿼터 문제 하나로 계속 공전하는 상황을 타개할 수 없다고 판단하여 본부와 협의를 거쳐 스크린쿼터와 BIT를 분리처리(*delink*)하는 방안을 적극 모색하였다.

분리처리 방안을 설득하고자 미국 영화협회(MPAA)의 잭 발렌티 회장을 직접 찾아가기도 하였다. 자그마한 체구의 노인이 텍사스 출신답게 사무실에서도 긴 가죽 장화를 신고 있는 것이 인상적이었다. 입에는 시거를 문 채 묘한 미소를 지으며 분리처리 방안을 단호히 거부하던 그의 모습이 눈에 선하다. 지금도 그렇지만 그때도 MPAA는 미국 내에서 정치적 영향력이 큰 단체 중 하나였는데 거침없는 그의 태도에서 그런 힘이 느껴졌다.

스크린쿼터와 한·미 FTA

우리측의 집요한 설득에도 불구하고 미 영화업계는 스크린쿼터 문제에 대해 시종일관 요지부동이었고, 나는 문제해결을 위한 아무런 묘안도 찾지 못한 채 2002년 가을 2년 반의 워싱턴 근무를 마치고 귀국하게 되었다.

떠나는 나를 위해 와이젤 USTR 부대표보가 환송 오찬을 베풀어 주었다. USTR 인근의 아담한 식당에서 그녀와 나는 주로 사적인 얘기를 나누며 헤어지는 아쉬움을 달랬다. 우리 둘은 거의 매일 면담이나 통화를 하면서 현안을 두고 티격태격하는 사이였지만 언쟁이 도를 지나쳐 서로에 대한 신뢰와 우의를 해친 적은 단 한 번도 없었다. 죽이 잘 맞았고 열린 마음으로 툭 터놓고 대화하였기에 어려운 고비도 쉽게 넘길 수 있었다.

내가 식사 도중 유일하게 거론한 통상 이슈는 한·미 FTA 문제뿐이었다. "업계에서 제기하는 자질구레한 통상문제만 다루다가는 양국 통상관계가 너무 미시적으로 관리될 우려가 있으니 한·미 FTA를 본격적으로 논의해 보는 게 어떠냐?"는 나의 질문에 와이젤 부대표보는 "한국이 스크린쿼터 문제 하나 해결하지 못해 BIT 협상도 5년간이나 마무리하지 못하는 상황에서 어떻게 FTA 논의를 생각이나 할 수 있느냐?"는 반응을 보였다.

이에 대해 나는 "스크린쿼터 문제로 인해 BIT 협상이 한 발자국도 앞으로 나아가지 못하는 상황을 타개하기 위해서는 이 문제들이 갖고 있는 부정적 이미지와 과도한 정치적 민감성을 상쇄할 수 있는 보다 더 큰 협의의 틀이 필요하다. FTA가 바로 그런 틀을 제공할 수 있다"고 응수했다.

당시 나는 스크린쿼터 문제를 한·미 BIT 협상의 틀에서 처리하다가는 아무런 진전도 보지 못할 것이 뻔하므로 일단 분리처리 방안을 계속 모색해 보되, 한·미 FTA에 대한 공식대화를 개시하여 그 틀 속에서 스크린쿼터 문제를 협의하는 방안도 함께 논의해 봐야겠다는 생각을 갖고 있었다.

BIT 협상보다 시간은 더 걸리겠지만 FTA 협상이 개시되면 BIT 협정의 내용은 FTA협정의 투자조항으로 편입될 것이고 그렇게 되면 스크린쿼터 문제도 FTA라는 더 큰 협정의 틀 속에서 주고받는 이슈 중의 하나로 다루어지게 될 것이므로 국내영화산업의 반발을 무마하기가 상대적으로 더 용이해지리라는 판단이었다. 그리고 무엇보다도 이제는 FTA와 같이 더 큰 틀에서의 양국간 경제협력에 대한 논의를 개시할 때가 되었다는 것이 내 판단이었다.

와이젤 부대표보는 내 말이 그다지 현실성 있게 들리지 않는다는 표정을 지으며 말했다.

"한국이 만약 스크린쿼터 문제를 해결할 의지와 능력을 보여준다면 FTA 논의도 긍정적으로 검토해 볼 수 있을 거예요. 당신이 귀국하면 상부에 그런 메시지를 전달하고 스크린쿼터 문제해결을 위해 먼저 노력해 주세요."

와이젤 부대표보와의 마지막 대화는 결국 스크린쿼터 문제로 되돌아갔고, 나는 스크린쿼터 문제의 해법을 찾아야 한다는 숙제를 안고 그해 가을 워싱턴을 떠났다.

와이젤 부대표보는 그 후 대표보(차관보)로 승진하여 환태평양경제동반자협정(TPP) 미국 수석대표로 맹활약하였고, 내가 워싱턴에 출장 갈 때면 빠짐없이 만나는 가까운 친구다. 그녀는 빠른 어투와 야무진 논리로 상대를 제압하는 타고난 협상가이지만 남을 배려하고 속마음을 보여줄 줄도 아는 따뜻한 사람이다. 헤어지던 날 예쁜 포장지로 싼 선물을 건네며 미소짓던 그녀의 얼굴이 지금 눈앞에 삼삼하다.

넓고 깊게 패인 단층선

스크린쿼터와 문화주권

노무현 정부 출범 초기 최대의 통상현안

2002년 가을 귀국 후 나는 외교통상부 다자통상국 심의관과 청와대 정책실 근무를 거쳐 이듬해 4월에 외교통상부 지역통상국장에 임명되었다. 지역통상국장은 주요국과의 양자 통상문제를 실무적으로 책임지고 있는 자리였고 그중에서도 한·미 통상관계가 가장 중요한 업무였다.

　나는 실무 책임자로서 우선 스크린쿼터 문제를 해결하기 위해 백방으로 노력하였다. 그러나 당시 노무현 정부는 영화업계를 비롯한 문화예술계의 진보적 인사들을 끌어안고 있었고, 이들 대부분이 스크린쿼터 폐지나 축소에 반대하는 입장이었기 때문에 해결의 실마리를 찾기가 무척 힘들었다. 정부 내에서도 관료 출신들은 우리 영화업계가 이제는 상당한 경쟁력을 갖추었으니 스크린쿼터 제도를 점진적으로 축소하여 한·미 BIT 협상을 마무리하자는 입장이었으나, 재야 정치권이나 진보적 학자 출신 참모들은 국내 영화산업이 아직 취약하다는 이유로 스크린쿼터를 폐지하거나 축소하는 데 강한 반대 입장이었다.

스크린쿼터 문제를 논의하기 위해 개최된 경제장관 조찬 회의가 몇 번이나 되는지 기억할 수조차 없을 정도로 이 문제는 노무현 정부 출범 초기에 우리 대외통상 현안의 최우선 과제였다.

MBC 100분 토론에서의 설전(舌戰)

나는 담당국장으로서 TV와 라디오 토론에도 직접 나가 반대편에 서 있는 시민사회 대표들과 설전을 벌이기도 했다. 가장 기억에 남는 건 손석희 아나운서가 진행하던 MBC 〈100분 토론〉이었다.

양기환 스크린쿼터 문화연대 사무처장 등 영화업계의 극렬한 반대론자들과 상대한 토론에서 내가 그들을 압도하고 시청자들을 설득한다는 건 거의 불가능에 가까웠다. 그들은 영화산업과는 관련이 없는 시민사회단체들까지 규합하여 이미 스크린쿼터 문제를 문화주권의 문제로 성역화(聖域化)하는 데 성공하였고, 모든 자원을 총동원하여 이 문제 하나에만 매달리며 삭발과 공격적 언어 등으로 여론을 선점하고 있었다. 그러나 명색이 중앙부처 국장인 내가 공중매체에서 그들과 이전투구하는 모습을 보일 수는 없었다. 국가경제 전반과 국민여론, 영화산업의 입장 등을 두루 균형 있게 고려하여 가급적 절제된 언어로 의견을 개진해야 했다.

100분 토론이 끝난 후에도 스크린쿼터 제도에 대한 찬반 여론은 토론 이전이나 별반 차이가 없었다. 여론을 수렴하기보다는 오히려 찬반 양측의 기존 입장을 더욱 굳히고 갈등을 확대 재생산하는 데 더 기여한 것이 아닌가 싶었다.

나는 영화산업도 산업의 일부이므로 단순히 문화주권이라는 시각에서만 바라보기보다는 경제논리에 입각하여 어떻게 하면 더욱 경쟁력을 키워 국제시장에서 살아남을 수 있을지를 고민해야 한다고 강조하고, 국산영화의 국내시장 점유율이 국내영화업계에서 스크린쿼터 폐지나 축소 논의의 전제조건으로 제시했던 40%를 넘어 선지 이미 몇 년이 되었다는 것은 그만큼 경쟁력을 갖추어 가고 있다는 증거이니 이제는 스크린쿼터라는 보호막을 벗고 광야로 나가 치열한 경쟁에 부딪혀야 하지 않겠느냐고 호소했다.

또한 정부의 입장이 스크린쿼터를 폐지하자는 것이 아니라 국내 영화산업이 충분한 경쟁력을 가질 때까지 단계적으로 축소하자는 것이며 그 기간 동안 필요하다면 정부가 국내 영화산업의 경쟁력을 키우기 위한 재정적 지원도 하겠다는 것임에도 불구하고, 반대론자들이 의도적으로 폐지안과 축소안의 차이를 호도(糊塗)하고 있다고 비판하고, 정부는 BIT 협상을 마무리하기 위해 업계의 반대를 무시하고 스크린쿼터에 대해 미국과 거래할 생각은 전혀 없으니 스크린쿼터와 BIT 협상을 모두 살리면서 동시에 영화산업의 경쟁력도 키울 수 있는 합리적 방안을 영화업계 스스로가 고민해 달라고 했다.

반대론자들은 스크린쿼터의 단계적 축소안에 대해서는 구체적 언급을 회피하고 스크린쿼터를 폐지하면 문화 정체성을 잃게 될 것이라는 점만을 되풀이 강조하여 국민정서에 호소하면서 동시에 BIT협정에 관한 비판으로 전선을 옮기는 전략을 구사하였다.

당시 한·미 BIT협정을 둘러싼 논쟁은 나중에 한·미 FTA협정의 투자분야 합의내용을 둘러싼 논쟁에서 온 국민이 훤히 그 내용을 알 만큼 언론에 되풀이 보도된 것이기 때문에 여기서 상세한 내용은 언급하지 않으려 한다. 스크린쿼터 문제는 추후 한·미 FTA협상 출범시 이른바 4대 선결조건의 하나로 논의되어 본협상 개시 전에 타결되었고, BIT협정은 대부분 한·미 FTA협정의 투자조항에 편입되어 마무리되었다.

이러한 타결방안은 내가 워싱턴에서 와이젤 USTR 부대표보에게 제시했던 방안과 맥락을 같이하는 것이었다. 미국은 스크린쿼터 문제를 FTA 협상 출범에 관한 우리 정부의 의지와 능력을 사전에 테스트하는 시험대의 하나로 삼았고, 우리 정부가 이를 해결할 의지와 능력을 보이자 마침내 한·미 FTA협상 출범에 합의했던 것이다.

하이닉스 문제와 주한 EU 대사

생사의 기로에 선 하이닉스

하이닉스 반도체는 1990년대 말 외환위기 당시 생사의 기로에 섰던 대표적인 우리 기업 중의 하나였다. 당시 산업은행이 하이닉스가 발행한 회사채를 일괄 인수하고 채권은행들이 채무이행을 연기해주지 않았다면 아마 지금의 하이닉스는 존재하지 않았을지도 모른다. 하이닉스의 경쟁업체였던 마이크론 테크놀로지가 이러한 조치에 대해 문제를 제기한 건 예상했던 일이었다. 마이크론사는 동 조치가 하이닉스를 구제하기 위한 부당한 조치이며 그 배후에는 한국 정부가 있다고 주장하고, 본사 소재지인 아이다호 출신 상원의원 두 명을 앞세워 우리 정부에 대해 하이닉스 지원중단을 촉구하는 한편 USTR에 대해서는 한국 정부를 WTO에 제소하라고 압력을 가하였다.

나는 2000년 봄에 워싱턴에 부임하자마자 거의 매일 이 문제를 붙잡고 씨름해야만 했다. USTR은 물론 미 의회와 업계를 상대로 마이크론사의 주장을 반박하고 우리 조치의 정당성을 열심히 설명하고 다녔다. 산은의 하이닉스 회사채 인수조치는 외환위기 와중에서 거의 작동하지 않던 채권시장의 비상한 상황에서 취해진 1년 시한의 잠정적 조치로서 하이닉스만을 대상으로 한 것이 아니라 자격요건을 갖춘 모든 기업들을 대상으로 한 조치이므로 WTO 규범에 위배되지 않으며 채권은행들의 채무이행 연기결정도 해당 은행들이 순전히 상업적 판단에 따라 취한 것이라는 점을 강조했다.

마이크론사와 미국 정부가 우리 주장을 받아들일 리는 없었다. 오히려 2년여 동안 집요하게 이 문제를 붙잡고 늘어졌다. 그럼에도 불구하고 이 문제가 WTO 제소라는 통상분쟁으로 불거지지 않았던 것은 미국이 당시 외환위기에서 아직 벗어나지 못하고 있던 우리의 전반적인 경제상황을 무시하고 그런 조치를 취할 경우 미국이 지게 될 외교적 부담을 고려하지 않을 수 없었기 때문이었다.

미국에 이어 하이닉스 때리기에 나선 EU

다행히 내가 워싱턴에서 귀국한 2002년 가을경에는 하이닉스가 어느 정도 위기상황에서 벗어나 정상적 경영상태를 회복하고 있었고, 정치권에서도 하이닉스를 살려야 한다는 데 여야가 한목소리를 내고 있었다. 한때 회생불능의 기업을 살리기 위해 정부가 무리수를 두고 있다고 비판하던 일부 정치인들마저 이러한 움직임에 동조하고 있었다.

그런데 내가 2003년 봄 지역통상국장에 임명되자 이번에는 EU가 문제를 제기하고 나섰다. 경쟁업체인 독일기업 인피니언이 배후에 있었다. 그해 초여름에는 우리 국회가 여야 합의로 결의안까지 채택하며 하이닉스를 살리기 위한 적극적 조치를 정부에 촉구하고 나섰다. 정부로서는 어떤 형태로든 국회 결의를 이행하기 위한 조치를 취하지 않을 수 없었다. 마침 그 무렵 주한 EU 회원국 대사들로부터 윤영관 외교통상부 장관을 오찬모임에 초청하고 싶다는 연락이 왔다. 나는 그 기회를 활용하는 것이 좋겠다고 생각하였다.

오찬장으로 가는 차 속에서 윤 장관에게 오찬 중 적절한 기회에 하이닉스 문제에 관한 우리 국회의 결의채택 사실을 언급하고 EU 각 회원국들이 이 문제를 단순히 상업적 이슈로만 바라보지 말고 국내 정치적 민감성을 고려하여 대처해 줄 것을 요청하는 것이 좋겠다고 건의하였다. 윤 장관은 고개를 끄덕이며 동의를 표했다.

다소 길어진 오찬이 끝날 무렵 내가 윤 장관에게 눈짓을 하자 장관은 나더러 직접 얘기하라고 마이크를 내주었다. 나는 최근 국회 결의채택에서 보듯이 하이닉스 문제는 단순한 개별기업의 문제가 아니라 매우 민감한 국내정치 문제이니만큼 EU집행위가 이 문제에 관한 결정을 내림에 있어 한·EU 관계 전반을 고려하여 줄 것을 요청한다고 하고, 방금 얘기한 것은 윤 장관의 허가를 받고 한 것이므로 본부에 외교통상부 장관의 메시지로 보고해 주길 바란다고 발언하였다. EU 대사는 내가 한 얘기를 EU집행위 본부에 보고하겠다고 하고, 참석한 각 회원국 대사들도 본국 정부에 따로 보고할 것으로 안다고 덧붙였다.

주한 대사의 보고가 촉발한 한·EU 갈등

이틀 후는 토요일이었다. 출근하자마자 책상 위에 놓여있는 서류 더미에서 희한한 전문 하나를 발견하였다. 주EU 우리 대사의 전문 보고였다. 내용인즉 그 전날 점심시간에 우리 대사가 피터 칼 EU집행위 대외통상 총국장의 갑작스런 호출로 집행위에 불려갔는데, 그가 우리 외교부 지역통상국장이 주한 EU 회원국 대사들에게 하이닉스 문제로 협박을 하였다면서(threatened) 통상문제에 대해 EU 회원국들을 상대로 이런 행위를 하는 것은 EU 내부문제에 부당한 간섭을 하는 것이라고 주장하고, 앞으로 이런 일이 재발할 경우 EU로서도 상응하는 조치를 취하지 않을 수 없다고 강력히 항의하더라는 것이었다.

나는 어이가 없었다. 곧바로 차관실로 올라가 김재섭 차관에게 전후 사정을 보고하였다. EU집행위가 이런 어이없는 반응을 보인 것은 주한 대사가 내가 한 말을 왜곡하여 본부에 보고하였기 때문이 틀림없다고 하고, 즉각 EU 대사를 초치하여 엄중 경고해야겠다고 덧붙였다. 김 차관은 그렇지 않아도 아침에 전문을 읽고 내가 어떻게 했기에 브뤼셀에서 그런 내용의 전문이 날아온 것인지 궁금했었다면서 주한 EU 대사를 불러 적절히 주의를 주라고 하였다. 사무실로 돌아오자마자 나는 EU 대사에게 월요일 아침 9시에 내 사무실로 들어오도록 연락하라고 담당과에 지시하였다.

월요일 아침에 출근하자마자 EU 대사가 내 사무실로 찾아왔다.

나는 굳은 얼굴로 그를 맞이하고는 곧바로 본론으로 들어갔다. 주
EU 대사 보고전문 내용을 언급한 후, "도대체 오찬장에서의 내 발
언 어느 부분이 당신에게 협박으로 느껴졌느냐?"고 따져 물었다.

주한 EU 대사는 긴장한 모습이면서도 억지로 태연한 척하며 웃옷
속에서 페이퍼를 꺼내 탁자에 올려놓더니, "이건 며칠 전 산자부 차
관보로부터 받은 비공식문서(non-paper)인데 마지막 문단을 읽어 보
시지요"라고 말했다. 그가 건네준 페이퍼 뒷부분을 읽어 보니 "만약
EU가 하이닉스 문제와 관련하여 어떤 조치를 취하기만 하면 우리 정
부도 그에 상응하는 대응조치를 취할 것"이라는 요지의 문안이었는
데 다소 표현이 거칠었다. EU 대사는 그런 내용의 산자부 페이퍼를
받고 며칠이 지나지 않아 외교통상부 장관과의 오찬에서 내가 또다
시 하이닉스 문제를 거론하였기 때문에 자기로서는 이를 협박
(threat)으로 받아들일 수밖에 없었다고 항변하였다.

나는 "설사 산자부 페이퍼가 다소 거친 표현으로 되어 있었다 하
더라도 한·EU 관계를 원만히 관리하고 불필요한 오해의 소지를 줄
이기 위해 노력해야 할 주한대사가 오히려 사실을 과장하여 문제를
확대한 게 잘한 일이냐? 그리고 그렇게 느꼈다면 외교통상부 담당국
장인 내게 솔직히 얘기하고 사태를 원만히 수습하기 위해 함께 노력
하는 게 당신이 먼저 했어야 할 일이 아니냐? 당신은 외교의 ABC도
모르는 사람 아니냐?"고 질책하고 앞으로 언행을 신중히 할 것을 당
부하였다.

그런데 며칠 후 EU 대사는 한 국내언론과의 인터뷰에서 하이닉

스 문제를 공개적으로 거론하면서 하이닉스에 대한 우리 정부의 지원은 WTO 규범을 위반한 것으로서 부당한 조치라고 발언하였다. 하이닉스 문제가 얼마나 민감한 국내정치적 이슈인지 아직 깨닫지 못하고 있음이 분명하였다.

이번엔 이 기사를 본 김현종 통상교섭조정관이 EU 대사를 자기 사무실로 불러 대단히 직설적이고 거친 표현을 써가며 그를 몰아세웠다. 배석한 직원이 전해준 얘기에 의하면 EU 대사는 면담 후 접견실을 나서면서 "제가 내일부터 본국으로 휴가여행을 떠나게 되어 있는데 다시 돌아올 수는 있는 건가요?"라며 혼잣말처럼 중얼거리더란다. 자신이 한국 정부로부터 기피인물(*persona non grata*)로 찍힌 게 아닌가 걱정된다는 뜻이었다.

한·미 FTA협상 정지작업

한·미 FTA에 대한 미국의 무관심

2003년 10월에 나는 지역통상국장을 맡은 후 처음으로 한·미 통상 현안 분기별 점검회의의 우리측 수석대표 자격으로 워싱턴을 방문 했다. 회의 하루 전날 웬디 커틀러 USTR 대표보를 사무실로 찾아 갔다. 와이젤 부대표보의 후임으로 한국 담당 부대표보를 맡고 있던 에이미 잭슨도 자리를 함께하였다. 커틀러 대표보는 내가 워싱턴에 서 참사관으로 있을 때 일본을 담당하고 있었기 때문에 서로 이름은 알고 지냈지만 직접 만나 대화할 기회는 없었다. 내가 귀국한 후 USTR의 직제 개편으로 한국을 포함한 동북아 담당 대표보(차관보) 가 되어 있었다. 면담 말미에 내가 한·미 FTA 애기를 꺼냈다.

"지금까지 USTR이 FTA에 관한 정책연설이나 협상 대상국을 대 외에 발표할 때 한국을 거론한 적이 단 한 번도 없었어요. 농산물 시 장개방 문제를 논의할 때마다 매번 홍역을 치르고 스크린쿼터 문제 에 발목이 잡혀 아직까지 BIT 협상을 마무리하지 못하는 우리의 모습을 보며 미국이 어떤 생각을 하고 있을지는 알겠습니다. 그런데 가까운 장래에 협상을 개시할 FTA 대상국 명단(*short list*)에서 한국을 빼놓는 건 이해할 수 있지만, 잠재적 FTA 대상국 명단(*long list*)에서까지 누락시키는 건 이해할 수 없어요. 이는 미국이 한국을 아예 FTA 대상국으로 고려하지도 않고 있다는 잘못된 메시지를 서울에 보내는 것입니다. 우리가 국내에서 한·미 FTA를 추진하기 위한 사전 정지(整地) 작업이라도 하려면 미국이 먼저 우리와 FTA를 체결하는 데 관심을 보여주어야 하지 않나요?"

"무슨 말인지 알겠어요."(I hear you)

미국이 움직이기 시작하다

커틀러 대표보의 반응은 긍정적이었고 후속조치도 예상보다 빨랐다. 그해 12월 로버트 죌릭 미 무역대표가 미국의 통상정책에 관한 의회 청문회 연설에서 처음으로 한국을 잠재적 FTA 대상국의 하나로 거론한 것이다.

그로부터 두 달이 지난 2004년 2월에 이번에는 김현종 통상교섭조정관이 오타와로 날아가 한·캐나다 FTA협상 개시 문제에 관해 캐나다 정부 고위관계관과 비공식 협의를 하고 돌아왔다. 김 조정관이 캐나다와 FTA 문제를 비공식 논의한 것은 미국의 뒷마당에서 FTA 협상 개시 문제를 협의함으로써 미국을 FTA 논의의 장으로 끌어들이려는 다분히 의도된 전략이었다.

미국의 반응은 역시 빨랐다. 김현종 조정관이 오타와에서 돌아온 며칠 후 미국에서 연락이 왔다. 한국이 어떻게 미국을 제쳐 놓고 캐나다와 먼저 FTA 문제를 논의할 수 있느냐면서 불만을 털어놓더란다. 캐나다가 농산물 수출대국이므로 우리가 캐나다와 먼저 FTA 협상을 개시할 경우 미국이 같은 농업수출 경쟁국으로서 수수방관하지는 못할 것이라는 김 조정관의 계산이 맞아 떨어진 것이었다.

당시 김 조정관과 나는 한·미 FTA 논의를 개시할 필요가 있다는 데에는 뜻을 같이하고 있었지만, 워싱턴과 오타와에서 각각 FTA 문제를 비공식 협의한 것은 서로 상의 없이 각자가 알아서 한 행동이었다.

그리고 석 달이 또 흘러 5월이 되었다. 이번에는 샤이너 USTR 부대표가 서울을 찾아왔다. 허바드 주한 미국 대사가 관저에서 주최한 조찬 모임에 황두연 통상교섭본부장과 내가 초청을 받아 참석하였다. 미국에서는 샤이너 부대표를 수행하여 방한한 커틀러 대표보도 자리를 함께하였다. 식사를 하며 대화를 나누던 중 내가 샤이너 부대표에게 말을 건넸다.

"작년 10월 워싱턴 출장시 웬디를 만나 한·미 FTA 문제를 논의한 적이 있는데 그 내용을 보고받으셨는지 궁금합니다."

"물론이지요. 그래서 이렇게 제가 서울에 오지 않았습니까?"

그녀의 답변은 자신의 주된 방한 목적이 한·미 FTA 문제에 대한 메시지를 전달하는 데 있음을 분명히 한 것이었다. 그날 오후 샤이너 부대표는 주한 미 상공회의소가 주최한 오찬 연설에서 "미국은 한국과 FTA를 체결하는 데 커다란 관심을 갖고 있다"(We have tremendous interests in concluding an FTA with the Republic of Korea) 라고 발언하였다. 이는 미국 행정부의 고위관료가 서울을 방문하여 한·미 FTA 체결문제에 대한 적극적 입장을 공개적으로 언급한 최초의 발언이었기 때문에 큰 의미를 갖는 것이었으나, 우리 언론에서는 이를 간파하지 못했는지 별다른 관심을 보이지 않았다.

FTA를 한·미 정상회담의 의제로?

나는 샤이너 부대표의 발언내용을 반기문 외교부 장관과 청와대 정책실 및 국무총리실에 즉각 보고하였다. 한덕수 국무조정실장은 관련내용을 다음 날 노무현 대통령이 주재하는 조찬회의에서 보고하였으나 노 대통령은 별다른 반응을 보이지 않았다고 한다. 그때만 해도 노 대통령은 한·미 FTA에 대해 큰 관심을 두지 않고 있었음이 분명하다. 마침 그때는 노 대통령의 방미를 앞두고 있던 시점이어서 나는 샤이너 부대표의 발언내용과 시기가 특별한 함의를 갖고 있다고 판단하였다. 한·미 FTA를 양국 정상회담 의제로 올리는 방안을 장관에게 건의해야겠다고 생각하고 검토 보고서를 작성하여 반기문 장관에게 대면 보고하였다.

"장관님, 샤이너 부대표가 이 시기에 서울에 와서 공개적으로 한·미 FTA에 관한 관심을 표명한 건 특별한 의미가 있습니다. 우리도 움직이라는 메시지를 보낸 것이지요. 한·미 FTA는 경제적 측면에서뿐만 아니라 전략적 측면에서도 큰 의미를 갖는 것이니 적극 검토할 필요가 있다고 봅니다. 특히 노무현 정부 들어 안보분야에서 다소 껄끄러워지는 한·미 관계에 균형을 맞추기 위해서는 긍정적이고 미래지향적인 어젠다가 필요한데, FTA가 바로 그런 역할을 할 수 있습니다. 지금 논의를 시작한다 하더라도 정식 협상이 출범하려면 최소한 몇 년은 걸릴 것이기 때문에 지금 프로세스를 개시한다는 것 자체만으로도 매우 중요한 의미를 갖는다고 봅니다."

반 장관은 고개를 끄덕이더니 페이퍼를 김숙 북미국장에게 갖다주고 청와대와 의논해 보라고 지시하였다. 나는 김 국장에게 페이퍼와 장관 지시를 전달하고 청와대와 협의해 줄 것을 요청하였다. 이후 북미국을 통해 청와대와 정상회담 의제를 논의하는 과정에서 FTA 문제를 포함시키는 방안이 거론되기는 하였으나 정상회담 최종 의제에 포함되지는 못하였다. 청와대를 설득할 만큼 준비가 되어 있지 않았고 사전 정지작업도 하지 못한 결과였다.

한·미 FTA 문제가 다시 추진력을 얻어 공식 협상에까지 이르게 된 것은 그해 여름 김현종 조정관이 본부장으로 승진한 이후였다. 김 본부장은 노 대통령의 해외순방 때마다 통상장관 자격으로 수행하였는데 그 기회를 활용하여 노 대통령에게 수시로 한·미 FTA협상 개시를 건의하였고 끈질긴 설득 끝에 이듬해인 2005년 가을경에 노 대통령의 승낙을 얻어 낸 것으로 안다.

한 · 일 FTA협상과 일본의 실책(失策)

일본이 FTA 협상 제 1후보?

2003년 2월 노무현 정부 출범 당시 우리나라는 전 세계에서 단 한 개의 FTA도 체결하지 못하고 있던 몇 안 되는 나라 중의 하나였다. 무역으로 먹고사는 나라로서 FTA 체결은 당연한 정책적 선택이었어야 했고, 분야별, 품목별로 끊임없는 시장개방 압력을 가하고 있던 미국, EU와의 통상마찰을 근원적으로 해소하기 위해서도 이들 국가들과 포괄적인 FTA를 체결하는 것이 최선의 방안이었지만, 시장개방에 대한 국민적 합의가 결여되어 있었고, 취약한 농업은 물론 상대적으로 경쟁력이 있는 제조업 분야에서도 시장개방에 대한 내부저항이 워낙 강력하였기 때문에 현실적으로 FTA 체결을 적극 추진하기는 어려웠다. 그러나 WTO 출범 이후에도 양자 FTA 체결 수가 계속 급증하여 WTO 다자무역체제 훼손이 우려될 만큼 FTA 체결이 대세로 자리 잡아가고 있었기에 우리만 뒷짐 지고 서 있을 수 있는 형편이 아니었다.

이러한 상황에서 제일 먼저 FTA 체결국 후보로 떠오른 나라가 일본이었고, 실제로 김대중 정부시절 한·일 FTA 체결을 위한 정지작업으로 양국간 공동연구가 추진되기도 하였다. 양국간 미래지향적인 새로운 파트너십을 구축한다는 1998년 김대중 - 오부치 선언의 정신을 실현한다는 의미를 갖는 것이었지만, 한·일 양국이 서로를 FTA 체결 대상국 제1후보로 선택한 보다 현실적인 이유는 양국 모두 농업이 가장 취약한 나라였기 때문에 민감한 문제인 농산물 시장 개방을 서로 피해 가면서 FTA 체결을 추진할 수 있으리라는 막연한 기대 때문이었다는 게 솔직한 평가일 것이다.

그러나 한·일 FTA가 체결될 경우 제조업 분야가 심대한 타격을 입을 것이기 때문에 실제 협상에 돌입하기 위해서는 제조업계와 이를 관장하는 산업자원부를 설득하는 게 만만치 않은 일이어서 실은 국내 정지작업도 생각만큼 쉬운 일은 아니었다.

그럼에도 불구하고 내가 지역통상국장으로 부임하였을 때에는 한·일 FTA 협의가 공동연구 단계를 지나 이미 본격적인 협상단계에 진입하고 있었다. FTA 협상은 당시 외교통상부 직제상 다자통상국장이 담당하게 되어 있어서 나는 일본과의 양자 통상관계를 담당하는 주무국장으로서 협상 진전상황을 모니터하면서 협상을 측면 지원하는 일에 치중하였다.

일본의 오판(誤判)

2003년 12월에 서울에서 열린 1차 협상에 이어 한 달 후 2차 협상이 동경에서 열릴 만큼 초기 단계에서 양측은 협상에 적극적 자세로 임하는 듯이 보였다. 그러나 우리측 수석대표로 임명된 김현종 통상교섭조정관은 일본을 우리의 첫 번째 FTA 협상 대상국으로 삼는 것 자체에 대한 회의적인 시각에서 협상전략을 전면적으로 재검토하려 하고 있었고, 일본도 말로는 높은 수준의 FTA를 체결하자고 하면서도 실제 협상에서는 공산품 시장개방에만 관심을 보이는 이중적 태도를 보여 협상은 실질적 진전을 이루지 못하고 있었다.

더구나 2004년 6월에는 제주도에서 열린 한·일 정상회담을 앞두고 그 준비과정에서 아주국에서 올린 한·일 FTA 관련 보고내용과 김현종 조정관이 비공식 채널을 통해 대통령께 보고한 내용이 서로 달라 한바탕 소동을 겪었고, 그 무렵 방한한 일본 외무성의 사사에 아주국장이 청와대를 찾아가 김 조정관의 소극적 태도가 협상 부진의 주원인이라고 뒷담화를 하는 일까지 발생하여 이래저래 양측이 상호 신뢰 속에 협상을 추진하기가 점점 더 어려운 분위기가 되어가고 있었다.

이런 상황에서 일본 경제산업성이 헛발질까지 하는 바람에 협상 분위기는 더욱 나빠졌다. 우리 정부가 공산품 시장개방에 소극적일 것으로 지레 짐작한 일본 경산성은 2004년 가을 우리에게 비공식 협의를 통해 사전에 공산품 시장개방률을 서로 공개하자고 제의해 왔다. 우리는 농수산품도 포함시켜 높은 수준의 개방률을 제시하자는 조건을 붙여 비공식 협의에 동의하였다. 그런데 막상 만나 얘기해 보니 우리측이 제시한 개방률은 공산품과 농수산품 모두 90%를 넘어섰지만 일본측이 제시한 개방률은 공산품은 90% 이상이었으나 농수산품은 60%에도 훨씬 못 미치는 수준이었다.

일본이 머쓱해졌을 것은 당연한 이치였지만, 우리도 일본이 그 정도로 농수산품 시장개방에 소극적일 줄은 몰랐기에 어이가 없었다. 우리는 약속대로 양측이 제시한 개방률을 공개하자고 했지만 일본은 이에 동의하지 않았다. 터무니없이 낮은 농수산품 개방률을 내놓기가 민망하기도 했겠지만, 협상이 지지부진한 게 한국이 아니라 오히려 일본 때문이라는 게 만천하에 공개되는 것이 두려웠을 것이다.

일본의 속내가 드러난 이상 우리는 이를 협상에 적극 활용하여야 했다. 일본이 공산품과 농수산품 모두 90% 이상의 개방률을 제시하지 않는 한 협상을 지속할 이유가 없다면서 농수산품 개방률을 더 높이라고 압박했다. 일본으로서는 우리를 공격하려다가 오히려 수세적 입장으로 몰리게 되었다. 그 결과 협상은 휴면상태로 들어가게 되었는데, 일본은 우리 정부 내 여러 경로를 통해 협상을 계속하자고 압력을 넣으면서 통상교섭본부가 양허안(讓許案) 교환 자체를 거부하는 비정상적 행태를 보이고 있어 협상이 교착상태에 빠져 있다는 터무니없는 주장을 하고 돌아다녔다.

적반하장(賊反荷杖)이었지만, 일본이 거리낌 없이 공개적으로 이런 주장을 하였던 걸 보면 위에 언급한 경산성과의 비공식 협의내용이 상부에 제대로 보고되지 않았고 일본 정부 내에서 공유되지도 않은 것 같았다.

나는 2004년 가을 동경에서 개최된 한·중·일 통상국장 회의를 계기로 만난 일본 정부 고위관계관들과 재계인사들의 태도에서도 그런 느낌을 강하게 받았다. 그들은 한결같이 일본은 높은 수준의 한·일 FTA를 체결할 준비가 되어 있는데, 한국이 전혀 그럴 준비가 되어 있지 않다는 인식을 갖고 있었고, 심지어는 내게 한국은 FTA가 뭔지나 알고 협상하는 거냐는 오만불손한 태도를 보이기도 했다.

외무성에서 만난 야부나카 외무심의관(차관보)조차 우리의 소극적 태도 때문에 협상이 지지부진한 것으로 알고 있어 나는 위의 경산성과의 비공식 협의내용을 알려주면서 일본 정부 내에서 정보공유가 제대로 이루어지지 않는 것 같다고 얘기해 주었다. 일본경제단체연합회(게이단렌) 산하 싱크탱크에서 만난 통상전문가 한 사람은 전혀 기대 이하의 식견을 가진 사람이어서 겉도는 대화만 하다 돌아왔고, 경산성에서 만난 사노 심의관(차관보)과의 면담은 엉뚱하게도 장시간 FTA에 대한 그의 '강의'를 듣는 것으로 시작되었다.

시작과 끝이 달랐던 일본 경산성 차관보와의 면담

그래도 사노 심의관과의 면담은 불편하게 시작하여 훈훈하게 마무리되어 나쁜 기억만 남지는 않은 만남이었다. 그는 나를 만나기 몇 달 전 제2차 한·일 FTA 협상차 방일한 김현종 조정관과도 만났는데 그때도 서로 매우 불편한 감정을 갖고 면담을 끝냈다고 들었기에 나는 마음의 준비를 단단히 하고 그를 찾아갔었다.

사노 심의관을 만나러 간 날 그는 일부러 나를 사무실 밖에서 몇 분 동안 서서 기다리게 했다. 기다리는 사이 방 안에서 그가 누군가와 한참 의논하는 소리가 들려왔다. 수행한 김진욱 서기관이 귀 기울여 듣더니 웃으면서 내게 하는 말이 내가 들어오면 자기가 상석에 앉을지, 아니면 자리를 내려앉아 손님에 대한 예를 갖출지 부하에게 물어보고 있다는 것이었다. 그가 어떤 성격의 인물인지 대충 짐작이 갔다.

잠시 후 비서의 안내를 받아 사무실에 들어갔더니 예상했던 대로 그는 상석인 자기 자리에 그냥 서서 나를 맞이하고는 그 자리에 그대로 앉았다. 자리에 앉자마자 그는 몸을 뒤로 젖히며 내게 FTA에 대해 일장 '강의'를 하였다. 나는 중간에 말을 끊고 들어가려다가 마음을 바꿔 거의 30분 동안 그의 '강의'를 잠자코 들어주었다.

그의 말이 끝나자 나는 "이제 내 말을 해도 되겠냐?"고 묻고는 내 '강의'를 시작하였다. 정확히 30분 동안! FTA뿐 아니라 협상론까지 들먹여가며 생각나는 대로 말을 이어갔다.

그런데 내가 말을 이어가는 동안 그의 태도가 조금씩 바뀌는 걸 느낄 수 있었다. 뒤로 젖혔던 그의 몸이 점점 앞으로 움직이더니 나중에는 나를 향해 돌아앉아 무릎이 닿을 정도로 내게 다가앉는 것이었다. 당초 30~40분 정도로 예상했던 면담은 2시간 가까이 계속되었고 강의와 같은 독백으로 시작한 면담은 시간이 가면서 주고받는 대화와 논쟁으로 바뀌었다. 배석한 김진욱 서기관의 표현에 의하면 마치 무협소설의 한 장면을 보는 느낌이었다고 한다. 1합, 2합이 이어지면서 흥미진진해지는 검투처럼 ….

면담이 끝난 후 사노 심의관은 엘리베이터 앞까지 배웅을 나와 내게 정중히 작별인사를 했고 다시 만나고 싶어 했다. 몇 년 후 내가 제네바에서 차석 대사로 있을 때 은퇴를 앞둔 그로부터 편지 한 장을 받았는데 은퇴 후 만날 수 있기를 바란다는 말이 써 있었다. 아쉽게도 그와의 재회는 이루어지지 않았지만, 한·일 FTA를 생각할 때면 그의 얼굴이 떠오르곤 한다.

우리가 한·일 FTA협상을 중단한 채 미국, EU, 중국 등 거대 교역국들을 포함하여 무려 50여 개국과 동시다발적으로 FTA 협상을 추진하는 과정을 지켜보면서 일본 경산성 내 전략가라는 평판이 있던 그가 과연 어떤 생각을 하였을지 궁금할 때가 있다.

한·중 쌀 협상에서 얻은 교훈

미국과 중국의 '밀당'

2004년 쌀 문제가 다시 최대의 통상 현안으로 부상했다. 1994년 우루과이라운드(UR) 협상의 결과로 우리나라가 예외적으로 확보한 '쌀에 대한 관세화(tarrification) 유예기간 10년'이 만료되는 해였기 때문이다. UR 협상 당시에는 가장 중요한 이해 당사국인 미국만 설득하면 되었지만, 10년 후 제2차 관세화 유예협상을 했을 때에는 이미 중국이 WTO에 가입한 후였기 때문에 또 다른 이해 당사국인 중국과도 힘겨운 협상을 벌여야만 했다. 그런데 협상과정에서 미·중 양국이 묘한 행태를 보였다. 협상 초기부터 양국이 우리에게 밉보이지 않으려고 이른바 '밀당'을 하는 것이었다.

쌀 문제가 우리 국내적으로 얼마나 민감한 사안인지를 잘 알고 있는 양국은 상대국에 앞서 우리와 먼저 협상하는 걸 무척 꺼리는 눈치였고, 심지어는 협상장소도 서울보다는 워싱턴이나 북경을 선호하면서 상대국 수도에서 먼저 협상이 이루어지길 희망하였다. 협상과정이 우리 국내언론에 과도하게 부각되는 걸 피하고 싶었고, 상대 국보다 먼저 우리에게 압력을 행사하는 모습을 보이기 싫었던 것이다. 더욱 흥미로웠던 것은 중국이 우리나라 쌀시장 개방의 주범(?)이라는 오명을 뒤집어쓰지 않으려고 중도에 과감하게 양보하는 모습을 보이는 전략을 구사하였다는 점이다.

통상 이익보다는 전략적 이익을 챙기는 중국

미·중 양국과의 쌀 협상이 한창 진행 중이던 어느 날 김현종 통상교섭본부장에게 보시라이 중국 상무부장으로부터 "중요한 메시지를 전달할 게 있어 내일 몇 시간 일정으로 방한할 예정이니 만나자"는 전화연락이 왔다.

보 부장은 다음 날 방한하자마자 김 본부장 사무실로 달려와 "중국은 지금까지의 협상결과로 만족하니 더 이상의 요구를 하지 않고 여기서 협상을 마무리하겠다"면서 큰 생색을 내고는 곧바로 북경으로 돌아갔다. 더 협상을 해 봐야 크게 얻을 건 없고 한국민으로부터 미움만 살 게 뻔하니 적당한 수준에서 이익을 챙기고 공을 워싱턴으로 넘기자는 심산이었을 것이다.

중국이 협상과정에서 이런 행태를 보인 것은 미국과는 달리 자국민의 상업적 이익을 양보하거나 포기하면서까지 국가의 전략적 이익을 추구할 수 있고 일단 전략적 결정이 내려지면 아무런 장애 없이 즉각 이행할 수 있는 체제라는 데 근본 원인이 있겠지만, 미·중 양국이 우리와의 갈등 현안을 다루면서 서로 눈치를 보며 악역을 떠넘기려 했다는 것은 양국과의 외교현안을 다루는 우리의 대응자세와 협상전략에 중요한 시사점을 제공해 주는 것이다.

제 8 장

WTO 의장:
도전과 기회, 그리고 보람

WTO 정부조달위원회 의장

의장을 맡아 달라는 미국의 요청

2005년 2월 나는 차석대사가 되어 제네바에 다시 부임하였다. 1996년 가을부터 2000년 봄까지 3년 반이나 살았던 곳이어서 모든 게 편안하게 느껴졌다. 살레브산 밑에 자리 잡은 집도 전에 살던 레만호 근처의 집과는 사뭇 다른 분위기여서 새로운 맛이 있었다.

그런데 두 번째 근무하러 온 내게 제네바가 심술을 부리는 것 같았다. 부임하자마자 지독한 감기에 걸려 한 달가량을 몹시 앓았다. 겨우 몸을 추스르고 일을 챙기기 시작하던 무렵 하루는 김동배 서기관이 내 방에 찾아왔다.

"대사님, 오늘 미국 대표부 직원이 대사님이 부임하셨느냐고 묻길래 그렇다고 하니까, 정부조달위원회 의장직을 맡아 주실 수 있는지 여쭤봐 달라고 하였습니다."

"난 정부조달에 대해 아는 게 없는데?"

"그 친구 얘기는 정부조달협정 개정협상이 중요한 시점에 와 있고 특히 대만의 정부조달협정 가입 문제가 중국의 반대로 몇 년째 해결되지 않고 있어 협상에 돌파구를 마련하기 위해 의장직을 대사급으로 높이기로 회원국들이 합의하였답니다. 마땅한 사람을 찾고 있는데 워싱턴에서 조 대사님이 이번에 부임하게 되어 있으니 한번 의사를 타진해 보라고 지시를 내린 모양입니다."

정부조달 분야에 문외한이었지만 워싱턴에서 나의 제네바 부임까지 챙기며 관심을 보이고 있다는 사실이 싫지 않았다.

"회원국들이 컨센서스로 내게 의장직을 맡아 달라고 요청하는 것이라면 한번 맡아 보지 뭐."

며칠 후 미국대표부 관계관이 김동배 서기관을 통해 회원국들이 컨센서스로 나를 의장에 선임하기로 결정하였음을 통보하여 왔다. 미국이 회원국들을 직접 접촉하여 합의를 이끌어냈다는 후문이었다.

정부조달협정은 WTO 회원국이면 모두 자동으로 당사국이 되는 협정이 아니라 가입을 원하는 국가들에게만 개방된 이른바 복수국 협정(*plurilateral agreement*)인데, 당시에는 미국, 27개 EU 회원국, 일본, 캐나다, 스위스, 노르웨이 등의 선진국들과 한국, 싱가포르, 홍콩 등 선발 개도국을 포함하여 40개국만 가입해 있었고, 그에 따라 협정 당사국이 참여하는 정부조달위원회도 비교적 단출한 위원회였다. 그런 연유로 의장도 그때까지는 참사관급 외교관이 맡았는데 대만 가입문제를 해결하고 협정 개정협상에도 돌파구를 마련하기 위해 대사급으로 격상시킨 것이었다. 내가 대만, 중국과 모두 가까운 한국 출신인 데다 미국, EU 등과의 협상경험도 많으니 자신들과 소통이 잘될 것으로 기대했었던 것 같다. 아울러 이참에 거대한 조달시장으로 떠오르고 있는 중국의 조기가입도 유도해 보고자 하는 것이 그들의 속셈이었다.

WTO 출범 후 마무리된 최초의 다자통상협상

정부조달위원회 의장직을 맡았던 2005년 봄부터 제네바를 떠날 때까지의 2년은 내게 참으로 보람된 시간이었다. 6년 가까이 진척이 없던 협정 개정협상을 마무리하는 성과를 거두었기 때문이다.

당초 회원국들이 내게 의장직을 맡아 달라고 요청한 주된 이유가 정부조달협정 개정협상을 마무리해 달라는 것이긴 하였지만 2~3년 내에 협상이 완료되리라 기대했던 나라는 거의 없었다. 당연히 협상이 마무리되기까지의 과정은 쉽지 않았다. 선진국간에도 개별이슈마다 입장이 서로 달랐고, 개도국들도 선진국과는 또 다른 이해관계를 갖고 있어서 컨센서스를 이루기가 어려웠다. 전자입찰 등 조달시장의 변화를 반영하여 관련규범을 새로 마련하는 작업에 초점이 맞추어져 있었기 때문에 더욱 그러하였다. 회의도 협정 텍스트를 스크린에 띄워 놓고 그때그때 협상결과에 따라 일일이 문안수정 작업을 하는 방식으로 진행되어서 목도 아프고 눈도 침침하여 집에 돌아오면 꼼짝도 하기가 싫었다.

그러나 나는 외무부 조약국 시절부터 이런 일에는 익숙해 있었고 제네바 참사관 시절에도 분쟁해결 업무를 맡아 변호사들과 법률논쟁을 많이 해보았기 때문에 일 자체가 힘들지는 않았다. 오히려 내 나름대로의 경험과 지식을 살려 의장으로서의 권위도 지킬 수가 있었다. 대부분이 변호사 출신인 서방 선진국 대표들이 종종 자질구레한 법률논쟁으로 쓸데없이 시간을 허비할 때면 과감히 상황을 정리하고 보다 핵심적인 이슈로 논의를 좁혀 나가곤 하였다.

그런 내 모습이 불안했던지 하루는 나를 보좌하기 위해 의장석 옆에 앉아 있던 WTO 사무국의 오튼 국장이 내 귀에다 대고 목소리를 낮게 깔며 말하였다.

"의장은 회의를 원만하게 진행하는 데 주력하는 게 좋습니다. 너무 자기 견해를 강하게 주장하면 회원국 대표들의 반발을 초래할 우려가 있으니까요."

표현은 점잖았지만 나를 가르치려는 듯한 태도가 좀 거슬렸다. 나는 아무 대꾸도 하지 않고 내 식으로 계속 회의를 진행하였다. 미합의 상태에서 괄호 속에 남겨져 있던 조항들을 하나씩 괄호를 벗겨 나가기 시작하였다.

2006년 가을까지 예닐곱 차례의 협상을 거쳐 상당 부분 합의에 도달하였을 무렵 나는 이제 협상에 박차를 가해 최종 마무리를 해야겠다고 다짐하였다. 마냥 실무대표들에게 협상을 맡겨 놓았다간 끝없는 법률논쟁으로 그해를 또 넘길 것 같았기 때문이었다.

회의종료를 하루 앞둔 날 오후 나는 회의를 진행하다가 적절한 시간에 정회를 선언하고 오튼 국장과 함께 그의 사무실에서 일괄타결을 위한 의장안을 작성하기 시작하였다. WTO 사무국의 앤더슨 참사관에게는 회원국들에게 두 시간 후에 회의를 속개한다고 통보하라고 지시한 후 그때까지 괄호 속에 남아있던 조항들을 죽 열거해 놓고 하나씩 최종 타협안을 만들어 나갔다. 두 시간이 지나 회의장에 들어가니 각국 대표들이 이미 돌아와 자리에 앉아 있었다. 내가 작성한 의장안을 배포한 후 간략히 언급하였다.

"방금 배포된 문서는 협상을 일괄타결하기 위해 의장자격으로 내가 만든 최종 타협안입니다. 수정 없이 그대로 수락할지 여부에 관해 본부에 청훈한 후 내일 오전 10시까지 답을 가지고 오시기 바랍니다."

놀란 표정을 짓는 그들의 얼굴을 보며 나는 자리에서 일어났다.

다음 날 아침 집에서 곧바로 회의장으로 직행하였다. 개회를 선언하고 각국 대표들의 발언을 요청하였다. 놀랍게도 의장안을 수락하지 못하겠다는 나라는 단 한 나라도 없었다. 모두들 의외라는 표정을 짓더니 일제히 자리에서 일어나며 환호하였다. 돌아가며 한마디씩 마무리 발언을 하는데 협상이 종료된 것은 다 내 리더십 덕분이라는 덕담 일색이었다. 인사치레로 하는 말이려니 하면서도 그때만큼은 액면 그대로 믿고 싶었다. 나조차도 전혀 기대하지 않았던 결과였기 때문이다.

WTO 사무총장과 회원국들의 치하 편지

그해 12월에 열린 마지막 WTO 일반이사회(General Council) 회의에서 나는 정부조달위원회 의장 자격으로 협상결과를 보고하면서 이렇게 발언하였다.

"이번에 정부조달협정 개정협상이 마무리된 것은 어려운 문제들에 대한 합의를 이루려는 정치적 의지가 WTO 안에 아직 살아 있음을 보여주는 것입니다."

나는 그날 회의에서 직속상관인 최혁 주제네바 대사가 무역관련 지재권(TRIPS) 위원회 의장 자격으로 마무리한 최빈개도국에 대한 의약품 특례에 관한 협상결과도 함께 언급하며 한국이 WTO 협상 진전을 위해 리더십을 발휘하고 있음을 은근히 과시하였는데, 의장석에 앉아 있던 파스칼 라미 WTO 사무총장이 내 말에 동의한다는 듯이 나를 보며 빙그레 웃었다. 며칠 후 나는 라미 사무총장으로부터 편지 한 통을 받았다. 거기엔 이렇게 씌어 있었다.

"당신의 리더십 아래 정부조달협정 개정협상이 완료된 것을 축하합니다. 2006년을 이보다 더 멋지게 마무리할 수는 없을 것입니다."

당시는 DDA 협상이 지지부진하여 WTO의 신뢰성이 도전을 받고 있었을 때라 비록 복수국 협정이긴 하지만 정부조달협정의 개정협상이 6년 만에 마무리되었다는 사실은 라미 사무총장에게는 가뭄에 내린 단비와 같았을 것이다. 그는 며칠 후 WTO 전 직원에게 보낸 신년 메시지에서도 정부조달협정 개정협상 완료를 예로 들면서 2007년에도 WTO 협상에 가시적 성과를 거둘 수 있도록 노력해 줄 것을 당부하였다고 한다.

2007년 1월 통상교섭조정관(차관보)으로 발령받아 귀국하기에 앞서 정부조달위원회 회원국 대표들에게 이메일로 작별인사를 보냈다. 영전 축하인사가 담긴 그들의 답신 중에는 평소 내게 무뚝뚝하게 대하던 캐스퍼 미국 대표부 참사관의 이메일도 들어 있었다.

"당신의 리더십 덕분에 협상이 마무리되어 감사합니다. 저는 2000~2003년에도 정부조달협정 개정협상에 관여한 적이 있는데, 그때는 협상을 끝낸다는 것 자체가 불가능하다고 생각했었습니다. 솔직히 지금도 개정협정 텍스트가 내 손에 있다는 게 믿어지지 않습니다."

대만 가입 문제를 둘러싼 중국과 대만의 갈등

나를 포함해서 그 어느 누구도 기대하지 않았던 정부조달협정 개정협상을 끝내는 성과를 거두었지만, 유감스럽게도 내가 힘들여 성사시키고자 했던 대만 가입 문제는 중국의 완강한 태도로 결국 마무리짓지 못하고 말았다.

대만은 그때 이미 가입협상을 일찌감치 끝낸 상태였지만 가입 문서에 표기될 대만 정부기관의 명칭이 문제의 발단이었다. 공교롭게도 협정의 이름 자체가 정부조달협정이었고 협정이 적용될 대상도 정부기관이었기 때문에 명칭표기 문제를 피해 갈 수가 없었다. 물론 대만의 정부기관 이름은 국방부, 외교부와 같이 주권국가가 쓰는 명칭을 사용하고 있었지만 중국이 아무런 유보도 없이 이를 허용할 리가 없었다. 대만은 WTO 내에서 'Chinese Taipei'라는 명칭을 사용하기로 이미 합의되어 있었기 때문에 국호(國號)와 관련한 분쟁은 없었고 대만의 정부기관 이름도 그 자체를 변경하라고 요구할 수는 없는 문제였기 때문에 중국도 명칭 변경을 요구하지는 않았다. 다만 "이 협정에서 사용되는 어떤 명칭도 주권(sovereignty)을 의미하지 않는다"는 문안을 가입문서 맨 앞 페이지에 명기할 것을 요구하였다. 그런데 대만은 가입문서 첫 페이지에 그런 문안을 명기하는 것은 수용할 수 없다고 완강히 버텼다.

나는 통상장관을 지낸 대만 대표와 차석 및 중국 대사와 공사를 번갈아 만나며 가능한 타협안을 만들어 보려 최선을 다하였다. 말하자면 제네바 시내에서 셔틀 외교를 한 것이다. 대만은 중국이 요구하는 주권개념 관련문안은 수용하겠다는 입장이었으나 체면상 그런 문안을 가입문서 맨 앞에 명기하는 건 받아들이기 힘들었던 모양이다. 나는 대만이 주권문제와 관련한 중국의 문안을 수용한 것만으로도 큰 양보라는 생각이 들었고 내심 대만의 처지가 안타깝기도 하여 가급적 중국을 설득하여 문제를 해결하고자 노력하였다. 주권개념 관련문안을 가입문서 첫 페이지가 아닌 주석으로 처리하거나 아니면 가입문서에는 언급하지 않고 대만과 같이 국가가 아닌 특수한 엔티티의 정부조달협정 가입에 관한 별도의 결정문(decision)을 마련하여 그곳에 주권개념 관련 내용을 삽입하는 방안을 가지고 중국을 설득하여 보았다. 그러나 중국 대사는 이 문제는 상무부가 아닌 외교부 소관이며 사안의 성격상 외교부로서도 전혀 타협의 여지가 없는 문제라고 완강한 태도를 보였다.

대만 대표부의 차석은 나와 아주 가깝게 지낸 친구였고, 대만 대표도 종종 나를 골프와 오·만찬에 초청하여 각별히 예우해 주던 사이여서 개인적으로 참 마음이 아팠으나 결과적으로 아무런 도움을 주지 못하였다. 그때 대만을 도와주지 못한 게 늘 마음에 걸려 나는 그 후에도 어디를 가나 대만 외교관들을 만나면 최대한 성의 있게 대하려 노력하였다. 우리도 1990년대 초반까지만 하더라도 국제사회에서 대만과 별로 다를 바 없는 처지가 아니었던가.

다행히 2009년에 대만 가입절차가 마무리되었다는 소식이 제네바에서 들려왔다. 어떻게 문제가 해결된 것인지 궁금하여 가입문서의 관련조항을 찾아보았더니 2007년에 내가 의장 자격으로 만들어 놓았던 위의 절충안이 그대로 반영된 문안으로 되어 있었다. 세월이 약이었던 것이다. 오랫동안 담아 놓았던 마음의 빚을 한꺼번에 갚은 느낌이었다.

한국인 최초의 WTO 분쟁패널 의장

손꼽는 대형 WTO 분쟁의 패널 의장이 되다

2005년은 내게 감투 복이 많은 해였다. WTO 정부조달위원회 의장에 피선되자마자 또 다른 의장직을 제의받았기 때문이다.

부임 인사차 제네바에 본부를 두고 있는 국제기구의 수장들과 각국 대사들을 예방하느라 분주하던 어느 날 WTO 법률국 직원이 전화를 걸어왔다.

"혹 WTO 분쟁패널 의장을 맡아 주실 수 있는지요?"

뜻밖의 제안이었다. 2003년에 본부에서 지역통상국장을 하면서 도미니카 공화국과 온두라스 사이의 담배 분쟁 WTO 패널위원으로 임명되어 한 2년 일해 본 경험은 있지만, 재판장 격인 패널 의장을 맡아 본 적은 없었기 때문이다.

"무슨 분쟁인데요?"

"미국, 캐나다와 EU간의 쇠고기 호르몬 분쟁입니다."

미 · EU 쇠고기 호르몬 분쟁은 WTO에서도 손꼽는 대형분쟁 중의 하나였을 뿐만 아니라 미국과 EU, 캐나다라는 무역 대국들이 분쟁 당사국이어서 정치적 비중도 큰 사건이었다. 그런 분쟁의 재판장을 맡으라니 마음에 부담이 되지 않을 수 없었다.

"분쟁 당사국들이 나를 의장으로 선임한 건가요?"

"아닙니다. 분쟁 당사국들이 패널구성에 합의하지 못했기 때문에 수파차이 WTO 사무총장이 임명하는 겁니다. 아직 최종결정은 내리지 않았지만 당신이 의장직을 수락하겠다는 의사를 밝히면 곧바로 선임절차에 들어갈 계획입니다."

"하루만 시간을 주시겠습니까? 본국 정부와도 의논해야 할 사항이니까요."

사실 패널의장 자리는 개인자격으로 제의를 받은 것이기에 정부의 허가가 필요한 사항은 아니었고, 설사 허가가 필요한 사항이라 하더라도 본부에서 내가 의장직을 맡는 걸 반대할 이유는 없었다. 생각할 시간이 필요했을 뿐이었다. 그때까지 WTO 패널위원 활동을 해 본 한국인은 나와 안호영 다자통상국장, 서울대 법대의 장승화 교수 등 세 사람뿐이었다. 의장직을 맡아 본 사람은 아무도 없었던 때라 내가 수락의사를 밝히면 한국인으로서는 최초의 WTO 패널의장이 되는 것이었다. 한국인에게 처음 찾아온 기회를 단지 부담스럽다는 이유 하나만으로 내칠 수는 없었다. 나는 의장직을 수락하기로 마음먹고 다음 날 그렇게 통보하였다.

며칠 후 WTO 사무총장 명의로 패널구성 사실이 언론에 발표되었는데 함께 일할 동료 패널위원으로는 우루과이 외무차관 윌리엄

엘러스와 콜롬비아 출신 변호사인 클라우디아 오로스코가 선임되었다. 두 사람은 모두 내가 제네바에서 참사관으로 있던 시절 분쟁해결기구(DSB) 회의에서 함께 일한 적이 있었다. 윌리엄은 아주 점잖은 외교관이었지만 클라우디아는 자기주장이 강한 율사였다. 그녀와 나는 한·콜롬비아 섬유 분쟁시 각각 양국 정부대표로 섬유모니터링기구(TMB: Textile Monitoring Body) 회의에 참석하여 격렬한 법률논쟁을 벌인 적도 있었다. 다행히 그때 우리가 이겼는데 그 이유 때문인지 그녀는 그 후 WTO 회의장에서 나를 만나도 눈인사조차 건네지 않았었다. 그녀와는 조금 껄끄러운 사이였지만 어쨌든 다양한 성격의 사람이 모였으니 이번 패널은 잘 조화된 인선이란 생각이 들었다. 다만 제네바 주재 차석대사인 내가 의장이 되어 외무차관인 윌리엄을 동료 패널위원으로 두고 패널심리를 주재하는 것이 좀 미안하긴 하였다.

서울에서는 신문사와 방송사들이 "한국인 최초의 WTO 분쟁패널 의장 선임"이란 제목으로 보도하는 바람에 친지들로부터 축하전화도 받았고 국내 라디오 방송과 인터뷰도 하였다. 덕분에 돌아가신 아버님 함자까지 기사에 등장하여 모처럼 효자 노릇도 한 셈이었다.

WTO 최초의 공개패널 의장이 되다

언론에 이름도 나오고 주변에서 칭찬과 격려도 받았지만 차석대사로서 임무를 수행하며 동시에 패널 의장직을 수행한다는 것이 그리

쉬울 것 같지 않았다. 무엇보다도 사건의 비중과 분쟁 당사국의 WTO 내 위상이 중압감으로 다가왔다. 이런저런 걱정을 하며 관련 자료를 뒤적이던 어느 날 WTO 법률국 직원이 또 전화를 걸어왔다.

"한 가지 알려 드려야 할 사항이 있어 전화했습니다."

"무슨 일인가요?"

"분쟁 당사국인 미국, 캐나다, EU가 패널심리를 공개하기로 합의를 본 것 같습니다. 아마 조만간 패널심리 공개를 요청하는 서한을 보내올 것 같은데 그렇게 되면 패널이 이 문제에 대한 판정 (ruling) 부터 해야 할 것 같군요."

설상가상(雪上加霜) 이라더니 대형분쟁의 재판장을 맡은 것만 해도 부담스러운데 까딱하다간 갓트 시절부터 60년 가까이 비공개로 진행되던 패널심리를 최초로 공개하는 사건의 재판장을 맡게 될 팔자가 된 것이다. 패널심리 공개여부는 1990년대 후반부터 시작된 WTO 분쟁해결협정(DSU) 개정협상에서도 뜨거운 논쟁의 대상이었는데, 선진국들은 수십억 달러의 상업적 이해가 걸려 있는 패널심리 절차가 밀실에서 투명하지 않게 진행되고 있다는 시민사회의 비판과 압력에 부딪혀 공개할 것을 주장하였고, 개도국들은 패널심리를 공개하는 것은 정부간 기구의 기본성격에 반한다는 이유로 강한 반대입장을 고수하여 그때까지 합의를 보지 못하고 있었다.

그런데 공교롭게도 이 사건은 분쟁 당사국들이 모두 패널심리 공개를 주장하던 선진국들이었기 때문에 이 기회에 자신들이 힘을 합쳐 패널심리를 공개하는 첫 번째 선례를 만들어 놓기로 작정한 것이었다.

며칠 후 분쟁 당사국들이 공동서한으로 패널심리 공개를 공식요청했고, 패널심리 일정을 협의하기 위해 열린 패널과 분쟁 당사국간 1차 회의에서 재차 구두로 공개를 요청하였다. 다른 두 명의 패널위원들은 각자의 일정 때문에 제네바로 출장 올 형편이 못되어 이 회의에 참석하지 않았기 때문에 나만 참석하였고, 브루스 월슨 WTO 법률국장을 비롯한 관계관들이 배석하였다. WTO 회원국들이 몇년 동안이나 협상을 해도 합의하지 못한 사안에 대해 내가 패널 의장으로서 사실상 결론을 내려야 하는 어려운 상황에 부딪히게 된 것이다. 어떤 결정을 내리든 반대편으로부터 심한 비판을 받을 것을 각오해야만 했다.

나는 며칠 동안 DSU 규정을 샅샅이 뒤져가며 우회적으로라도 패널심리 공개를 금지한 규정이 있는지 면밀히 검토했다. 그런데 이전에 DSU 개정협상에 참여했을 때에는 보이지 않았던 미세한 용어상 차이가 눈에 띄었다.

패널과 상소기구의 심리절차 비공개를 각각 규정한 DSU 14. 1조와 17. 10조가 비공개 대상 절차를 각각 다른 단어로 표기하고 있었다. 패널의 경우는 '패널 토의'(*panel deliberations*) 가 공개되어서는 안 된다고 표현한 반면, 상소기구의 경우는 '상소기구의 심리'(*proceedings of the Appellate Body*) 가 공개되어서는 안 된다는 표현으로 되어 있었다. 패널의 '토의'(*deliberations*) 는 의장을 포함한 패널위원 3인간의 내부 토의를 의미하는 것이기 때문에 분쟁 당사국이 패널과 자리를 함께하는 패널 '심리'(proceedings)와는 구별되는 것이므로 14.1조가 패널의 내부 '토의'를 공개하는 것은 명백히 금지하고 있지만 '심리' 공개를 금지한 규정은 아니라는 생각이 들었다. 확인할 길은 없지만 UR 협상 당시 협상가들도 이 점을 염두에 두고 주도면밀하게 다른 용어를 사용한 것이라는 추정도 무리한 것이 아니었다.

나는 분쟁해결 절차의 투명성 제고라는 합목적적 판단에 입각한 판정이 아니라 협정의 명문 규정에 대한 해석을 근거로 판결을 내릴 수 있는 여지를 확보하였다는 데 일단 안도하였다. 두 개 조문에 대한 나의 해석을 근거로 판정을 내릴지, 아니면 여타 관련규정을 종합적으로 분석하여 결론을 내릴지는 동료 패널위원들과 상의해 봐야 할 일이었지만, 두 개 조문의 용어상의 차이를 확인한 것은 내가 소신을 갖고 최종 판정을 내릴 수 있는 힘이 되어 주었다.

동료 패널위원들도 패널심리를 공개한다는 대원칙에 반대하지 않았다. 문제는 어떤 법적 근거를 가지고 패널심리 공개를 결정할 것이며 공개방식은 또 어떻게 할 것인가였다. 우리는 제네바에서 모이기도 하고 전화로 몬테비데오와 브뤼셀, 제네바를 연결하는 삼각회의도 해가면서 수많은 시간을 토의하여 마침내 결론을 내렸다. DSU 근거규정을 적시하지는 않고 "관련 규정을 종합분석한 결과 패널심리를 공개하기로 결정"하였다는 점과 "패널심리는 WTO 대회의실에 CCTV를 설치하여 원하는 방청객들에 한하여 제한적으로 공개"하기로 하였음을 대외에 발표하였다. 인터넷으로 공개하는 방안까지 검토되었으나 아직은 시기상조라는 의견이 강하여 그렇게 결정하였다.

몇 개월 후 1차 공개 패널심리가 있던 날 제네바와 워싱턴, 브뤼셀의 통상전문지는 물론 월스트리트저널(WSJ)도 최초의 패널심리 공개사건이라는 데 초점을 맞추어 크게 기사화했다. 갓트와 WTO 분쟁사를 통틀어 60년 만에 최초의 공개패널 의장이 한국인이라는 사실도 언급되었다. WTO 분쟁사상 중요한 의미를 갖는 결정을 내가 했다는 건 그 책임도 떠맡아야 하는 것이기에 큰 부담이었지만 동시에 개인적 영광이요 행운이 아닐 수 없었다.

미·EU 쇠고기 호르몬 분쟁의 배경

미·EU 쇠고기 호르몬 분쟁은 이미 수년 전에 1차 분쟁에서 EU가 패소한 사건이었다. 내가 의장을 맡게 된 사건은 1차 분쟁의 패널판정 이행 여부를 둘러싼 DSU 규정의 해석과 적용에 관한 2차 분쟁이었는데 DSU 관련 규정이 명확하지 않아 사실상 판결을 통한 입법을 시도해야 할 만큼 힘든 사건이었다. 이른바 패널판정 불이행과 이에 따른 상대국의 보복조치 이후의 상황에 관한 분쟁이었는데 UR 협상 당시 협상가들이 미처 그 단계까지는 생각이 미치지 못해 세부규정을 마련해 놓지 못하였기 때문이다.

이런 이유로 이 문제는 뉴라운드 협상의 틀 속에서 이루어졌던 DSU 개정협상에서도 가장 의견대립이 심한 이슈였으나 뉴라운드 협상이 결렬되면서 DSU 개정협상도 함께 중단되어 그때까지 아무런 진전을 보지 못하고 있었다. 이런 상황에서 실제 분쟁이 발생했는데, 패널이 기존의 DSU 협정이 이 부분에 대해 명료하게 규정하고 있지 않다는 이유로 판결을 회피할 수는 없는 것이었다. 기존의 협정을 해석, 적용하여 어떻게든 판정을 내려야만 했다.

분쟁의 경위는 이렇다. 미국에서는 성장 촉진 호르몬을 주사하여 기른 소를 도축한 쇠고기를 시중에 판매하는 것은 물론 해외에 수출까지 했지만, EU는 성장 촉진 호르몬을 주사한 쇠고기가 인체에 유해하지 않다는 것이 과학적으로 입증되지 않았다는 이유로 수입금지 조치를 취했다. 이에 대해 미국이 과학적 타당성을 결여한 수입금지 조치는 WTO 식품위생검역(SPS) 협정 위반이라고 주장하며 EU를 WTO에 제소했고, WTO 패널은 심리 끝에 미국의 손을 들어주었다. EU는 WTO 상소기구에 상소하였으나 상소기구에서도 패널의 결정이 올바른 판정이라고 판시했다. 그러나 EU는 패널과 상소기구의 판정에 불복하여 수입금지 조치를 해제하지 않았다. 이에 따라 미국은 WTO 분쟁해결기구(DSB)의 허가를 얻어 1억 달러에 달하는 보복조치를 취했다.

EU로서는 미국의 보복조치를 마냥 내버려 둘 수도 없고 그렇다고 미국산 쇠고기에 대한 수입금지 조치를 해제할 수도 없는 상황이었다. 궁여지책으로 EU는 기존 패널판정을 이행한다는 차원에서 새로운 과학적 조사를 실시하였으나 여전히 성장 촉진 호르몬이 인체에 유해하지 않다는 과학적 입증이 어렵다는 결론에 도달하여 수입금지 조치를 해제하지 않았다. 그러나 EU는 기존 패널의 결정이

"수입금지 조치를 해제하라"는 것이 아니라 "WTO 규정에 합치하도 록 고치라"는 것이었기 때문에 새로운 과학적 조사를 실시하였다는 사실 그 자체가 기존 패널의 판정을 이행한 것이라고 주장하고, 미 국이 EU의 이행조치에도 불구하고 보복조치를 철회하지 않는 것은 DSU 규정 위반이라면서 미국을 WTO에 제소하였다. 그것이 바로 이번 사건의 핵심이었다.

1차 분쟁이 EU의 수입금지 조치가 WTO 식품위생검역(SPS) 협 정에 위배되는지의 여부에 관한 분쟁이었다면, 이번 2차 분쟁은 EU 가 주장하는 이행조치 이후에도 미국이 보복조치를 철회하지 않고 있는 것이 WTO 분쟁해결협정(DSU)에 위배되는 것인지의 여부에 관한 분쟁이었다. 쉽게 말하면 전자는 실질사항(*substance*)에 관한 분쟁이었고 후자는 절차사항(*procedure*)에 관한 분쟁이었다.

EU가 이 문제를 WTO에 끌고 온 것은 사건을 해결하기 위해서라 기보다는 1차 분쟁 패널판정을 이행하지 않고 있다는 국제사회의 비 판을 피하면서 동시에 미국의 보복조치를 당하고 있는 상황에서 EU 집행위가 아무 노력도 하지 않고 있다는 내부 여론의 비판도 잠재우 기 위한 것이었다는 게 당시 내 판단이었다.

그러나 한편으로는 미국이 여러 해 동안 계속 보복조치를 취하는 것도 정상적 상황은 아니었다. 미국의 보복조치가 비록 WTO 분쟁 해결기구의 허가를 받은 것이긴 하지만, DSU 규정상 보복조치는 '잠정적'(*temporary*) 조치로서 최단기간 내에 해제되어야 하는 것이 기 때문에 무기한 허용하기도 어려운 것이었다.

재판장석에서 느꼈던 소회(所懷)

나는 두 차례에 걸쳐 진행된 공개 패널심리에서 양측 주장의 논리적 맹점을 지적하며 최대한 중립적 입장에서 균형을 취하기 위해 노력했다. 때로는 의도적으로 까다롭고 골치 아픈 질문들을 던졌는데 어떤 변호사는 내 질문에 답을 하면서 입에 침이 마르는지 연신 물을 들이켜는 모습도 보였다. WTO 대회의실 의장석에 앉아 동료 패널 위원들과 WTO 법률국 변호사들을 옆에 앉히고 미국과 EU, 캐나다의 쟁쟁한 변호사들을 내려다보며 패널심리를 주재하면서 느낀 감정은 쉽게 표현하기 어려운 것이었다. 불과 얼마 전까지만 하더라도 바로 그들이 앉았던 그 자리에서 내가 그들의 까다로운 질문에 답을 하기 위해 진땀을 흘린 기억이 아직도 생생히 남아 있었기 때문이다.

2년에 걸친 패널심리의 상세한 내용을 여기 다 기록하기는 어렵고 그럴 필요도 없다. 다만 패널은 EU의 조치가 1차 패널판정을 이행한 것인지의 여부에 관하여는 미국의 손을 들어주었고, EU가 주장하는 이행조치 이후에도 미국이 보복조치와 관련하여 아무런 조치를 취하지 않은 것은 DSU 규정위반이라고 EU 편을 들어주었다는 것만 밝힌다. 패널의 이러한 판정은 유감스럽게도 상소기구에서 상당부분 번복되었다. 개인적으로 상소기구 판정에 동의하기 어려운 부분이 많지만 사건 자체가 애당초 불투명한 DSU 규정을 해석하는 최초의 시도였기 때문에 있을 수 있는 결과였다고 생각한다.

나는 존재하지 않는 규범을 판결을 통해 해석하여야만 하는 상황에서 장래에 있을 수 있는 유사한 분쟁을 해결할 수 있는 규범적 근거를 제시하여야 한다는 소신을 갖고 상소기구보다 적극적인 해석을 시도하였을 뿐이다.

기회는 항상 도전과 함께 온다

패널 의장직은 개인자격으로 맡은 일이었기 때문에 대표부 직원들로부터는 아무런 도움도 받지 않았고, WTO 사무국 관계관들의 보좌만 받으며 순전히 나 혼자 재판장 업무를 감당하느라 기력이 많이 소진되었다. 사무실에서 할 수 있는 일들이 아니었기에 매일 퇴근 후 집에서 컴퓨터 앞에 앉아 판결문 요지와 방향을 정하고 동료 패널위원, WTO 사무국 직원들과 이메일을 교신하느라 팔꿈치통증까지 생겨 한동안 고생하기도 했다. 그냥 교신하는 게 아니라 법률문제에 관한 내 생각을 정리하여 논리적이고 정확한 영어로 전달해야 하는 일이었기에 온 정신을 집중하여 시간과 에너지를 쏟아 넣어야 했기 때문이다.

더구나 동료 패널위원 중 클라우디아는 자기주장이 강하고 성격도 직선적이어서 나와 의견이 다를 경우엔 쉽게 물러서지 않았기 때문에 그녀를 설득하여 같은 결론을 이끌어내는 작업은 여간 어려운 게 아니었다. 처음엔 내 의견을 먼저 얘기하여 일찌감치 방향을 정하는 것이 서로를 위해 좋겠다고 생각했는데 그녀가 종종 반대의견을 내는 바람에 그녀를 설득하느라 고생한 적이 한두 번이 아니어서 나중에는 가급적 다른 사람들의 의견을 먼저 듣고 내가 결론을 내는 식으로 정리하는 요령이 생겼다.

두 차례에 걸친 공개 패널심리 후에는 보건위생 분야에서 세계적으로 권위 있는 전문가 6명을 불러 패널심리와 똑같은 방법으로 이틀 동안 공개 협의회도 가졌다. 이른바 '법정조언자 제도'(*amicus curiae*)를 활용하여 권위 있는 전문가들의 참고의견을 듣기 위한 회의였다. 그런데 이 회의는 보건위생 분야에서도 고도로 전문적이고 기술적인 사항들을 다룬 회의였기에 전문 의학용어가 하도 많아 내용을 이해하기조차 어려워 공개 패널심리보다 회의를 주재하기가 훨씬 더 어려웠다.

기회는 노력하고 준비된 사람에게 찾아오지만, 항상 도전과 부담이 함께 따라온다. 미·EU 쇠고기 호르몬 분쟁패널 의장 경험을 통해 나는 그 도전에 용기 있게 맞설 수 있어야만 기회가 온전한 내 것이 되며, 그 도전을 감당해 냈을 때 그만큼 성장한 자신을 발견하게 된다는 걸 깨달았다.

숨 막히는 교섭현장의
마지막 순간들

한·미 FTA협상의 마지막 일주일

제네바에서 지켜본 한·미 FTA협상 출범

나는 2004년 말경부터 한·미 FTA 문제에 관해 노무현 대통령이 긍정적 입장으로 선회하고 있다는 걸 김현종 본부장으로부터 전해 들어 알고는 있었으나, 협상이 공식 출범하는 모습은 보지 못한 채 2005년 2월 주제네바 대표부 차석대사 발령을 받아 서울을 떠났다.

그리고 1년 후 한·미 FTA협상이 공식 출범하였다. 제네바에서 그 소식을 들으며 만감이 교차하였다. 정지작업만으로도 몇 년은 걸릴 것으로 예상했던 한·미 FTA협상이 불과 2년 만에 공식 출범하게 된 것이 믿어지지 않으면서도 또 한편으로는 과연 국민이 기대하는 만큼의 협상결과를 얻어 낼 수 있을지 걱정스러웠다. 노무현 대통령이 우리 대표단에게 국내 정치나 외교안보 문제 같은 것들은 신경 쓰지 말고 오직 '장사꾼의 논리'로만 협상하라고 거듭 강조하였다는 기사를 읽으면서 나는 협상 그 자체보다 협상결과를 국민에게 납득시킬 일이 더 걱정되었다.

왜냐하면 한·미 FTA협상이란 쉽게 단순화해서 얘기하면 98%
정도 열려 있는 미국 시장과 90%가량 열려 있는 우리 시장을 모두
100%에 가까운 수준으로 열자는 협상이기 때문에 협상결과를 '장
사꾼의 논리'로만 홍보하면 8%의 차이를 설명할 길이 없기 때문이
었다. 산술적 계산만으로는 측정할 수 없는 우리 경제제도의 선진화
와 국가경쟁력 향상이나 국민 후생복지 증진, 그리고 상업적 이익보
다 훨씬 더 큰 전략적 이익을 빼놓으면 일반 국민의 눈에 한·미
FTA는 밑지는 장사로 비칠 소지가 크기 때문이었다.

김현종 본부장과 통화할 기회만 있으면 나는 국내언론에게 너무
상업적 이익만을 강조하면 나중에 협상결과를 홍보(sale) 하기가 어
려워지니 이 점을 염두에 두고 홍보대책을 강구할 것을 조언했다.
그러나 눈에 보이지 않는 이익을 가지고 반대론자들을 설득하기는
어려웠고, 더구나 한·미 FTA의 전략적 이익을 강조하기엔 노무현
정부의 외교정책 노선이 너무 왼쪽에 가 있었다. 다만 한 가지 다행
스러웠던 것은 노 대통령의 그런 방침이 우리 대표들로 하여금 미국
과의 협상에 당당한 자세로 임하게 하는 힘의 원천이 되었고, 김 본
부장과 수석대표인 김종훈 대사의 날카로운 외모와 언행, 스타일도
국민들에게 투사의 이미지를 각인시켜 주어 우리가 적어도 미국에
저자세로 질질 끌려가는 인상을 주지는 않았다는 점이다. 나중에 협
상이 마무리되었을 때 국민들의 환호와 언론에 회자되었던 '검투
사', 'FTA 전사' 등의 용어가 이를 웅변적으로 말해 준다.

나는 그런 모습들을 멀리 제네바에서 지켜보면서 마음 깊은 곳으

로부터 동료들에게 성원과 박수를 보내며 현장에 함께 있지 못한 미안함과 아쉬움을 달래곤 하였다. 그러던 내가 다시 지근거리에서 협상에 관여할 기회를 갖게 된 건 2007년 1월 통상교섭조정관(차관보)으로 발령을 받고 귀국한 후였다.

미측이 제시한 시한은 가짜시한?

그때는 한·미 FTA협상이 막바지 단계에 접어들었을 시기여서 김현종 본부장은 다른 일에 신경을 쓸 겨를이 없었기 때문에 통상교섭본부의 일상업무는 내가 주로 챙겨야 했다. 한·미 FTA협상에는 내가 직접 참여할 입장이 아니었으나 본부에서 협상관련 이슈들을 협의하는 자리에는 김 본부장이 나를 꼭 참석시켜 내 의견을 묻곤 하였기 때문에 협상전략이나 주요쟁점에 관한 입장을 수립하는 데 나름대로 기여할 수는 있었다.

2007년 3월 말 서울 하얏트 호텔에서 개최된 최종협상 마지막 주에 나는 협상대표들을 응원하기 위해 퇴근길에 하얏트 호텔을 찾았다. 협상시한을 이틀 앞둔 3월 28일 저녁이었다. 그런데 우리 대표단이 작업중이던 호텔 CP에 들어서는 순간 분위기가 이상하다는 생각이 들었다. 미국과 20여 년 동안 협상을 해본 내 경험에 비추어 보면 그때쯤이면 협상이 정신없이 돌아가고 있어야 정상인데 CP가 너무 조용하고 한가로웠던 것이다. 김 본부장과 김종훈 수석대표도 커피를 마시며 쉬고 있었다. 의아한 생각에 내가 물었다.

"왜들 이렇게 한가로이 쉬고 계시는 겁니까?"

"미국이 전혀 움직이지 않고 있어요. 그래서 이렇게 기다리고 있는 중입니다."

"협상시한이 이틀밖에 남지 않은 시점에서 미국이 이렇게 한가로이 시간을 보낼 리가 없어요. 협상시한이 정말 3월 30일이 맞는지 다시 한 번 체크해 보시는 게 좋겠어요."

동석한 직원 한 명이 대답했다.

"워싱턴 로펌에도 여러 번 문의해 보았는데 3월 30일이 협상시한이 맞답니다."

미국의 통상법상 행정부에 협상권한을 위임한 무역촉진권한 (TPA: Trade Promotion Authority) 시한이 6월 30일이고, TPA가 만료되기 90일 이전에 협상을 끝내야 하기 때문에 워싱턴 시각으로 금요일인 3월 30일 밤 12시(서울시간으로 토요일인 3월 31일 오후 1시)가 법정시한이라는 것이었다. 나는 과연 그럴까 의심스러웠다.

"3월 30일이 협상시한이라면 지금쯤 미국은 우리를 세차게 몰아붙이고 있어야 정상이에요. 내 경험상 이건 정상이 아닙니다. 협상시한이 가짜인 게 틀림없어요. 시한을 핑계로 금요일까지 우리를 몰아붙여 겉옷을 다 벗겨 놓은 다음에 시한을 연장하는 척하고는 진짜 시한까지 계속 팔을 비틀어 나머지 속옷까지 다 벗기려는 속셈이에요. 그러니 금요일까지 우리 카드를 다 보여줘서는 안 됩니다. 마지막 카드는 남겨두어야 합니다."

다들 내 얘기를 귀담아들으면서도 선뜻 동의하고 나서는 사람은 없었다. 그도 그럴 것이 나는 협상에서 한 발짝 벗어나 있는 사람이었기에 편하게 이런 얘기를 할 수 있었지만 김 본부장이나 김 대사는 협상을 직접 책임지고 있었기에 섣불리 결론을 내릴 수 없었을 것이다.

나는 협상이 종료될 때까지 며칠간은 한 발짝 떨어져서 상황을 판단할 수 있는 사람이 현장에 하나쯤은 있어야겠다고 생각했다. 장기나 바둑을 둘 때도 기사보다는 옆에서 훈수를 두는 사람이 때로는 판을 더 잘 읽는다고 하지 않았던가. 내가 그 역할을 수행하기로 마음먹고 이튿날인 목요일에도 저녁에 하얏트 호텔을 찾았다. 협상은 그때까지도 별다른 진전이 없었다.

"조정관님, 잘 오셨어요. 얼른 본부장님 방에 들어가 보세요."

김원경 과장이 나를 보더니 반가워하며 호텔 방으로 나를 밀어 넣었다. 그날은 마침 중동 순방 중이던 노무현 대통령이 미국 요청으로 부시 대통령과 통화하기로 되어 있던 날이었는데, 김 본부장은 양국 정상간 통화 이전에 노 대통령에게 협상 진전상황을 보고하려고 노 대통령의 전화를 기다리던 중이었다. 잠시 후 카타르에서 노 대통령이 전화를 걸어왔다.

"무슨 일로 전화를 한 겁니까?"

"대통령님, 죄송합니다. 협상에 전혀 진척이 없습니다. 미국이 도무지 움직이질 않고 있습니다. 자동차 하나만 내주고 다른 건 다 챙긴 채 협상을 끝내려 하는 것 같습니다. 이대로 가다간 협상이 깨질지도 모르겠습니다."

"협상을 깨겠단 말인가요?"

수화기 너머 들리는 노 대통령의 목소리가 차분했다.

"아닙니다, 대통령님. 마지막까지 최선을 다하겠습니다만 협상이 깨질 수도 있다는 걸 염두에 두어야 할 상황이라는 겁니다. 대통령님께서 조금 이따 부시 대통령과 통화하실 때 혹 협상이 거의 다 끝난 것으로 판단하시고 얘기를 나누실까 봐 미리 상황을 보고드리고자 전화를 드렸습니다."

이어 김 본부장은 쇠고기 문제에 대해 노 대통령이 답변할 내용에 관한 자신의 생각과 주요쟁점에 관한 협상경과에 대해 간략히 설명하였다. 잠시 후 노 대통령의 목소리가 들렸다.

"알겠습니다. 마지막까지 잘해 보세요. 끊습니다. 수고하세요."

협상이 결렬될 수도 있는 상황이었음에도 노 대통령은 별다른 지침을 내리지 않았다. 김 본부장에게 모든 걸 일임하였던 것이다.

"대통령께서 나를 이렇게 믿고 모든 걸 맡기셨는데, 협상이 깨지면 어떡하지요? 대통령께 너무 죄송해서 말입니다."

김 본부장 얼굴에 수심이 가득하였다.

노무현 대통령이 최대의 협상카드?

과거에는 미국과의 중요한 협상이 미국의 완강한 태도로 결렬위기에 처했을 때 본부 고위층에서는 미국의 요구를 최대한 수용하는 선에서 타협하고 협상을 마무리하라는 지침을 내리는 게 상례(常例)

였다. 그런데 노 대통령은 달랐다. 똑 부러지게 그렇게 얘기하진 않았지만 정 안 되면 협상을 깰 수도 있다는 생각을 갖고 있었고, 그 결과를 감당할 준비도 되어 있었다. 나는 노 대통령의 이런 태도만큼 미국과의 협상에서 우리가 쓸 수 있는 유용한 무기는 없다는 생각이 들었다.

"본부장님, 미국은 지난 수십 년 동안 우리와 협상해 봐서 우리를 너무 잘 알기 때문에 지금 우리가 어떤 수를 쓰더라도 우리 속을 훤히 들여다볼 겁니다. 그런데 미국 사람들이 읽지 못하는 게 딱 하나 있어요."

"그게 뭔데요?"

"노 대통령입니다. 노 대통령은 전임자들과 달라서 무슨 생각을 하는지 미국 사람들이 예측하기가 무척 어려울 겁니다. 우린 이걸 최대한 이용해야 합니다. 미국 사람들에게 노 대통령이 이 협상을 언제라도 깰 준비가 되어 있다는 메시지를 보내세요. 그러면 미국이 분명히 움직일 겁니다. 노 대통령이라면 충분히 그럴 수도 있겠다는 생각이 들 테니까요. 미국은 협상을 깰 생각이 없으니까 우리가 깬다고 하면 오히려 미국이 시한에 쫓기는 결과가 되는 겁니다. 우리가 협상시한을 거꾸로 이용하는 겁니다."

옆에 있던 김원경 과장이 거들었다.

"저도 조정관님과 같은 생각입니다. 노 대통령을 무기로 우리가 미국을 밀어붙일 수 있고, 더 나아가 사실상 우리가 정한 시한에 따라 협상을 유리하게 끌어 갈 수도 있다고 생각합니다."

김 과장은 외교부에서 보기 드문 인재였고 성격도 온화하고 붙임성이 있어 내가 무척 아끼는 후배였는데, 역시 생각하는 게 달랐다. 나보다 한 수 더 앞을 내다보고 있었다.

그날 밤 김현종 본부장은 바티야 부대표를 만나 시치미를 뚝 떼고 협상을 깰 수밖에 없다는 메시지를 보냈다.

"시한이 하루밖에 남지 않았는데도 아무 진전이 없으니 협상이 타결될 가능성이 전혀 없는 게 아닙니까? 더 이상 협상을 끌지 말고 짐 싸서 워싱턴으로 돌아가세요."

"…… ."

김 본부장은 그날 오후 이미 김원경 과장에게도 협상이 결렬되었을 경우 대외에 발표할 문안을 준비해 두라고 지시했다고 한다. 김 과장이 발표문을 정리하고 있을 때 미국 대표 한 명이 전화로 "지금 뭐하고 있냐?"고 묻기에 "뭐 특별히 하는 일 없어요. 김 본부장 지시로 협상이 결렬되었을 때 대외에 발표할 문안을 준비하는 것 이외에는…"이라고 능청을 떨었다는 것이다. 수화기 너머 저쪽의 반응이 어땠을지는 짐작이 가지 않는가. 그날 밤 드디어 미국이 움직이기 시작했고 다음 날인 금요일 새벽에 바티야 부대표로부터 김 본부장에게 급히 만나자는 연락이 왔다. 자동차 관세철폐 시한과 관련하여 미국이 드디어 진전된 제안을 내놓은 것이다.

나는 금요일 저녁에도 퇴근길에 하얏트 호텔을 찾았다. 협상은 분명히 활기를 띠고 있었고, 특히 농업분야에서 긴박하게 움직이고 있었다. 미국은 그날 밤 11시 반까지 농업협상에서 더 이상 진전이 없으면 협상을 깨겠다고 배수진을 치고 나왔다. 그러나 예상했던 대로 11시 반이 지났는데도 미국은 판을 깰 움직임을 보이지 않았다. 미국은 급히 워싱턴에 보고하여 일요일인 4월 1일 밤 12시(서울 시간으로 월요일인 4월 2일 오후 1시)까지 협상시한을 연장해도 좋다는 지침을 받았다고 우리측에 알려 왔으나 그건 핑계였을 뿐 애당초 금요일은 진짜 협상시한이 아니었다. 법정시한인 3월 30일이 금요일 밤 12시이기 때문에 어차피 주말을 보내고 월요일인 4월 2일 오전에나 의회에 협상결과를 통보할 수밖에 없으므로 처음부터 협상시한을 워싱턴 시각 일요일 밤 12시로 융통성 있게 해석할 수 있는 여지가 있었던 것이다.

그날 밤늦게 집으로 돌아가기 위해 호텔을 빠져나오는데 로비에서 목이 빠지게 협상결과를 기다리던 취재진들이 내게 몰려들었다. 협상시한이 연장되었다는 사실을 취재진은 아직 모르고 있을 때였기 때문에 내가 한마디 하면 곧바로 모든 매체에 속보가 뜰 것이었다. 그러나 나는 아무 말도 하지 않았다. 협상시한 연장 사실은 공식 대표단 입을 통해 발표되어야 할 사항이었기 때문이다. 호텔을 빠져나가는 내 등 뒤에서 카메라 플래시가 마구 터지고 있었다.

집으로 돌아와 TV를 보니 협상시한이 연장되었다는 뉴스가 나오고 있었고, 호텔을 빠져나가는 내 뒷모습이 화면에 계속 비치고 있었다. TV를 보다가 새벽에 잠자리에 들었는데 김현종 본부장의 전화벨 소리에 잠이 깼다.

"지금 뭐하고 계세요? 호텔로 빨리 오시지 않고 ⋯."

김 본부장의 목소리가 다급하게 들렸다. 그렇지 않아도 주말 이틀은 대표단과 함께 협상현장을 지켜야겠다고 생각하고 있었는데 아침부터 나를 찾는 걸 보니 속이 많이 타는 모양이었다.

하얏트 호텔은 취재진으로 북적거리고 있었고 양국 대표들도 막바지 협상에 정신이 없었다. 김 본부장은 물론 김종훈 수석대표와 다른 동료들도 모두 조금만 건드려도 터질 것 같이 신경이 날카로워져 있었다. 과중한 책임감으로 극심한 스트레스를 받고 있는 김 본부장을 심리적으로 안정시키는 일이 무엇보다 급하고 중요한 일이었다.

토요일 저녁 김 본부장과 김종훈 수석대표는 분야별 협상대표들을 모두 대동하고 대통령께 협상결과를 종합 보고하기 위해 청와대로 올라갔다. 1~2분이 아까운 막바지 협상시기에 본부장과 수석대표는 물론 실무협상 책임자들까지 몽땅 자리를 비웠으니 미국이 얼마나 황당해했겠는가? 물론 그날 밤 청와대 보고는 최종협상 마무리 이전에 대통령께 종합보고를 할 필요성 때문에 이루어진 것이긴 하나 청와대 보고시점 이후에는 우리가 한 발짝도 더 물러설 수 없다는 걸 미국에 과시하기 위한 전술적 의도도 깔려 있었다.

일요일과 월요일 오전까지 미국이 세차게 우리를 몰아붙일 것이 뻔하므로 우리가 배수진을 치고 협상의 주도권을 빼앗아 와야 했기 때문이다. 미국이 판을 깰 의도가 전혀 없다는 것을 확인한 이상 이제는 우리가 월요일 오전까지의 협상시한을 역이용하여 미국을 몰아붙여야 했다. 그런 우리의 전략은 실제로 자동차, 농업 분야에서 미국으로부터 추가양보를 얻어내는 성과를 가져왔다.

한·미 FTA협상의 끝마무리 전략

협상 마지막 날인 월요일 오전 미국과의 최종담판을 앞두고 이른 아침에 김현종 본부장 주재로 구수회의(鳩首會議)가 열렸다. 미국이 마지막으로 요구할 사항을 하나씩 점검하고 우리의 대응전략을 강구하기 위한 것이었다. 그런데 미국 요구사항이 우리 요구사항보다 많아서 미국 요구에 하나하나씩 대응하다간 막판에 우리가 추가로 양보하지 않으면 안 될 상황으로 몰릴 우려가 있었다. 나는 양쪽 요구사항 중 합의 가능한 사항을 하나의 패키지로 묶어 일괄타결하지 않으면 미국이 마른 수건에서 물을 짜듯이 마지막 순간까지 계속 쥐어짤 것이라고 하고, 섬유 이외에 우리가 성과로 내세울 수 있는 가장 중요한 분야인 자동차에서 '즉시 관세철폐'를 얻어내지 못하면 우리 언론으로부터 금세 불균형 협상으로 낙인이 찍힐 우려가 있으니 자동차 관세 즉시 철폐는 반드시 받아내야 한다는 점을 강조했다.

그리고 미국은 농업과 서비스 분야에서, 우리는 섬유와 자동차 분야에서 각각 이익을 챙긴 균형 잡힌 협상으로 국내신문 1면에 보도되어야 추후 협상결과에 대한 손익계산 논란을 초기부터 잠재울 수 있다는 점도 마무리 협상시 참고해 달라고 덧붙였다.

월요일 오전 마지막 협상은 미국에서 바티야 USTR 부대표와 커틀러 수석대표 이외에 버시바우 주한 미국대사가 참석하였고, 우리

측에서는 김 본부장, 김종훈 수석대표와 함께 나도 참석하여 '3 + 3' 형태의 회담이 되었다. 커틀러 수석대표는 "부시 대통령이 드디어 쌀을 예외품목으로 인정하는 데 대해 최종 재가를 하였다"는 말로 모두발언을 시작하였다. 우리가 가장 민감하게 생각하는 쌀 문제를 해결했으니 이제 미국이 요구하는 사항을 최대한 받아들여야 한다는 압력이었다. 미국이 늘 쓰는 수법이었기에 새삼스러울 것은 없었지만 우리가 결코 양보할 수 없는 쌀 문제를 마지막 순간까지 협상 카드로 활용하려는 모습을 보며 씁쓸한 기분이었다.

우여곡절 끝에 협상은 그날 낮 12시경에 겨우 마무리되었고 협상 결과는 오후 4시에 김 본부장과 바티야 부대표의 공동 기자회견을 통해 발표되었다. 다행히 우리 언론은 협상결과에 대해 기대 이상의 긍정적 평가를 하였다. 역시 자동차 관세 즉시철폐를 확보한 것이 언론의 그런 평가를 얻어내는 데 한몫을 하였다. TV 뉴스와 신문 1면의 톱기사는 일제히 자동차와 섬유 분야에서 우리가 얻은 이익에 초점을 맞추어 집중보도했다.

몇 년 후 미국의 재협상 요구로 자동차 관세 '즉시 철폐'를 '4년 후 철폐'로 수정한 것은 협상결과의 균형을 받쳐주던 가장 큰 기둥 하나를 뽑아낸 것이었기 때문에 한·미 FTA 반대론자들에게 더없이 좋은 빌미를 준 것이었다. 자동차 분야의 이익은 일반 국민들에게 한·미 FTA에서 우리가 얻어 낸 성과 그 자체로 비칠 만큼 큰 비중을 차지하는 상징적 이슈였기 때문이다.

이미 세상이 다 아는 일이지만 한·미 FTA 협상은 2007년 4월 2

일에 종료된 후에도 양국의 국내 정치상황의 변화로 바로 비준되지 못하고 재협상을 거치고서야 비준 및 발효 절차를 마무리할 수 있었다. 그 과정에서 쇠고기 협상으로 인한 촛불 정국과 투자자 국가소송(ISD) 제도의 사법주권 침해논란 등 수많은 소모적 논쟁으로 국론이 분열되는 아픔을 겪었지만, 한·미 FTA의 경제적, 전략적 가치는 시간이 갈수록 그 무게를 더해 갈 것으로 굳게 믿는다.

한·미 FTA 협상은 전문성과 열정, 팀워크로 무장한 우리 대표단의 탄탄한 협상력 이외에도, 정치지도자의 확고한 의지와 여론의 적극적 호응 등 우리 쪽의 여러 긍정적 요소가 시너지 효과를 발휘하였기에 성공적으로 마무리될 수 있었다. 그러나 미측 수석대표인 웬디 커틀러 USTR 대표보의 합리적이고 온건한 성품도 한몫하였다는 점을 빼놓을 수 없다.

USTR 내 전임 한국 담당관들은 대부분 원만한 대화가 힘들 정도로 일방적이고 저돌적인 성향의 협상가들이었는데, 만약 그들이 한·미 FTA 협상을 맡았더라면 협상이 더 큰 난항을 겪었을 가능성이 크고, 기대한 만큼의 협상결과를 얻어내지 못했을지도 모른다. 커틀러 대표보도 물론 야무진 협상가임에 틀림없지만 협상 테이블에서도 합리적 대화가 가능하고 사석에서는 늘 미소를 잃지 않는 온화한 성격의 인물이어서 불필요한 마찰로 에너지를 소모하지 않고 협상을 이끌어갈 수 있었을 것이다.

여수엑스포 유치교섭현장의 마지막 한 달

선거 직전의 흔들리는 판세

2007년 한 해 우리 외교에서 최우선 과제 중 하나는 여수엑스포 유치였다. 외교통상부가 대외교섭 업무를 책임지고 있었고, 나도 조정관(차관보)으로서 결재라인에 있으면서 대책협의 등 각종 정책결정 과정에 관여는 하였지만 조중표 차관이 실무를 총괄 지휘하고 있었기 때문에 중요한 역할을 할 위치에 있지는 않았다.

그런데 최종 투표일을 한 달여 남겨둔 10월 말경, 그때까지 유치교섭을 통해 확보한 지지표가 하나둘씩 빠져나간다는 정보가 입수되었고, 세계박람회기구(BIE: Bureau International des Expositions) 본부가 있는 파리 현장의 대응체제를 전면 재점검하여 대책을 강구하지 않으면 우리에게 유리하게 돌아가던 판세가 흔들릴 수 있다는 우려가 제기되었다.

이러한 보고를 접한 고위층에서는 외교통상부 간부를 파리 현지의 민관합동대책본부장으로 파견하여 투표일까지 매일 24시간 교섭

결과를 점검하고 그때그때 필요한 조치를 취할 것을 지시했다. 송민순 외교통상부 장관은 한덕수 총리와 협의 끝에 나를 현지 대책본부장으로 임명했고, 그 바람에 나는 막바지 단계에서 BIE 본부가 있는 파리 현장에서 유치교섭을 지휘하는 무거운 임무를 부여받았다.

파리의 점령군 사령관?

10월 25일 파리로 향하는 비행기에서 내내 내 머리를 어지럽혔던 이슈는 최종 투표일까지 한 달 동안 어떻게 하면 주프랑스 대사관 직원들의 사기를 꺾지 않고 주어진 임무를 성공적으로 완수할 것인가 하는 문제였다. 주프랑스 대사관은 그때까지 다른 어느 재외공관보다도 여수엑스포 유치를 위해 애를 많이 쓴 공관인데 막판에 악재가 터져 큰 좌절감을 느끼고 있었고, 그런 상황에서 내가 현지 민관합동대책본부장이라는 직함으로 장기 출장을 온다는 소식을 들었으니 나를 반길 리가 없었다. 어쩌면 나를 점령군 사령관처럼 인식하고 비협조적이거나 적대적 태도를 보일 가능성도 없지 않았다. 나는 최대한 몸을 낮춰 공관 동료들을 대하기로 마음을 먹었다.

파리에 도착한 다음 날 아침 대사관 회의실에서 1차 민관합동대책회의를 주재하면서 나는 예상했던 대로 공관 분위기가 많이 가라앉아 있다는 걸 느꼈고, 공관원들의 얼굴에서도 다소의 긴장과 나에 대한 경계심을 읽을 수 있었다. 분위기를 누그러뜨리기 위해 나는 "공관 활동을 지원하기 위한 별동부대 역할을 하러 왔으니 미처 손이 가지 않았던 분야에 나를 투입해 활용해 달라"는 말로 회의를 시작하였다. 그날부터 시종일관 몸을 낮추고 동료 후배들에게 권위주의적 모습으로 비치지 않도록 각별히 조심하였다. 이런 나의 자세가 공관원들의 마음을 많이 풀어주었고, 결과적으로 마지막까지 공관이 전열을 흐트러뜨리지 않고 유치교섭의 소임을 다할 수 있었다는 덕담을 김종일 공사로부터 전해들은 건 유치에 성공한 후 자축을 위한 저녁 모임에서였다.

파리에서의 한 달 동안 나는 매일 아침 9시 반에 대사관 회의실에서 민관합동대책회의를 소집하고 그 전날 전 재외공관망을 통해 전개된 교섭결과를 점검하여 대책을 강구하였다. 무엇보다도 현장에서 직접 한 표를 던질 각국 BIE 담당관들의 표심을 잡는 게 중요하다고 판단하여 대책반에 소속된 공관원 전원이 1인당 평균 5~6명 정도의 각국 BIE 담당관들을 일대일로 전담토록 하여 접촉결과를 수시 점검하는 체제를 갖추었다. 나 스스로도 BIE 회원국 대표들을 대사에서부터 3등 서기관에 이르기까지 직급에 상관없이 모두 만난다는 방침을 정하고 접촉 인사 리스트를 만들어 매일 하루도 빠짐없이 사무실로 방문 면담을 하거나 오·만찬, 티미팅 등에 초청하여 개인적 친분을 쌓으며 지지교섭을 전개했다. 나를 도와주기 위해 파견된 본부의 김필우 서기관과 파리의 주OECD 대표부에서 합류한 윤주석 서기관이 나를 번갈아 수행하며 큰 힘이 되어주었다.

민관합동대책회의에는 파리 주재 무역관, 현대·기아 자동차 임직원들도 참석하여 자체 네트워크를 통해 추진된 교섭결과와 수집

된 정보를 우리와 공유하였는데, 나는 일에 대한 그들의 열정과 책임감에 깊은 감명을 받았다. 한번은 회의에 참석한 현대차 직원이 모 중동국가의 BIE 담당 여성 외교관과의 접촉결과를 보고하면서 재미있는 얘기를 하였다. 그녀는 자기가 거의 매주 접촉하며 친분을 다져 놓았고, 특히 주말에 심심해하는 것 같아 함께 시간을 보내며 정성을 들였는데 며칠 전에 심각한 표정으로 "내가 이번 투표에서 한국을 찍지 않으면 당신 신상에 불이익이 가느냐?"고 묻기에 "그렇다"고 하니까 난감한 표정을 짓더라면서 "잘하면 그쪽 한 표는 건질 수 있을 것 같다"며 웃었다.

비밀투표였기 때문에 투표하는 사람의 마음만 사로잡으면 그 나라의 공식입장에 상관없이 한 표를 얻을 수 있는 게 현실이었기에 나는 그의 얘기를 우스갯소리로만 듣지 않았다. 끝까지 정성을 다해 관리하라고 당부하였고, 지금 확인할 길은 없지만 실제로 투표 당일 그녀가 우리에게 한 표를 던졌을지도 모른다고 생각한다.

문서지지 약속도 헌신짝처럼 버리는 외교현장

정부는 당시 1차 투표에서 판가름이 날 가능성은 희박하다고 판단하여 2차 투표까지 간다는 전제하에 득표전략을 수립하였고, 전 재외공관의 교섭 활동도 여기에 초점이 맞추어져 있었다. 1차 투표에서 유치도시로 확정되기 위해서는 총 140개 회원국의 2/3(94개국) 이상의 지지를 얻어야 하는데, 이는 현실적으로 기대하기 어려운 형편이었다. 그때까지 재외공관 활동을 통해 얻은 지지표는 경쟁국인 모로코와 폴란드를 앞서고 있었지만, 개도국의 경우에는 문서로 지지를 표명해 놓고서도 현장에서 대표가 본부 훈령에 따라 투표하지 않는 경우가 허다하다는 것이 경험에서 얻은 교훈이었기 때문에 우리가 파악한 지지표에서 최소 10% 정도는 깎아야 한다는 것이 상식처럼 되어 있었다.

따라서 현지 민관합동대책본부장으로서 나의 주요 임무는 우리 지지로 이미 확인된 국가의 BIE 담당관들로부터 지지 입장을 재확인하고 만약 '이중 플레이'가 의심스러운 정황이 파악될 경우에는 이를 즉각 해당국 우리 대사관에 통보(이른바 교차점검)하여 기존의 지지표를 확고히 묶어 놓는 한편, 모로코나 폴란드 지지로 확인된 국가의 경우에도 2차 투표에서 우리 지지로 선회하도록 유도하는 데 있었다.

한번은 우리에게 지지를 표명한 아프리카 모국의 대사를 면담하러 갔는데 내가 우리 지지에 대한 사의를 표명하고자 방문하였다고 말하자 그 대사는 놀란 표정을 짓더니 "우리가 한국을 지지한다는 얘기를 누구에게서 들었느냐?"고 물었다. 내가 "귀국 외교부 담당국장으로부터 우리 대사가 구두로 확인한 내용"이라고 하자, 그는 "언제 확인한 거냐?"고 되물었다. 한 달 전쯤에 확인한 내용이라고 하자 그는 자신은 지난주에 본부로부터 지시받은 사항이라면서 유감스럽게도 모로코를 지지할 수밖에 없다는 것이 아닌가. 맥이 빠졌지만 숨기지 않고 사실 그대로 얘기해 준 그의 진솔한 태도가 마음에 들어 감사의 뜻을 표하고 사무실로 돌아왔다.

곧바로 해당국 주재 우리 대사에게 전문으로 이를 알렸더니 그는 그럴 리가 없다면서 당일로 외교부 국장을 찾아가 바로잡겠다는 반응을 보였다. 그러나 결과는 마찬가지였다. 상부의 지시로 입장을 변경할 수밖에 없게 되었다는 것이었다. 그날 내가 그 대사로부터 확인하지 않았더라면 우리는 지금까지도 그 나라가 우리를 지지한 것으로 믿었을 것이 아닌가. 이런 사례가 어디 아프리카 국가 한두 개뿐이었겠는가. 그날 면담은 판세분석에서 최대한 신중해야 한다는 걸 재확인해 주었고, 결과적으로 마지막 득표전략에서 실수를 줄일 수 있게 해준 계기가 되었다. 투표 당일 현장에서 만난 그 대사는 내 손을 꼭 잡으며 비록 자기가 우리에게 표를 던지지는 못했지만 우리의 승리를 축하한다고 따뜻한 표정으로 내게 인사를 건네었고, 나는 그에게 진심으로 감사했었다.

이와 같은 사정은 아프리카에만 국한된 것이 아니었다. 중남미 국가들도 마찬가지였다. 그들과의 접촉을 통해 문서로 전달된 지지조차 믿을 게 못 된다는 걸 직감으로 느낄 수 있었다. 그러나 이런 나의 느낌을 분명한 증거도 없이 본부나 관련 공관에 공식전문으로 보고했다가는 빗발치는 비난을 면할 수 없었기 때문에 간접적 방법으로 정황을 전달하고 주의를 환기시키는 수밖에 없었다.

그러나 현지대책본부장인 나로서는 낙관적 판단을 기초로 판세를 읽을 수는 없었으므로 적어도 아프리카와 중남미 지역의 경우에는 우리 지지표를 10%에서 추가로 10%를 더 깎아서 신중히 대처해야겠다는 생각을 하고 있었다. 특히 모로코는 스페인과 프랑스가 배후에서 공공연히 지원활동을 하고 있음이 여러 경로를 통해 확인되고 있던 터라 불어권 아프리카 국가와 중남미 스페인어권 국가의 경우에는 문서로 우리 지지를 표명한 경우에도 모두 모로코 지지로 간주하여 대처해야 한다고 판단하였다.

여수와 하나되어 뜬 눈으로 지샌 파리의 밤

최종 투표일을 나흘 앞두고 한덕수 총리를 단장으로 한 본부 대표단이 파리에 도착하였다. 이튿날 조찬을 겸한 대표단 대책회의에서 나는 그때까지의 교섭결과와 판세를 분석 보고하면서 우리의 1차 투표 득표수는 80표를 넘기기가 어려울 것 같다고 보고하였다. 동석한 강무현 해양수산부 장관과 박준영 전남지사 등이 내 보고내용에 이의를 달면서 지금까지 재외공관을 통해 파악된 바에 의하면 우리 지지표가 100표를 넘는데 무슨 얘기냐고 펄쩍 뛰었다. 나는 과거 국제회의 유치교섭 경험에 비추어 득표수는 최대한 보수적으로 계산하여 신중하게 대처하는 게 안전하기 때문에 불어권 아프리카 국가와 스페인어권 중남미 국가는 우리 지지로 파악된 경우에도 모두 모로코 지지로 간주하였음을 부연 설명하고 위의 아프리카 국가를 예로 들었다. 그러나 상당수의 참석인사들이 내 말을 수긍하지 못하겠다는 표정을 지었다.

나는 이들 국가들이 약속대로 1, 2차 투표에서 모두 우리를 지지

하도록 관련 동향을 주의 깊게 모니터하여 적극 대처하겠지만, 1차 투표 탈락이 거의 확실한 폴란드 지지국들이 2차 투표에서 우리를 지지하도록 하는데 마지막 교섭역량을 총동원하고, 모로코 지지국의 경우에도 2차 투표에서는 우리 지지로 선회하도록 끝까지 노력할 필요가 있음을 강조하고 현지대책본부도 이에 초점을 맞추어 활동해 왔다고 보고하였다.

그러나 투표 당일의 결과는 이러한 나의 보수적 표계산조차 지나치게 낙관적인 것이었음을 확인시켜 주었다. 1차 투표결과 우리 지지표는 68표에 불과했기 때문이다. 개표결과가 발표되던 순간 우리 대표단 전원의 얼굴이 하얗게 질렸음은 물론이다. 모로코와 폴란드는 각각 58표와 14표를 얻어 폴란드는 탈락하고 우리와 모로코가 2차 투표에 진출하였다. 정회 없이 곧바로 2차 투표로 넘어가게 되어 있었기에 지지표를 재규합하기 위한 시간적 여유는 애초부터 없었다. 2차 투표가 진행되던 몇십 분은 그야말로 손에 땀을 쥐게 하는 시간이었다. 드디어 투표결과가 발표되었다. 77 대 63으로 우리의 승리였다.

회의장 안의 대표단은 물론 회의장 밖에서 초조하게 결과를 기다리던 수백 명의 여수 시민들이 일제히 자리를 박차고 일어나 환호하며 승리의 기쁨을 나누었다. 나는 이긴 걸 기뻐하기보다는 지지 않은 걸 다행스러워하며 긴 안도의 숨을 내쉬었다. 만약 우리가 졌더라면 그에 대한 비난의 화살은 유치교섭을 책임진 외교부에게 돌아왔을 것이고, 마지막 단계에서 현장 교섭을 진두지휘한 나 또한 책임으로부터 자유롭지 못했을 것이기 때문이다.

2차 투표에 대비하여 폴란드 지지표를 미리 확보해 둔 게 얼마나 다행이었는지 모른다. 폴란드 지지 14표 중 대다수가 우리 지지로 넘어왔기 때문에 2차 투표에서 승리할 수 있었다. 만약 이 표들이 모로코로 넘어갔다면 승리는 모로코의 것이었다. 며칠 전 내가 한덕수 총리를 비롯한 본부 대표단에게 1차 투표에서의 우리 지지표를 80표 전후로 전망하여 보고한 것은 최대한 신중하게 판세를 읽어야 한다는 뜻에서였지 내심 실제 투표결과는 그것보다는 많으리라 믿었고 70표도 안 나오리라는 생각은 꿈에도 하지 않았었다. 우리에게 문서로 지지를 약속한 국가만 합해도 90표를 넘었기 때문이다. 최종 개표결과는 20개국 이상이 공식문서로 우리 지지를 표명해 놓고서도 약속을 지키지 않았음을 보여주는 것이었다.

나는 외교현장의 민낯을 들여다보는 것 같은 민망함과 국익을 위해서라면 국가간의 신뢰와 약속도 헌신짝처럼 버리는 것이 외교라는 걸 새삼 확인하고 깊은 좌절감을 느꼈다. 그 나라들이 대충 어떤 나라들인지도 짐작할 수 있었다. 그러나 이를 공개적으로 거론하는 것은 그 나라의 지지를 확보하기 위해 갖은 고생을 다한 우리 동료들과 기업인들의 노력을 폄훼하는 결과가 되는 것이어서 그럴 수 없었다. 승리가 확정된 마당에 그럴 이유도 없었다. 다만 향후 유사한 사안에 대한 교섭에 참고할 필요가 있다고 판단되어 나의 판단을 상부에 구두보고는 해 두었다.

그날 개표결과 발표 후 복도에서 만난 러시아 대표는 내게 "이번

승리는 모로코에 대한 승리가 아니라 프랑스, 스페인, 모로코의 3
국 연합에 대한 승리이기 때문에 더 값진 것"이라면서 각별한 축하
인사를 건네었는데 나는 그의 말이 정곡을 찌른 것이었다고 믿는다.
2008년에 스페인에 대사로 부임하여 인사차 찾아간 내게 레온 총리
비서실장(유치교섭 당시 외교부 차관)은 막판에 중남미를 비롯한 몇
몇 나라들로부터 한국을 지지할 수밖에 없는 사정임을 양해해 달라
는 전화를 받았다고 언급한 적이 있는데 이 말은 스페인이 선거과정
에서 중남미 국가 등 영향력 행사가 가능한 나라들에게 모로코 지지
를 종용하였음을 스스로 고백한 것이었다. 실제로 스페인 인접국인
안도라는 당초 우리 지지를 약속했다가 막판에 모로코 지지로 입장
을 바꿀 수밖에 없음을 우리에게 알리고 양해를 구했는데 이는 후안
카를로스 스페인 국왕이 직접 전화로 요청하였기 때문이었다는 걸
나중에 알았다.

우리가 지지표를 매수하고 있다는 폴란드의 네거티브 공세

파리에서 한 달 동안 마지막 유치교섭을 전개하면서 가장 어려웠던
고비는 우리가 신규 회원국 가입을 유도하면서 지지표를 매수하고
있다는 폴란드의 네거티브 공세가 공개적으로 이루어졌을 때였다.

우리가 BIE 비회원국들을 접촉하여 신규 가입을 권유하면서 지지
를 요청한 것은 사실이었지만, 이는 모로코가 먼저 시작한 게임에
대한 대응 차원의 노력이었을 뿐인데 폴란드는 신규 가입국들이 갑

자기 늘어나는 것이 우리의 주도로 이루어진 것이라고 오해하여 배후에서 조직적으로 우리에 대한 네거티브 캠페인을 벌였다. 급기야는 투표를 나흘 앞둔 시점에서 폴란드가 BIE측에 정식으로 문제를 제기하였고, 로세르탈레스 사무총장과 우젠민 의장이 나를 비롯한 3국 대표를 초청하여 이 문제를 토의하는 사태로까지 발전하였다.

그날 회의에서 폴란드 대표는 유치 후보국 중 한 나라가 회원국 신규 가입 유도뿐만 아니라 BIE 담당관들을 지방 홍보행사에 초청하여 자동차 열쇠를 나눠주는 등 지지표 매수행위를 하고 있다면서 폴란드는 이를 공개적으로 거론하여 문제 삼을 것이라고 발언하였다. 우리를 지칭하지 않았지만 누가 들어도 우리를 지목하고 있음이 틀림없는 내용이었다. '자동차 열쇠' 운운하는 내용은 그 몇 주 전 현대·기아차 초청으로 르아르 강변에서 열렸던 홍보행사 때 참석한 각국 BIE 담당관들에게 기아차 시승 행사용으로 자동차 열쇠를 하나씩 나눠준 적이 있는데 그걸 뇌물이라고 매도한 것이었다.

나는 "지지표 확대를 위해 특정국이 신규 회원국 가입을 유도하고 있다는 정황을 제일 먼저 파악하고 BIE 사무국에 최초로 문제를 제기한 나라가 한국"이었음을 상기시키고, 동석한 로세르탈레스 사무총장에게 사실 여부를 확인해 줄 것을 요청했다. 내 말이 사실이라는 그의 확인 발언이 끝나자 나는 공격 모드로 바꾸어 말을 이었다.

"지난 봄 우리가 처음 이 문제를 제기한 이후 BIE 차원에서 필요한 예방조치를 취하여 줄 것을 여러 번 촉구하였음에도 불구하고 사태가 이렇게 진전되었습니다. 그렇다면 문제를 촉발한 책임이 어느 나라에게 있는지 분명하지 않습니까? 그런데 요즈음 유치 후보국 중한 나라가 우리를 지칭하며 배후에서 음해공작(smearing campaign)을 벌이고 있어요. 아무런 증거도 없이 특정국을 비난하는 행위야말로 공정한 게임의 룰을 위반하는 행위입니다. 그러한 행위를 즉각 중지하지 않을 경우 우리도 공식회의를 포함하여 가능한 모든 채널을 동원하여 필요한 조치를 취하지 않을 수 없습니다."

폴란드 대표는 물론 모로코 대표도 불의의 기습에 할 말을 잊고 머쓱한 표정을 지었다. 로세르탈레스 사무총장은 야릇한 미소를 지으며 나를 바라보았다. 나는 그 웃음의 의미를 알 것 같았다. BIE는 원래 회원국이 수십 개국에 불과한 조그만 기구였는데 상해 엑스포를 비롯하여 몇 차례에 걸친 후보국들의 격렬한 유치 캠페인 과정에서 회원국이 급속히 불어난 데다 이번에는 한국과 모로코 덕택에 기구 규모가 더욱 커지고 있어 내심 이를 즐기던 차에 폴란드가 문제를 제기하고 나서는 바람에 상당히 불편한 심정이었을 텐데 내가 이를 역공으로 피해 가는 걸 보며 안도했을 것이다. 그는 며칠 후 유치 캠페인 지원차 파리에 도착한 구본우 본부 대사에게 그날 얘기를 하며 내가 잘 대응한 덕분에 무사히 넘어갔다고 언급했다고 한다.

폴란드 대표는 며칠 후 오페라 극장(Palais Garnier)에서 개최된 '한국의 밤' 행사에서 다시 마주쳤는데, 나를 보자마자 내 소매를 끌며 한쪽 구석으로 가더니 난처한 표정으로 이렇게 말했다.

"신규 가입 급증이 한국이 아니라 모로코 주도로 이루어진 것이라는 걸 이제 알겠습니다. 그러나 폴란드로서는 이미 이 문제를 거론하였고 투표 전날 프리젠테이션에도 관련 내용이 포함되어 있어 그 만들 수도 없는 상황이에요. 한국이 이해해 주었으면 좋겠습니다."

폴란드는 1차 투표 탈락이 거의 확정적이라 판단하고 나중에 탈락한 이유가 경쟁국들의 반칙행위 때문이라고 변명하고 싶었던 것이다. 나는 이렇게 답변했다.

"그건 전적으로 귀국이 판단할 문제지만, 실제 얻는 건 하나도 없이 이미지만 나빠지는 결과가 되리라 봅니다. 만약 국명을 거론하여 우리를 비난할 경우에는 우리도 그에 상응하는 조치를 취하지 않을 수 없다는 점만 분명히 해 두고자 합니다."

폴란드는 11월 26일 프리젠테이션에서 신규 가입국이 급증하는 배경에 대해 의문을 제기하면서 우리와 모로코를 우회적으로 비난하긴 하였으나 국명을 거론하진 않았다. 청중에게 크게 어필하지도 못할 얘기를 공연히 꺼내어 스타일만 구기는 결과가 되었는데, 며칠 전 오페라 극장에서 어두운 표정으로 돌아서던 폴란드 대표의 얼굴이 떠올라 안쓰러웠다.

르아르 강변 고성에서의 환상적 불꽃 축제

파리에서의 마지막 유치교섭 활동은 내게 몇 가지 교훈과 함께 즐거운 추억도 남겨 주었다.

10월 말 파리에 도착하여 주프랑스 대사관에 베이스캠프를 차리고 난 후 며칠이 지난 주말 현대·기아차 주관으로 파리 주재 각국 대사관의 BIE 담당관들을 커플로 초청하여 프랑스 중부 르아르 강변의 한 고성에서 만찬을 겸한 특별 홍보행사가 열렸다. 임차한 버스를 타고 대사관 동료들과 함께 파리를 떠나 3시간가량 달린 끝에 도착한 숙소는 옛 성을 개조해 만든 아주 고풍스런 호텔이었다. 이미 도착한 각국의 BIE 담당관 커플들로 호텔 로비는 북적였다. 짐을 풀고 잠시 휴식을 취한 후 만찬장소로 이동하였는데 버스에서 내리면서부터 입에서 절로 탄성이 터져 나왔다. 어둠이 깔린 언덕 위에 자리 잡은 700년 고성의 자태는 그것만으로도 이미 환상적이었지만, 외곽에서 비스듬히 쏘아 올린 조명으로 주변 경관과 어우러진 옛 성은 이루 말로 표현하기 어려울 정도로 고혹적인 분위기를 연출했다. 외곽 성벽에 비친 '2012 여수' 홍보문안조차 그런 분위기 덕택에 무슨 예술작품처럼 느껴지기까지 하였다. 검은 양복 차림으로 입구에서부터 2~3미터 간격으로 양쪽에 늘어서서 우리를 맞이하던 현대·기아차 직원들이 마치 조폭 같은 인상이 들어 잠시 섬뜩했지만, 그들의 정성스러운 안내가 금세 그런 우려를 가시게 했다.

고성 안의 큰 홀에서 진행된 만찬은 고풍스러운 분위기 탓에 맛과 격조를 더했고 마치 세상을 몇백 년 전으로 되돌려 놓은 듯한 느낌이었다. 나는 그것만으로도 그날 행사는 성공적이라고 생각했다. 그런데 그날의 하이라이트는 그게 아니었다. 만찬이 끝나갈 무렵 사회자가 단상에 올라 깜짝 쇼가 있다며 우리를 밖으로 안내하였다. 배경음악이 은은하게 깔린 정원에서 바라본 성벽은 더욱 환상적이었는데 잠시 후 폭죽이 터지기 시작하더니 별의별 색깔과 모양의 불꽃이 성벽 위의 하늘을 뒤덮는 것이 아닌가.

나는 그때까지 워싱턴의 포토맥 강변과 제네바의 레만호 불꽃축제 등 세계적 수준의 불꽃놀이를 많이 보았지만 그날 르아르 강변 고성에서만큼 아름답고 예술적인 불꽃을 본 적이 없다. 더구나 수많은 관중이 운집한 것도 아니고 불과 200명 남짓한 우리만을 위해 특별히 디자인한 것이었으니, 그날 초청된 BIE 담당관들의 감동이 어땠을 것인지는 짐작이 가지 않는가.

모로코 지지표를 우리 지지표로 돌리다

그날 르아르 강변 고성에서의 만찬은 득표활동과 관련하여서도 기대하지 않았던 성과를 하나 건지게 해준 행사였다. 나는 모로코 지지입장을 분명히 한 선진국의 한 외교관과 같은 테이블에 앉았는데 그와 이런저런 얘기를 나누다가 "어차피 우리가 이길 텐데 공연히 사표(死票) 만들지 말고 2차 투표에서는 우리를 찍는 게 어떠냐?"고 넌지시 물어보았다. 그랬더니 그가 의외로 "그렇게 할 수 있다"(I can do it)고 답변하는 게 아닌가. 나는 내 귀를 의심하면서 정말 그렇게 할 수 있느냐고 다시 물었다. 그는 그렇다고 재차 확인하면서 당초 외교부는 한국을 지지할 생각이었는데 총리가 모로코를 방문하여 독단적으로 모로코 지지를 약속하는 바람에 그리 되었다고 유감을 표하면서 이렇게 덧붙였다.

"지금은 의회의 내각불신임 결의로 임시 관리내각이 정부를 이끌고 있고, 투표일까지 새 정부가 들어설 가능성도 없어요. 따라서 전임 총리가 한 약속을 굳이 이행할 필요는 없으나 한 번 한 약속을 안 지킬 수도 없어 1차 투표에서는 모로코를 지지해야겠지만, 2차 투표까지 가면 한국을 찍어야 한다는 것이 내 생각이에요. 현재 본부에서 이 문제에 대해 별 관심이 없고 신경 쓸 겨를도 없어 투표 당일 본부 대표단이 오지 않을 것 같습니다. 그렇게 되면 내가 투표하게 될 텐데 2차 투표에서는 반드시 한국을 찍을 테니 염려마세요."

나는 내 귀를 다시 의심하지 않을 수 없었다. 선진국 외교관이 본부 훈령을 어겨 가면서까지 우리에게 한 표를 던지겠다는 것이 도무지 믿어지지 않았기 때문이다. 선진국의 표가 이렇게 쉽게 움직인다면 이 순간 개도국에서 비슷한 방식으로 사라지고 있는 우리의 지지표는 또 얼마나 될 것인가 하는 데 생각이 미치자 갑자기 등골이 서늘해졌다.

그렇지만 2차 투표에서 우리를 찍겠다는 그의 말은 진정성이 담긴 것이었다. 그는 우리 정부의 초청으로 그 전해인 2006년에 우리나라를 방문하였는데 그때 우리의 발전상에 너무 감명을 받아 서울의 한 호텔에서 자기 아들에게 "아빠는 지금 장차 너희 세대가 주역이 될 세상에서 네가 반드시 알아야 할 나라의 수도에서 이 편지를 쓰고 있다"는 말로 시작하는 이메일을 보낸 적이 있다면서 만찬시간 내내 우리나라에 대한 각별한 관심과 호의를 표시하였다.

몇 주 후 파리의 오페라 극장에서 열린 '한국의 밤' 행사에서도 그와 우연히 자리를 함께하였는데 문화공연을 다 보고 난 후 그는 내게 이렇게 말하였다.

"당신들은 절대 우리를 실망시키는 법이 없군요."(You never fail to surprise us)

그는 실제 투표가 있었던 마지막 순간까지 의리를 지켜 주었다. 11월 27일 투표 현장에서 나는 그의 친필 메모를 전해 받았는데 거기엔 다음과 같이 적혀 있었다.

"불행히도 본부에서 대표가 파견되어 내가 투표할 기회는 없을 것 같습니다. 그러나 2차 투표에 대해서는 명확한 본부지침이 없어 본부 대표를 계속 설득하는 중입니다. 행운을 빕니다."

외교교섭은 발품을 팔아야 한다

처음엔 안 될 것 같던 일도 끝까지 포기하지 않고 살 길을 모색하다 보면 길이 보이는 법이다. 나는 이를 며칠 후 개도국인 다른 나라에서 다시 확인하였다.

당초 파리 출장을 떠나기 전 나는 11월 초에 양자 공동위원회를 주재하기 위해 중남미 개도국 두 나라를 방문하기로 사전 약속이 되어 있었다. 갑작스런 파리 출장을 이유로 이를 취소하기는 어려운 형편이었다. 출장 전 송민순 장관에게 사정을 보고하였더니 파리에 베이스캠프를 차린 후 현지에서 한 1주일 출장을 다녀오면 되지 않겠냐는 반응이었다. 장관의 사전 양해가 있었기에 나는 파리 도착 후 대책반의 기본활동 지침과 내가 출장에서 돌아온 후 접촉할 인사들의 명단 작성 및 일정 주선을 지시하고 출장을 떠났다.

양국과의 공동위 의제에는 모두 여수엑스포 유치 문제가 들어 있었으나 그중 한 나라는 이미 모로코 지지를 분명히 하였고, 다른 한 나라도 우리에 대한 명백한 지지의사를 밝히지 않았기 때문에 큰 기대를 걸지는 않았다. 그러나 나는 밑져야 본전이란 심정으로 두 나라에서 모두 열심히 우리 입장을 설명하고 지지를 요청하였다.

그중 한 나라는 그동안 정부 고위직이 방문할 기회가 거의 없었던 터라 방문기간 내내 내게 경호원 4명을 붙일 만큼 극진한 환대를 해주었다. 'Deputy Minister for Trade'라는 내 영문직함이 한몫을 한 것 아닌가 싶었다. 도착 다음 날 아침 공동위 참석을 위해 외교부 청사에 들어서자 우아한 자태와 소녀같이 예쁘고 따뜻한 미소를 가진 할머니 한 분이 로비에서 나를 맞이하였다. 81세의 외교부 차관이었다. 영국 악센트가 깔린 유창한 영어를 구사하는 그녀와 집무실에서 환담을 나누면서 나는 참 곱게 늙은 분이란 생각이 들었고, 마치 어머니와 마주 앉은 것 같은 편안함을 느꼈다. 그리고 왠지 그녀와 얘기하면 뭐든지 잘 풀릴 것 같은 예감이 들었다. 집무실에서의 예방을 포함하여 나는 그날 그녀와 도합 4번을 자리를 같이하였는데 그때마다 여수엑스포와 관련하여 2차 투표에서만이라도 우리를 지지하여 줄 것을 요청하였고, 그녀는 싫은 표정 짓지 않고 내 얘기를 다 들어주었다.

저녁에 우리 대사관저에서 만찬이 있었는데 내가 다시 여수 얘기를 꺼내자 그녀는 즉각 반응을 보였다.

"오늘 당신으로부터 여수 얘기를 네 번 들었어요. 당신에게 얼마나 중요한 일인지 짐작이 되는군요. 그런데 여수엑스포가 한국에게 왜 그렇게 중요한 문제인지 잘 이해가 가지 않아요. 진정한 이유를 알고 싶군요."

나는 해양환경 보호나 기후변화 등의 상투적인 답변을 할 때가 아니라고 판단했다.

"이 문제는 우리에게 국내적으로 매우 중요한 문제입니다. 그동안 우리나라는 역대 대통령들이 대부분 남동부 지역에서 배출되는 바람에 남서부 지역이 상대적으로 낙후되어 있었는데, 여수엑스포가 유치되면 이 지역의 인프라 건설사업 등이 활발하게 추진되어 국토의 균형발전을 이루는 중요한 계기가 될 것입니다."

그날 오찬을 함께하면서 나는 그녀가 외모에서 풍기는 이미지와는 전혀 걸맞지 않게 좌파 게릴라 출신의 정치인이란 걸 알았고, 그녀도 'Deputy Minister'란 내 직함 때문에 오해했는지 정치인과 대화하듯이 나를 대하였기에 나도 일부러 정치인 냄새가 풍기는 답변을 한 것이었다. 내 판단은 적중하였다. 내 말이 끝나자 그녀는 환하게 웃으며 이렇게 말했다.

"아! 이제 무슨 말인지 알겠어요. 제가 지금 확답할 수는 없지만 무엇을 도울 수 있을지 고민해 보겠습니다. 대통령이 결정한 사항이라 입장을 바꾸기가 쉽지 않겠지만 2차 투표에서는 한국을 지지하도록 상부에 건의해 보겠다는 것만은 약속할게요."

나는 그녀가 정말 너무 사랑스러워 뽀뽀라도 해주고 싶었다.

파리로 돌아온 후 나는 그녀에게 감사편지를 쓰면서 편지 말미에 "당신이 대사관저에서 내게 한 약속이 구체적인 조치로 이행되기를 (to be translated into action) 간절히 빈다"고 덧붙였다. 그리고 일주일 후 그 나라의 파리 주재 대사에게 면담을 신청했다. 그 나라 본부로부터 무슨 후속조치가 있었는지 확인하기 위해서였다.

윤주석 서기관을 대동하고 대사를 만나러 갔다. 그 역시 80대의 노인이었고, 1993년 대전 엑스포 당시 외교부 장관으로 한국을 방문한 적이 있는 거물 외교관이었다. 그는 내가 찾아온다는 연락을 받고 그 전날 본부에 연락하여 외교차관과 통화하였다면서 "차관이 2차 투표에서는 나더러 현지 상황에 따라 적의(適宜) 판단하여 투표하라고 했으니 1차 투표결과를 보아 한국으로 판세가 기울 것 같으면 2차 투표에서 한국을 지지하겠다"고 말하는 것이었다.

나는 내 귀를 의심하며 동석한 윤 서기관에게 내가 제대로 들었는지 확인하였다. 윤 서기관이 고개를 끄덕였다. 나는 폴란드가 아닌 모로코가 2차 투표에 진출해도 우리를 지지할 수 있다는 거냐고 다시 물었다. 그렇다는 답이 돌아왔다. 나는 뛸 듯이 기뻤다. 한 표도 귀한 판인데 2차 투표에서 그 나라가 우리 지지로 선회하면 우리는 한 표를 더 얻는 반면 모로코는 한 표를 잃는 결과가 되어 실제 득표 차는 두 표가 되기 때문이었다.

마음이 통하면 표심(票心)도 움직일 수 있다

투표 당일 나는 회의장에서 멀리 떨어진 곳에 자리 잡고 앉은 그 대사와 손을 흔들며 눈인사를 나누었는데, 회의장에서 그와 악수를 나눈 우리 대사관의 해양수산관에 의하면 그가 자기 손을 꽉 잡으며 행운을 빈다고 말하는데, 우리를 지지할 테니 염려하지 말라는 표정이더라는 것이다.

파리에서 귀국 후 며칠이 안 되어 나는 그 나라에 주재하고 있는 우리 대사로부터 이메일을 받았다. 그는 나를 만났던 외교차관이 투표 다음 날 아침에 일부러 전화로 축하인사를 전해왔다면서 그녀가 아마도 나를 사랑하는 것 같다면서 "연인이 되기엔 너무 나이 차가 많은 것 아니냐?"고 너스레를 떨었다. 나는 그에게 답신을 보내며 나도 그녀를 사랑한다고 꼭 전해 달라고 부탁하였다. 그녀는 정말 나이 차만 아니라면 연애라도 하고 싶은 사랑스러운 할머니였다.

나는 그 후 7년이 지나 외교부 차관 자격으로 그 나라를 다시 방문하여 그녀와 극적인 재회의 기쁨을 나누었다. 회의가 끝난 후 그 나라 외교부 차관이 주최한 오찬에서 내가 그녀와의 추억을 회상하며 꼭 다시 만나고 싶다고 하고 공항 가는 길에 그녀의 자택에 들러 차 한 잔 할 생각이라고 하자 그는 자기가 당시 그녀의 비서실장이었다면서 무척 반가워하였다.

그런데 오찬이 끝나갈 무렵 갑자기 오찬장 문이 열리며 새하얀 백발의 그녀가 들어오는 것이 아닌가! 차관이 오찬 도중 은밀히 지시하여 그녀를 모셔오도록 한 것이었다. 90세를 눈앞에 둔 호호백발의 할머니는 나를 꼭 끌어안으며 귓속말로 내게 이렇게 속삭였다.

"내가 사람 보는 눈이 있는데 당신처럼 따뜻한 마음을 가진 사람은 꼭 성공해요. 나를 잊지 않고 찾아주셔서 너무 고맙고 이렇게 다시 만나 행복합니다."

한국: 국제개발협력 무대의 총아

G20 서울 정상회의와 스페인의 딜레마

예상치 못했던 스페인 발령

2008년 봄 이명박 정부 출범 후 나는 주스페인 대사 발령을 받아 6월에 마드리드로 떠났다. 스페인은 꼭 한 번 가보고 싶은 나라였지만 대사로 부임하게 되리란 생각은 꿈에도 해본 적이 없었다. 외무고시를 볼 때 제3외국어로 스페인어를 선택하여 시험에 합격하긴 했어도 스페인어권과는 인연이 없어 30년 가까운 세월 동안 한 번도 스페인어를 사용해 본 적이 없고 스페인이나 중남미 관련 부서에 근무해 본 적도 없었기 때문이다.

게다가 외교부에는 고시 동기들을 포함하여 스페인어에 능통하고 중남미 지역에 정통한 동료들이 많았기 때문에 내가 그 자리에 가게 되리란 생각은 더더욱 할 수가 없었다. 서울을 떠나는 내 마음은 동료들에 대한 미안함과 스페인어에 대한 걱정 등으로 이래저래 무겁기만 했다.

마드리드에 부임하자마자 일주일에 세 번씩 이른 아침 관저에서 스페인어 개인교습을 시작하였다. 늦은 나이에 다시 시작하는 외국어 공부라 생각보다 진척이 더디었지만 6개월이 지난 후부터는 귀가 트이기 시작했고, 리셉션이나 오·만찬 등 공식행사에서는 원고 없이 간단한 연설 정도는 할 수 있게 되었다. 물론 내 수준에 맞는 스페인어로 미리 생각을 정리해 두었다가 현장에서 짜맞추기식으로 하는 수준에 불과하였지만 그만큼이라도 해낼 수 있기까지의 노력은 스스로 생각해도 가상하기만 했다.

그러나 유창하지 못한 내 스페인어 실력은 3년 내내 나를 납덩이처럼 짓누르는 마음의 짐이었고, 그래서 더더욱 스페인 전문가인 전임자들이 해내지 못했거나 소홀히 하였을지도 모르는 일들을 찾아 나만의 흔적과 발자취를 남기겠다는 각오를 다지곤 하였다.

한·스페인 수교 60주년과 G20 서울 정상회의가 겹쳤던 2010년은 그런 각오를 실천에 옮길 수 있는 소중한 기회를 주었다.

없는 예산으로 크고 작은 수교기념 문화행사를 매달 평균 두 차례씩 25회나 치러 스페인 국민들이 우리나라와 우리 문화를 한층 더 가까이 느끼도록 하였고, 스페인에서는 최초로 우리 국립국악관현악단을 초청하여 왕립극장(Teatro Real)에서 공식 수교기념 공연도 가졌다. 왕립극장 무대 위에서 한복 두루마기를 입고 2천여 명의 청중들 앞에서 스페인어로 연설하며 내가 어떤 느낌이었을지는 아마 남들이 짐작하기 어려울 것이다.

시도 때도 없이 개최되는 문화행사를 보며 한 동료 외국대사는 어디서 돈이 나서 그 많은 행사를 치르느냐고 묻기도 했지만, 사실 그

돈은 대부분 눈먼 돈이었다. 예산도 있고 수준급의 공연을 할 수 있는 공연단도 있지만 해외에 나갈 기회를 찾지 못해 갈증을 느끼고 있던 지자체나 문화단체가 워낙 많았기에 이들과 잘만 연결되면 돈 한 푼 안 들이고 훌륭한 문화행사를 치를 수 있었다.

나는 이런 단체들을 수소문한 후 직접 단체장에게 전화하여 스페인 공연을 성사시키곤 하였다. 그들의 반응이 호의적이었던 건 물론이고 나보다 오히려 더 적극적인 경우가 대부분이었다. 공연내용이 기대에 못 미쳐 낭패를 본 경우도 한두 번 있긴 했지만 결과는 대체로 만족스러웠다. 달리 예산을 확보할 수단도 없는 상황에서 사실 매번 만족할 만한 결과를 기대한다는 건 무리이기도 했다.

G20 서울 정상회의 참석을 위한 스페인의 총력 외교

그러나 정부 차원에서 스페인과의 실질적 협력관계를 한 단계 업그레이드시킬 기회는 G20 서울 정상회의 준비과정에서 찾아왔다.

많은 사람들이 쉽게 잊고 있는 사실이지만, 스페인은 한때 세계를 경영한 대제국이었기 때문에 쉽게 가늠하기 어려운 잠재력을 가진 나라이다. 비록 지금은 경제력 면에서 우리와 비슷한 수준에 머물러 있지만, 내가 부임한 2008년만 하더라도 캐나다를 제치고 세계 7위의 경제대국이 되어 있었고, 곧 이탈리아를 제치고 6위로 올라선다는 꿈에 부풀어 있었다. 15~16세기에 세계 최대의 제국을 경영하였다는 자부심에다가 그해 유로컵 축구대회에서 44년 만에 처음으로 우승하는 경사까지 겹쳐 스페인 국민의 사기는 하늘을 찔렀다.

후안 카를로스 국왕에게 신임장을 제정하기 위해 연미복 차림으로 왕실 기병대를 태운 20여 마리의 백마가 끄는 마차를 타고 마드리드 시내 한복판을 가로질러 왕궁으로 향하는 길 위에서 연도의 시민과 관광객들의 환호에 손을 흔들어 답하면서, 마치 국운이 융성하던 시절의 대스페인 제국에 부임하는 한국 대사가 된 것 같은 느낌에 전율(戰慄)하였던 기억이 아직도 생생하다.

그해 가을 세계를 덮친 경제위기로 다시 세계 10위권 밖으로 밀려나면서 기세가 한풀 꺾이긴 했지만, 과거의 영화를 되찾고 세계의 일등국으로 다시 올라서겠다는 스페인 국민의 열망은 쉽게 꺾이지 않았다. 그런데 세계경제위기를 극복하기 위한 최고위 국제협력포럼으로 새로이 출범한 G20 정상회의가 이런 스페인에게 외교적 딜레마를 안겨주었다. 한때 식민지였던 멕시코, 아르헨티나도 가입해 있는 상황에서 스페인어권의 종주국이자 그들보다 경제규모가 더 큰 스페인이 G20에서 빠진다는 건 국가적 자존심이 허락할 수 없는 일이었기 때문이다.

더구나 스페인은 그때까지 G20가 아니라 G7에 가입하기 위해 무진 애를 쓰고 있었던 터라 G20에서조차 배제될 경우 국내 정치적으로 엄청난 비판을 감내하여야 할 상황이었다. G7을 중심으로 하는 선진국과 주요 개도국으로 구성된 재무장관 회의로 존재하던 G20가 갑자기 세계경제위기를 맞아 정상회의로 승격되는 바람에 G7과 G20 사이에서 어정쩡한 위치에 있던 스페인만 공중에 붕 뜬 결과가 되어버린 것이다.

사파테로 총리는 G20 정상회의에 초청받는 걸 당면한 최대의 외교과제로 설정하고 당시 EU 의장국이었던 프랑스의 사르코지 대통령을 앞세워 미국의 부시 대통령을 움직이기 위해 총력을 기울였다. 사르코지 대통령은 2009년 제 1차 워싱턴 G20 정상회의에 개별 회원국으로서 프랑스의 참여자격은 스페인에게 넘겨주고 자기는 EU 의장국 대표자격으로 참석하겠다는 식의 파격적인 제안을 하면서까지 부시 대통령을 설득하며 스페인을 거들었다.

당시 부시 대통령은 초청국을 확대하고 싶은 마음이 별로 없었으나 그렇게까지 나오는 사르코지 대통령의 청을 거절하기가 어려워 미국이 선택한 네덜란드도 함께 초청한다는 조건으로 스페인을 초청하는 데 동의하였다. 이렇게 해서 스페인은 네덜란드와 함께 제 1차 워싱턴 정상회의에 피초청국 자격으로 참석하게 되었으나 그 자리가 영구히 보장된 자리는 아니었기 때문에 이를 관례화하는 것이 매우 중요했고, 이를 위해서는 2010년 서울 정상회의에도 스페인이 반드시 초청되어야만 했다.

G20 정상회의에 영구 피초청국이 된 스페인

스페인에 주재하는 G20 의장국 대사로서 나는 당시 스페인 정부에게 이 일로 무던히도 시달렸다. 레온 총리비서실장은 그 바쁜 일정에도 불구하고 아예 경제부 차관이 맡고 있던 G20 셰르파 자리를 자기가 직접 맡아 셰르파 회의에 꼬박꼬박 참석할 만큼 정성을 기울였고, 서울에 갈 때면 자정이 넘은 시간에도 내게 관저로 전화하여 이것저것 지원을 요청하곤 하였다.

평소에 만나기조차 어려웠던 모라티노스 외교부 장관도 왕궁에서 개최된 한 리셉션에서 일부러 내게 다가와 우리 정부가 이 문제에 대해 스페인을 적극적으로 도와주지 않고 있어 섭섭하다는 뜬금없는 얘기를 하며 압박하기도 하였다. 내가 이 문제에 대해서는 레온 총리비서실장과 거의 매주 연락할 정도로 긴밀히 협조하는데 무슨 소리냐면서 스페인 정부 내에서 정보공유가 잘 이루어지지 않는 것 아니냐고 반문하자 그는 머쓱한 표정을 지었다.

스페인을 서울 정상회의에 초청하는 문제는 주최국인 한국이 단독으로 결정할 수 있는 사안이 아니었음에도 당시 스페인 정부는 우리 정부의 역할에 큰 기대를 걸었고, 나는 주재 대사로서 그 기대에 최대한 부응하여야만 했다. 다행히 대학시절부터 가까운 친구인 안호영 통상교섭조정관이 당시 우리 정부의 G20 셰르파로 있었기 때문에 수시로 전화와 이메일을 주고받으며 스페인의 관심과 우려를 전달하고 피드백을 받을 수 있었다. 이를 즉각 총리비서실장과 공유하였음은 물론이고, 이러한 나의 신속한 움직임은 스페인 외교부가 주한 대사관을 통해서도 확인할 수 있는 것이었기에 나에 대한 스페인 정부의 기대와 신뢰는 날이 갈수록 커가는 느낌이었다.

나는 이 점을 외교활동에 최대한 활용하였다. 스페인에 부임한 직후 예방차 찾아간 러시아 대사는 자신의 경험을 얘기하며 내게 재임기간 중 대단한 현안이 있지 않는 한 장관급 인사를 만날 생각은 아예 하지 않는 게 좋을 거라고 조언했는데, 나는 2010년 한 해 동안 장관보다 만나기 더 어려운 총리비서실장의 집무실을 수시로 드나든 몇 안 되는 대사 중의 하나였다. 국회 부의장 등 국회 지도부 인사들의 스페인 방문일정 주선이 여의치 않을 경우에도 스페인의 G20 서울 정상회의 초청문제를 미끼(?)로 던지면 없던 시간도 만들어지곤 하였다.

스페인 정부의 지극한 정성이 통했는지 그해 11월 서울에서 개최된 G20 정상회의에 사파테로 총리가 초청되었다. 서울 정상회의에만 초청되어 참석한 게 아니라 영구 피초청국 정상 자격으로(*on a permanent basis*) 참석한 것이다. 아무런 객관적 기준도 없이 매년 정상회의 주최국이 임의로 피초청국을 선정하는 것은 문제가 있다는 의견이 서울 정상회의 준비과정에서 제기되어 여러 차례 토의 끝에 초청 대상국 선정을 위한 구체적 기준(*formula*)이 마련된 결과였다. 합의된 기준에 따르면 G20 정상회의 주최국은 회원국 이외에 ① 스페인(영구 피초청국), ② 동남아지역협의체(ASEAN)와 아프리카지역협의체(AU) 의장국 각 1개국, ③ 의장국이 선정한 2개국(단, 이 중 1개국은 가급적 아프리카 지역에서 선정) 등 총 5개국을 초청할 수 있도록 되어 있었다. 4개국의 경우는 문자 그대로 피초청국 선정기준을 제시한 것이었지만, 스페인은 예외적으로 국명을 콕 집어 영구 피초청국으로 명기한 것이다.

제1차 워싱턴 정상회의에 초청되었던 네덜란드는 빠지고 스페인만 영구 피초청국 자격을 인정받았으니, 스페인 정부의 기쁨과 네덜란드 정부의 실망이 얼마나 컸겠는가. 우리 정부의 단독결정이 아니었음에도 불구하고 이 일로 인해 헤이그 주재 우리 대사는 난처한 입장이 되었고, 그의 후임도 재임기간 내내 네덜란드 정부 고위인사들로부터 싫은 소리를 들어야만 했다고 한다. 우리와의 관계가 스페인보다 더 가까우면 가까웠지 결코 못하지 않은 네덜란드 정부와 동료 대사들에게 무척 미안했지만 스페인 정부를 실망시키지 않은 건 천만다행이었다.

외교부 간부가 대거 참석한 훈장 수여식

스페인에서 임기를 마치고 돌아온 1년 후인 2012년 봄에 주한 스페인 대사로부터 본국 정부가 내게 '대십자 시민훈장'(*Grand Cross of the Order of Civil Merit*)을 수여하기로 결정했다는 전화통보를 받았다. 통상 이런 경우는 대사가 떠나기 전에 훈장을 주는 게 상례인데, 귀국 후 1년이 지난 시점에 주는 건 아마도 스페인의 서울 G20 정상회의 참석을 위해 내가 주재 대사로서 노력한 데 대해 고맙다는 뜻을 뒤늦게라도 전달하고 싶었던 것이 아닌가 싶었다.

그런데 스페인 대사가 서한이나 공식문서로 정중히 알려야 할 사항을 전화로 통보하고, 훈장 수여식에 관한 얘기도 전혀 없어 기분이 썩 좋지는 않았다. 나는 고맙다는 말을 한 후 바쁘다는 핑계를 대고 구체사항은 좀 한가해지면 다시 연락하자고 하고는 전화를 끊었다. 그 몇 달 전 스페인 정부로부터 훈장을 받은 다른 인사의 경우 스페인 대사가 정중히 서한으로 통보한 걸 내 눈으로 본 적이 있기 때문에 일부러 취한 행동이었다. 그리고 그가 마땅한 예를 갖출 때까지 내가 먼저 연락하지는 않을 심산이었다.

한 달쯤 지나 스페인 대사가 다시 전화로 연락해 왔다. 대사관저에서 훈장 수여식을 갖고자 하니 날짜와 초청인사 명단을 보내달라는 것이었다. 나는 날짜는 다시 알려주겠다고 한 후 손님은 몇 명이나 초청할 수 있는 거냐고 물었다. 관저가 비좁아 50명을 넘지 않았으면 좋겠다는 답이 돌아왔다. 초청해야 할 사람 중에 가족도 있고 친구도 있었지만 나는 일부러 외교통상부 간부들을 더 많이 초청하기로 마음을 먹었다. 내가 외교통상부에서 이 정도 영향력(?)은 있는 사람이란 걸 보여주려는 짓궂은 생각에서 내린 결정이었다.

그해 5월 스페인 대사관저에서 열린 훈장 수여식에는 나의 가족과 친구, 기자 몇 명과 함께 외교통상부에서 안호영 차관과 임성남 한반도본부장, 김재신 차관보 등을 포함하여 도합 26명의 국장급 이상 간부가 참석하였다. 장관을 제외하고는 외교부 주요 간부 거의 전원이 참석한 셈이었다. 후문에 의하면 그날 아침 명단을 미리 받아본 스페인 대사는 "에이, 설마 이 많은 사람들이 다 오겠어?"라는 반응을 보였다고 한다. 명단에 포함된 사람이 그날 저녁행사에 한 명도 빠짐없이 참석한 걸 보고 그는 놀란 표정이면서도 기쁜 모습이었다. 아마 서울 근무기간 중 그만한 레벨의 외교통상부 간부를 한꺼번에 20여 명이나 자신의 관저에서 대접하는 건 처음이었을 것이고, 이후 그런 기회를 더 이상 갖지는 못했을 것이다.

그날 나는 스페인어와 영어를 섞어가며 인사말을 했는데 참석한 외교통상부 동료들이 놀라는 표정이었다. 아마도 내가 스페인어로 인사말을 하리라고는 기대하지 않았을 것이다.

1년 후 나는 외교부 차관이 되어 예방차 찾아온 스페인 대사를 집무실에서 만났다. 그는 그냥 빈손으로 찾아와 축하인사만 해도 될 터인데 공연히 국제회의 교섭과 관련한 외교공한을 들고 와 내 앞에서 그걸 읽었다. 나는 긴장을 풀어주려고 일부러 편한 자세로 앉아 그동안 잘 지냈느냐고 묻고, 재임 기간 중 양국관계 증진을 위해 나름대로 기여하고 싶으니 도움이 필요하면 언제든지 찾아오라고 덕담을 해주었다.

실제로 나는 그해 10월 스페인 국경일 리셉션에 관례를 깨고 직접 참석하여 축사를 하였고, 그 축사를 일부러 스페인어로 하여 스페인 대사는 물론 참석한 중남미 대사들까지 기쁘게 해주었다. 축사를 하는 동안 중남미 대사들이 하나둘씩 무대 앞으로 나와 서더니 어느새 일렬횡대로 주욱 늘어서 흐뭇한 표정을 짓고 있었다. 외교부 차관이 주한 외국 공관의 국경일 리셉션에 참석하는 것도 드문 케이스이지만, 차관이 스페인어로 축사를 하는 건 모르긴 몰라도 아마 처음 있는 일이었을 것이다.

월튼 파크 개발협력 고위급 회의에서 얻은 교훈

직제에도 없던 개발협력대사가 되어

2011년 봄 스페인에서 귀국한 후 나는 마땅한 보직이 없어 재택근무를 하며 대기상태로 몇 달을 보냈다. 3년 전 스페인으로 떠나기 전에 이미 차관보를 지냈기에 차관급 이상의 자리가 아니면 갈 데가 없었기 때문이다.

보직 없이 재택근무를 하며 모처럼 찾아온 여유를 즐기던 6월 중순 어느 날 김봉현 외교통상부 다자외교조정관(차관보)의 전화를 받았다. 그해 말 부산에서 열리는 '세계개발원조 총회'와 이듬해에 열릴 '핵안보 정상회의' 준비업무를 함께 맡고 있는데, 업무가 과중하여 도저히 둘 다 하기가 힘들어 김성환 장관에게 의논하였더니 부산 세계개발원조 총회 준비는 내게 도와 달라고 부탁해 보라고 하였다면서 도와줄 수 있겠느냐는 것이었다.

그렇지 않아도 석 달 이상이나 일손을 놓고 지낸 몸이 근질거리던 참이라 두말없이 그렇게 하겠노라고 하였다. 그렇게 해서 이튿날부터 나는 '개발협력대사'라는 이름으로 임무를 부여받아 외교통상부에 출근하기 시작하였다.

나는 김봉현 조정관과 박은하 개발협력국장에게 결재가 필요한 일에는 관여할 생각이 없으니 내게 전혀 신경 쓰지 말라고 신신당부를 한 후, 장·차관이나 김 조정관 레벨에서 해야 할 일인데 일정이 빡빡하여 챙기기 어려울 경우 나를 구원투수처럼 활용하라고 하였다. 김 조정관과 박 국장은 내가 이듬해 봄 경기도 자문대사로 다시 자리를 옮길 때까지 나를 세심하게 배려하며 정성스럽게 보살펴주었다. 출근한 첫날에는 개발협력국 전 직원이 내 사무실에 올라와 복도까지 꽉 채운 다과회를 열어 환영했는데, 나는 지금도 그때 그 따뜻한 분위기를 잊지 못하고 있다.

부산 세계개발원조 총회 준비를 위한 구원투수

개발협력대사를 맡은 후 내게 맡겨진 첫 임무는 그해 7월 하순에 영국에서 열리는 '개발협력에 관한 월튼 파크 고위급 회의'(속칭 Tidewater 회의)에 우리 정부 대표로 참석하는 것이었다. Tidewater 회의는 세계 주요 공여국들의 개발협력 장관과 관련 국제기구 수장들이 1년에 한 번씩 모여 2~3일간 넥타이를 풀고 개발원조에 관한 글로벌 이슈들을 격의 없이 논의하는 자리(이른바 *retreat*)인데 그해에는 영국이 주최국이었기 때문에 '월튼 파크 회의'가 된 것이다.

월튼 파크는 글로벌 이슈에 관한 전략적 토론의 장을 제공하기 위해 설치된 영국 외교부 산하 싱크탱크의 이름인데, 실제 회의는 남부 서섹스에 있는 위스턴 하우스에서 개최되었다.

Tidewater 회의에 우리나라 대표가 참석한 건 그때가 처음이었다. 우리나라가 그 전해인 2010년에 OECD 개발원조위원회(DAC: Development Assistance Committee)에 가입하여 정식 공여국 반열에 올라선 데다 그해 11월에 개최되는 세계개발원조 총회 주최국이기도 해서 처음으로 초청된 것이었다. 공여국 대표 중 아시아인은 일본 대표와 나뿐이었다.

그런데 나는 하마터면 열 시간 넘게 비행기를 타고 날아가 회의에 참석도 하지 못하고 쫓겨나는 수모를 당할 뻔했다. 차관급 이상의 고위직 인사만 참석할 수 있는 회의였기 때문이다. 런던행 비행기를 타고 날아가는 동안 주최측에서 우리 외교부에 '개발협력대사'라는 직책이 차관급 이상의 자리인지 문의해 왔는데 다행히 내가 통상교섭조정관(영문 직함이 Deputy Minister for Trade)을 지냈다고 하니까 별 탈 없이 넘어갔다는 후문이었다.

수천 에이커의 광활한 공원 위에 세워진 16세기 건축물 위스턴 하우스에서 보낸 사흘은 내 외교관 생활에 잊지 못할 추억을 남겨 준 시간이었다.

도착한 날 저녁부터 떠나는 날 오후까지 사흘 동안 밥 먹는 시간까지 포함하여 내리 토론만 하느라 그 멋진 공원을 산책조차 해보지 못했지만, 지구촌의 개발원조 정책과 시스템을 좌지우지하는 거물급 인사들과 격의 없이 토론하는 기회를 가질 수 있었다는 건 내게 값진 경험이었다. 워낙 서로 친한 사이이긴 했지만 때로는 무례하다 싶을 정도로 거침없이 상대방의 의견을 비판하고 또 반박하는 모습은 신선하기까지 하였다.

한번은 수파차이 UNCTAD 사무총장이 개도국의 입장을 대변하는 얘기를 길게 늘어놓자 앤드루 미첼 영국 개발협력 장관이 중간에 말을 끊으며 "그만하세요! 난 당신 의견에 동의할 수 없어요"(Shut up! I don't agree with you)라고 하여 깜짝 놀란 적도 있었다.

당신은 권위 있게 그런 말을 할 수 있어요

첫날 오전 회의는 '결과 중심의 개발 원조'를 주제로 토의가 있었는데 나는 분위기 파악을 위해 한동안 듣기만 하였다. 1시간 정도 들어보니 논의의 초점이 어디에 있는지, 그리고 선진 공여국(供與國)들과 수원국(受援國)인 개도국들의 입장에 어떤 차이가 있는지 알아차릴 수 있었다. 나는 수원국에서 공여국으로 탈바꿈한 나라의 대표로서 이 문제에 대해서는 할 말이 있다고 생각하여 조심스럽게 입을 열었다.

"지금까지 토론을 지켜보니 여러분들이 '결과'라는 동일한 용어를 각기 다른 의미로 사용하고 있는 것 같습니다. 선진 공여국 대표들은 세금을 내는 국민들(taxpayers)에게 원조액이 낭비되지 않고 효과적으로 사용되고 있다는 걸 제대로 보고할 수 있어야 한다는 의미에서 '원조 효과'(aid effectiveness) 차원에서 결과를 얘기하고 있고, 개도국의 입장을 대변하는 인사들은 원조가 실제 개발로 이어져야 한다는 데 초점을 맞추어 '개발 효과'(development effectiveness)의 의미로 결과를 얘기하고 있는 것으로 보입니다만, 저는 양쪽 모두 정당한 우려를 제기하고 있는 것이라고 생각합니다. 금년 말 부산에서 개최되는 세계개발원조 총회 주최국으로서 우리나라가 해야 할 일은 이 두 개의 상반되면서도 정당한 우려 사이에서 적절한 균형을 찾는 일이라고 봅니다."

내 발언이 끝나자 공동의장 중 한 사람인 브라이언 애트우드 OECD 개발원조위원회(DAC) 의장이 "당신은 권위 있게 그런 말을 할 수 있어요"(You can speak with authority)라고 화답해 주었다. 다른 나라라면 몰라도 불과 반세기 만에 산업화와 민주화를 모두 이루어 낸 대한민국의 대표이기 때문에 나는 당당하게 그런 말을 할 자격이 있다는 뜻으로 들렸다. 또 다른 공동의장인 앤드루 미첼 영국 개발협력 장관도 그 말에 동의한다는 듯 고개를 끄덕였다. 개도국들만 우리를 평가해 주는 줄 알았는데 선진국들도 개도국 못지않은 신뢰와 기대의 눈으로 우리를 바라보고 있다는 걸 말해 주는 것이었다.

우리에 대한 신뢰와 기대는 첫날 오전 회의뿐만 아니라 오찬, 만찬 시간을 포함해서 사흘 내내 모든 주제에 대한 토의에서 끊임없이 표출되었다. 당초 부산 세계개발원조 총회에 관한 세션에서 우리의 비전과 준비현황을 설명하고 조언을 청취하는 게 주요 참석목표였던 나는 매 주제 토의 때마다 발언하지 않을 수 없는 상황에 놓였다. 시도 때도 없이 우리의 성공 스토리가 언급되고 있는데 정부 대표인 내가 '꿀 먹은 벙어리'처럼 앉아 있을 수는 없었기 때문이다.

마지막 세션에서는 '아랍의 봄'이라 불리던 아프리카-중동 지역의 민주화 움직임에 대해 국제사회의 지원방향을 중심으로 토의가 있었다. 나는 우리의 정치 민주화 경험을 토대로 또 한마디 하지 않을 수 없었다. 토의 주제가 경제개발이든 정치 민주화이든 개도국의 문제를 다루면서 우리나라를 빼놓고는 거의 의미 있는 토론이 불가능한 것이 아닌가 하는 생각이 들 정도로 우리나라의 성공사례는 늘 개발협력 토론의 중심에 자리 잡고 있었다.

한국이 얼마나 훌륭한 나라인지 우리만 모른다

한국인이 모르는 세 가지가 있는데 그중의 하나는 '한국이 얼마나 훌륭한 나라인지 모르는 것'이란 우스갯소리가 있다. 국제사회에 비친 우리의 모습과 우리 스스로가 바라보는 우리의 모습에는 분명히 큰 간극(gap)이 있다. 나는 그 간극을 메우는 것이 우리나라가 진정한 선진국으로 가는 도정(道程)에서 가장 크고 중요한 도전과제라고 생각한다.

국제사회는 이미 우리나라를 개도국으로 보지 않을 뿐만 아니라 남들과는 판연히 구분되는 독특한 개발경험을 바탕으로 국제사회에서 더 큰 역할을 해야 할 나라로 인식하고 있다. 우리만 그런 변화를 제대로 느끼지 못하고 있을 뿐이다.

부산 세계개발원조 총회와 한국형 개발원조모델

국제개발협력의 패러다임을 바꾼 회의

2011년 11월말 부산에서 세계개발원조 총회가 개최되었다. 정식 명칭이 '원조효과성에 관한 고위급 포럼'(High Level Forum on Aid Effectiveness)인 이 회의는 OECD가 주도하는 개발협력에 관한 최대 규모의 국제회의였다. 파리, 아크라, 로마 총회에 이어 네 번째이자 마지막으로 개최된 부산 총회는 국제개발협력 분야에서 우리나라의 위상과 이미지를 확 바꿔 놓은 회의였다.

역사상 처음으로 중국, 브라질, 인도와 같은 신흥 공여국들과 시민사회, 민간기업 대표들이 대거 참석하여 개발협력 파트너십을 대폭 확장했을 뿐 아니라, '원조가 과연 효과적으로 사용되고 있는가'라는 기술적 논의에서 '원조가 씨앗이 되어 실제 개발로 이어지려면 무엇을 어떻게 해야 하는가'라는 보다 실질적인 문제로 논의의 초점을 바꾼 회의였고, 그 과정을 우리나라가 주도했기 때문이다. 부산 총회의 논의결과를 반영한 GPEDC(Global Partnership for Effective

Development Cooperation) 는 오늘날 국제개발협력의 새로운 패러다임을 제시한 것으로 평가받고 있다.

원조물자 하역항에서 선적항으로 변모한 부산의 상징적 이미지

OECD 주도의 마지막 세계개발원조 총회가 부산에서 개최되었다는 것은 매우 상징적인 의미를 갖는 것이었다. 부산은 1950~60년대 원조물자의 하역항이었다. 그랬던 부산이 반세기 만에 원조물자를 실어 나르는 선적항이자 세계 5위의 무역항으로 바뀌어 세계개발원조 총회를 주최하는 도시가 되었으니 빈곤으로부터의 탈출을 위한 원조의 효과성을 입증하는 상징으로서 이보다 더 좋은 장소가 또 어디 있겠는가.

선진국에게는 개발원조의 효과를 보여주는 살아있는 증거로, 개도국에게는 희망과 영감을 주는 역할 모델로 인정받던 한국이 이제는 한걸음 더 나아가 부산 총회 주최국으로서 개발협력의 패러다임을 바꾸는 과정을 주도함으로써 명실 공히 국제개발협력 커뮤니티에서 중요한 행위자로 부상하게 된 것이다.

서울 G20 정상회의 주최국으로서 '개발협력'을 국제경제문제 논의의 핵심의제로 끌어올리는 데 주도적 역할을 한 지 1년도 채 지나지 않아 부산 총회를 성공적으로 개최함으로써 한국은 개발협력 문제를 전략적으로 접근하는 나라라는 국제적 평판까지 얻게 되었다.

전문가 아닌 전문가 행세를 해야 하는 외교관의 숙명

나는 2011년 6월 개발협력대사로 임명된 이후 6개월 동안 부산 세계 개발원조 총회의 전도사 역할을 맡아 국내외 개발협력 커뮤니티를 대상으로 부산 총회의 비전과 전략목표 등을 열심히 전도하고 다녔다. 앞에 언급한 Tidewater 회의(월튼 파크 개발협력 고위급 회의) 참석도 그런 캠페인의 일환이었고, 그 며칠 전 제네바에서 개최된 '성장과 분배에 관한 유엔 고위급 패널' 토론도 마찬가지였다. 그날 제네바 유엔회의장을 가득 메운 수백 명의 청중 앞에서 ILO 사무총장, 에스캅 사무총장, IMF 부총재, 옥스퍼드 대학과 MIT 경제학 교수 등 쟁쟁한 전문가들과 함께 단상에 앉아 제대로 소화하지도 못한 경제학 이론을 들먹여가며 '성장과 분배의 균형을 여하히 달성할 것인가'를 주제로 토론하면서 내가 느꼈던 긴장과 당혹감을 어떻게 표현해야 할까. 한 마디로 '공자 앞에서 문자 쓴' 격이었는데, 내가 하는 얘기가 말이 되는 소리인지조차 알지 못한 상태에서 그냥 버럭거리다가 단상을 내려왔다는 게 당시 내 솔직한 심정이었다. 토론을 주재하던 ILO 사무총장이 그래도 계속 내게 질문을 하는 걸 보면서 '아, 내 얘기가 전혀 씨알도 안 먹힐 얘기는 아닌가 보다'며 자위했던 기억이 아직도 생생하다.

때로는 저 자신조차 잘 알지 못하는 얘기를 마치 전문가인 양 떠들어대며 능청을 떨어야 하는 게 외교관의 숙명인 걸 어쩌겠는가. 제네바로 출장을 떠나기 전 1주일 동안 대외경제정책연구원(KIEP)

에서 발간된 대한민국 50년의 경제정책 성과에 대한 분야별 평가 논문집을 읽고 가지 않았더라면 아마 그날 회의에서 나는 더 큰 낭패감을 맛보았을 것이다.

9월에는 파리 OECD에서 개최된 'G20와 부산 세계개발원조 총회'에 관한 워크숍에 정부대표로 참석하여 기조연설 후 토론에 참여하였고, 국내에서 개최된 각종 개발협력 관련 국제회의에도 단골연사로 초청되어 연설이나 패널 토론을 하곤 하였다. 부산 총회 직전인 11월 27일에 개최된 GCSF (Global Civil Society Forum) 회의에는 세계 각국의 시민사회 대표 수백 명이 참석하였는데, 기조연설 후수십 명이 연단 아래로 몰려와 함께 사진을 찍으며 환호했던 기억이 새롭다. 시민사회에서 활동하는 분들의 뜨거운 열정과 연대감을 느낄 수 있는 계기였다.

정치지도자와 관료, 국민이 삼위일체가 되어 이룩한 성과

11월 29일부터 12월 1일까지 개최된 부산 세계개발원조 총회 기간 중 나는 전체회의(plenary)와 부대행사 등의 계기에 패널리스트로 참석하여 우리의 개발경험과 교훈을 내 나름의 시각에서 정리하여 의견을 개진하였다. 특히 12월 1일 앙헬 구리아 OECD 사무총장 등과 함께 토론자로 참석한 전체회의는 평소 국제사회에 전하고 싶었던 메시지를 발신할 수 있는 좋은 기회였다. 나는 아래 요지로 주제발표를 하였다.

"우리나라의 정치, 경제 발전은 권위주의 리더십의 통치하에 있던 1960~1980년대 중반까지의 기간과 시장자유화와 민주주의가 뿌리를 내리기 시작한 1980년대 중반 이후 지금까지의 2단계로 구분할 수 있다.

1단계에서는 효율적인 국가와 제도(effective state and institutions)가 변혁의 주체로서 핵심 역할을 하였는데 이를 가능하게 한 몇 가지 요소가 있다.

첫째, 권위주의적 지도자의 강력한 정치적 파워가 국가 주도의 장기적 개발전략 추진을 가능하게 했다. 이 기간 중 경제성장이 급속히, 효율적으로 추진되긴 하였으나 민주주의 희생 하에 이루어진 측면이 있고, 이는 훗날 정치, 사회적 문제를 야기하였다. 이러한 가부장적(patriarchal) 경제운영은 국가의 권위를 존중하는 유교적 사회문화 전통으로 더욱 강화된 측면이 있지만, 또 한편으로는 실적에 기반한 성과평가 유인을 만들어 자연스럽게 성과를 모니터할 수 있는 효율적 검증체제를 갖추게 하였다.

둘째, 헌신적이고 유능한 기술관료와 강력한 제도가 국가를 뒷받침해 주었다. 잘 기획된 국가개발전략과 국가 우선순위에 따른 적절한 자원배분이 개발을 위해 매우 중요한 요소이지만 더욱 중요한 것은 이를 가능하게 하는 인적, 제도적 역량이다. 한국의 경험은 예산과 기획을 책임지고 있는 관료들의 개발에 대한 확고한 의지와 역량이 공적재원 관리기술보다 훨씬 더 중요하다는 걸 말해 준다.

셋째, 정부는 해외원조를 다른 개발재원 창출을 위해 효율적으로 활용하였다. 1950년대 후반 해외원조는 정부수입의 50% 이상을 차지하며 소중한 개발재원으로 활용되었으나 그 비율은 점차 낮아져 국내저축, 무역수입 등 여타 개발재원으로 대체되어 원조의존도를 줄여 나갈 수 있었다. 이는 인프라, 교육, 공공행정 등 자립적 지속성장의 잠재력을 구현할 수 있는 핵심분야를 육성하는 데 해외원조를 활용하였기 때문에 가능하였다.

넷째, 인적자원이 개발의 핵심 축으로 기능했다. 한국에서 유일하게 풍부한 자원은 사람이다. 따라서 교육에 대한 국민적 관심과 열의가 전반적인 국가역량을 강화하는 원동력이었다. 교육정책은 항상 국가개발전략의 핵심요소였고, 개발에 대한 모든 국민의 오너십이 개혁을 실현하는 데 결정적 역할을 했다. 개발은 '하면 된다는 정신'(*can-do spirit*)으로 무장한 전 국민이 함께 공유한 열망이었다.

2단계는 시장자유화와 민주화를 통한 사회의 변혁(*transformation*)이 일어난 시기였다. 이 시기에는 보다 개방적이고 민주화된 사회와 규제개혁, 경쟁적인 시장이 국가의 역할을 근본적으로 변하게 만들었다.

정부와 기업의 관계변화는 2단계 발전과정에서 가장 특징적인 변화 중 하나였다. 7차에 걸친 경제사회개발계획의 성과로 민간기업의 성장속도는 정부를 압도하였고, 경제사회개발계획은 한국에서 더 이상 적실성을 갖지 못하게 되었다. 정부의 최대 목표는 민간기업의 역량을 강화하여 역동적이고 지속가능한 성장엔진으로 키우는 것으로 전환되었다.

1997년에 발생한 외환위기는 기업, 금융, 노동, 공공 등 4대 분야에서 구조조정에 착수할 수 있는 동력을 제공하였고, 그 결과 한국은 외환위기 극복 후 훨씬 개방적이고, 경쟁적이며, 탄력 있고, 투명한 사회로 탈바꿈할 수 있었다.

그러나 모든 나라에 통용되는 해법(one-size-fits-all solution)은 없다는 점을 강조하지 않을 수 없다. 나라마다 정치 경제(political economy)가 제각각이기 때문에 한국의 경험을 다른 나라에 그대로 이식할 수는 없다. 지속가능한 개발은 각국의 환경과 조건에 맞는 개혁과 실천에 의한 배움(learning by doing)을 통해 개발의 성과를 자기 것으로 만들어 나갈 수 있을 때에만 가능한 것이다."

강력한 정치적 리더십과 유능하고 헌신적인 관료집단, '하면 된다는 정신'으로 무장한 국민이 삼위일체(trinity)가 되어 이룩한 효율적 제도와 정부와 민간기업이 협력하여 구축한 강력한 민관파트너십(PPP: Public-Private Partnership), 이 두 가지는 우리의 개발전략 성공스토리에 관한 토론만 있으면 내가 늘 강조해 온 대한민국 성공의 핵심 요소다. 2019년에 내가 유엔개발계획(UNDP) 집행이사회 의장이 되었을 때 '빈곤으로부터의 탈피'를 주제로 소집한 공개토론 자리에서도 위와 같은 메시지는 청중들로부터 많은 공감을 불러 일으켰고, 유엔시찰단을 이끌고 방문한 콜롬비아 내전지역에서의 유엔 평화구축활동에서도 그 함의를 재확인할 수 있었다.

개발원조는 양보다 질로 차별화해야

개발원조의 역사와 경험이 일천한 우리나라가 원조 규모로 선진국들과 경쟁하기는 어렵다. 원조의 덫에서 벗어나 개발에 성공한 우리의 독특한 경험을 토대로 우리만이 제공할 수 있는 개발협력 모델을 만들어 양보다는 질로 차별화해야 한다. 그러기 위해서는 우리의 성공요체가 무엇인지를 단순하고도 강력한 메시지와 정교한 실천 프로그램으로 다듬어 개발협력 패키지에 잘 담아내야 한다.

2011년 6월 내가 개발협력대사로 임명된 직후 처음으로 참석한 회의인 'KOICA-세종 콜로키움'에서의 경험은 나의 이런 생각을 더욱 굳히게 한 계기였다. 이 회의는 '외교정책과 개발원조정책의 관계를 어떻게 설정할 것인가'하는 문제를 놓고 토론하는 자리였는데, 국내에서 이러한 문제를 주제로 토론한 건 그때가 처음이었던 것으로 안다.

나는 기조연사로 초청되어 평소 느꼈던 우리의 개발협력 외교의 문제점을 솔직하게, 조금은 직설적인 표현으로 지적하며 위에 언급한 바와 같은 내용으로 우리 개발협력 외교가 나아가야 할 방향을 제시하였다. 내친김에 우리 다자외교의 전반적인 문제점까지 언급하며, 이른바 '선진국과 개도국간 교량 역할'이 얼마나 허구에 찬 외교적 구호에 머무르고 있는지를 자아비판 하는 자세로 조목조목 지적하였다. 특히 우리의 개발원조정책에 이러한 전략적 목표를 실현하기 위한 구체적 실천계획이 결여되어 있다는 점과 개도국들이 우리의 성공담에서 희망과 용기를 얻는 것 못지않게 우리의 잘못된 전철을 밟지 않도록 도와주는 것도 중요하므로 실패담까지 공유할 필요가 있다는 점을 강조하고, 개발원조는 개도국의 아픔을 공유하며 해법을 함께 찾아가는 겸손한 자세로 접근하여야 한다고 주장하였다.

그날 회의에는 나이지리아 대사 등 10여 명의 주한 아프리카 대사들이 참석하여 청중 속에 앉아 있었다. 오전 개막식이 종료되자마자 이들 아프리카 대사들이 다 함께 나를 찾아와 기조연설의 진솔한 내용에 깊은 감명을 받았다면서 자신들이 바라는 개발협력의 모습이 바로 그런 것이라고 이구동성으로 공감을 표시하였다.

세상에서 단 하나뿐인 샌들

고 이태석 신부의 남수단에 대한 헌신적 사랑 이야기를 담은 영화 〈울지마 톤즈〉에서 남수단 국민들의 심금을 울린 것은 무엇이었을까. 다른 그 어떤 것보다도 낮은 자세로 다가가 그들의 아픔에 귀 기울이고 고통을 함께 나눈 이태석 신부의 진정성이었을 것이다.

우리의 개발원조도 수원국 국민의 마음을 움직일 수 있는 진정성이 담긴 것이어야 한다. 그들이 빈곤에서 탈출하여 홀로 서는 데 장애요소가 무엇인지 그들의 입장에서 함께 고민하며 스스로 극복할 수 있는 능력을 키우도록 도와주어야 한다. 우리는 개도국의 아픔을 경험하였기 때문에 그 해법을 찾는 데 있어서도 선진국보다 더 나은 파트너가 될 수 있다. '고기 잡는 법'을 더 잘 가르쳐 줄 수 있다는 말이다.

이태석 신부가 남수단의 한센인들에게 신겨 주었던 '세상에서 단 하나뿐인 샌들'과 같은 따뜻한 사랑이 담긴 맞춤형 원조, 그것이 바로 우리의 개발원조가 지향해야 할 모델이다.

당당한 외교, 반듯한 나라를 위해

"한국은 하나의 철학이다. 여기에서 철학이란 '리'(理)를 말한다. …
주자학에 의한 국가통치 이후 이 반도를 지배한 것은 오로지 '리'였
다. 항상 하나임을 주장하는 '리'였던 것이다. … 오늘날 한국인의
도덕 지향성은 이 전통적인 '리' 지향성의 연장이다. … 한국 사회는
사람들이 화려한 도덕 쟁탈전을 벌이는 하나의 거대한 극장이다. 기
존의 '리'를 놓고 싸울까, 아니면 새로운 '리'로 낡은 '리'를 일소(一
掃) 할까의 차이일 뿐, 쟁점은 언제나 도덕이다."

위의 글은 몇 년 전 뉴욕에서 읽은《한국은 하나의 철학이다》라
는 책의 일부 내용을 발췌하여 옮긴 것이다. 교토대학의 오구라 기
조 교수가 주자학의 '이기론'(理氣論) 적 관점에서 한국인과 한국 사
회를 분석한 글인데, 읽으면서 내내 저자의 예리한 통찰력에 무릎을
치며 감탄하였었다. 내가 미처 깨닫지 못했던 나 자신과 우리 사회

의 깊은 내면을 들여다보는 것 같았기 때문이다.

오구라 교수의 지적처럼 우리 사회는 모든 것을 지나치게 '도덕으로 환원하여 평가'하는 경향이 있다. 도덕 논쟁으로 들어가면 찬성 아니면 반대만 허용될 뿐 중간지대가 없다. 정(正)과 사(邪), 선(善)과 악(惡)의 싸움이기 때문에 타협이 있을 수 없는 것이다. 이러한 우리 사회의 특성은 냉철한 국익의 계산이 판단과 행동의 기초가 되어야 할 외교의 영역에서까지 그 모습을 드러낸다.

외교관을 포함하여 외교정책의 수립과 시행에 관여하는 관료들의 행태에 그런 모습이 보일 뿐만 아니라, 정책결정 과정에 지대한 영향을 미치는 정치권과 언론, 시민사회의 문화 속에 깊이 뿌리를 내리고 있어 좀처럼 외교정책에 균형과 실리를 추구하기가 어려운 현실이다.

우리 사회는 또한 지나치게 남의 시선과 이목을 의식하는 경향이 있다. 남이 우리를 어떻게 평가하는지에 대해 너무 신경을 많이 쓴다는 말이다. 내가 주스페인 대사로 있을 때 만난 〈파이낸셜 타임즈〉 마드리드 지국장은 내게 이런 말을 한 적이 있다.

자신이 10년 가까이 홍콩 지국장을 지내 한국에 갈 기회가 많았는데 만나는 사람마다 하는 첫 질문이 "한국의 첫인상이 어떠냐?"는 것이었단다. 그런데 스페인에 왔더니 스페인 사람들도 똑같은 질문을 하더라는 것이다. 자기가 스페인의 첫인상이 한국과 매우 비슷하다고 답하면 열이면 열 모두 실망하는 기색이 역력했는데, 아마도 한국 사람들에게 첫인상이 스페인과 비슷하다는 답을 하면 그들도 똑

같은 반응을 보일 거라면서 껄껄 웃었다. 그리고 자기 생각에 한국과 스페인 사람들이 그런 행태를 보이는 것은 남의 눈에 비친 자기 모습과 자아상(自我像, *self-image*) 사이에 큰 차이가 있기 때문인 것 같다는 말을 덧붙였다.

남의 눈을 의식한다는 말은 줏대 있고 의연하게 행동하기 어렵다는 말이다. 힘세고 잘사는 사람에게 인정받고 싶은 생각이 강하다는 걸 의미하기 때문에 자칫하면 그런 사람들에게 허세를 부리거나 굽실거리기 쉽고, 힘없고 못사는 사람들에겐 부지불식간에 거들먹거리는 행태를 보이기가 쉽다.

이 책에 담긴 외교현장 일화 속의 우리 행태에 의연하고 당당하지 못한 모습이 어른거리는 것은 관련된 인사 개개인이나 단체의 성향에도 원인이 있겠지만, 앞에 언급한 책에서 오구라 교수가 지적한 우리 사회의 유교적 정치문화의 토양과 파란만장(波瀾萬丈)한 근현대사의 굴곡(屈曲)에서 비롯된 사회 심리적 요인도 작용하고 있는 것이 아닌가 싶다. 40년의 외교관 생활이 남긴 수많은 추억 속에서 유독 강대국의 위압에 굴복하지 않으려고 안간힘을 썼던 기억들만 내 뇌리에 각인되어 있는 것은 나 자신이 그런 문화, 사회적 토양 속에서 자란 한국인이기 때문일지도 모른다.

우리 한국인들 중에는 미국인들이 대체로 자기중심적이고 남의 얘기를 잘 듣지 않는다는 선입견을 가진 사람들이 적지 않다. 그러나 내가 경험한 바에 의하면 미국인들은 당당하게 자신의 주장을 펴는 사람들은 절대 무시하지 않고 오히려 존중한다. 물론 무례한 태도와 언사(言辭)로 그들을 가르치거나 싸우려 들면 발끈하지만, 논리적 주장은 경청하고 경우에 따라서는 수용할 줄도 아는 유연성을 갖추고 있다.

2000년 7월 미국평화연구소(USIP) 주최 워크숍에서 미국의 거칠고 오만한 협상행태를 신랄하게 비판한 나에게 미측 참석인사들이 보였던 반응이 이를 웅변적으로 말해 준다(6장 4절 참조). 2003년 노무현 정부 출범 직후 어느 날 나는 이른바 386세대 청와대 관계관 몇 명과 저녁을 함께 하면서 USIP 워크숍에서의 경험을 얘기해 준 적이 있는데, 그들 중 한 명이 "한국 외교관이 워싱턴 한복판에서 그런 얘기를 했다는 게 믿어지지 않는다"면서 발언문이 있으면 보여 달라고 하기에 다음 날 아침 발언노트 사본을 보내 주었다. 그는 이튿날 나를 다시 찾아와 "그동안 알지 못했던 걸 알게 해주어 고맙다"고 인사하며 씩 웃었다.

통상협상현장에서 때때로 드러나는 미국의 위압적 행태는 힘의 우위(asymmetry of power)를 협상에 활용하려는 강대국의 일반적 행태와 크게 다르지 않은 것이다. 국익을 최대한 확보하는 게 모든 협상의 공통된 목표일진대, 이를 달성하기 위해 가장 유용한 무기를 적극 활용하는 건 당연한 이치가 아니겠는가.

그러나 강대국들의 행태는 협상 상대방이 어떻게 대응하고 행동하느냐에 따라 상당 부분 달라질 수 있고, 그러한 행태의 차이가 협상결과나 양국관계, 상대국 국민의 반응과 여론에도 큰 영향을 미칠 수 있는 것이다. 우리가 미국에 대해 지금보다 훨씬 더 의존적이었던 시절에 우리 정부와 사회의 지도층이 좀더 의연하고 당당하게 미국을 대했더라면 미국이 우리를 대하는 태도도 그만큼 달라졌을 것이고, 지금 우리 사회가 겪고 있는 청장년 세대의 좌편향 사고와 반미감정도 어느 정도 예방할 수 있지 않았을까? 그리고 그로 인해 우리 사회가 겪어야 했던 정치, 외교, 사회적 비용도 어느 정도는 피하거나 줄일 수 있지 않았을까?

이 책에서 나는 선진국도 개도국도 아닌 어정쩡한 위치에서 아직 자아성찰(soul-searching)이 더 필요해 보이는 우리 국민의 의식구조와, 이분법적 사고(思考)와 흑백논리(黑白論理)에 갇혀 있는 우리 사회의 정치 문화적 토양이 우리의 통상외교, 나아가서는 개발, 인권 외교에 어떤 영향을 미치는지를 현장에서 포착된 우리의 행태(behavior)를 통해 편린(片鱗)이나마 드러내 보고 싶었다. 이러한 문제들을 정면으로 마주하여 사회적 담론(談論)을 거쳐 적절한 해법을 찾지 않는 한 지경학적(地經學的)·지정학적(地政學的) 환경이 지각변동을 겪고 있는 이 시대에 우리나라가 국익을 제대로 지켜 내기 어려울 것임은 물론이고, 책임 있는 중견국(中堅國)으로서 국제사회의 기대와 신뢰에 부응하는 역할을 해내지 못할 것이라고 믿기 때문이다.

국제사회에서 선진국을 정의하는 객관적 경제사회 지표들은 있지만 규범적 정의나 기준은 없다. 오직 '자기 선택의 원칙'(principle of *self-election*)만 있을 뿐이다. 객관적 기준을 갖추었다고 해서 다 선진국이 아니고, 그런 기준을 충족한 나라 중에서 스스로 선진국이라고 선언하는 나라만 선진국 대우를 받는다는 뜻이다. 다시 말하면 국제사회에서 선진국으로서의 특권을 누리는 것뿐만 아니라 책임과 의무를 다할 준비가 되어 있는 나라만 선진국 대우를 받을 수 있다는 것이다.

그런데 최근 미 트럼프 행정부의 압력에 못 이겨 우리 정부가 내린 개도국 지위포기 결정이 우리 사회가 그런 책임과 의무를 다할 준비가 되어 있다는 걸 선언한 것으로 보아도 될지 나는 솔직히 자신이 없다. 우리 스스로가 문제를 제기하여 국민여론을 수렴하는 성숙한 과정을 거쳐 내린 결정이 아니라는 게 도무지 미덥지가 않은 것이다.

최근 갑작스럽게 전 세계를 덮친 코로나 바이러스 위기대처 과정에서 우리의 성공적인 방역체계가 각광을 받으면서 우리 스스로를 새삼 되돌아보게 된 건 다행스러운 일이지만, 한때의 성취감으로 만족하고 넘어가서는 안 될 일이다. 우리의 시선을 국제사회가 우리를 바라보는 시선에 맞추어 국력에 걸맞은 성숙한 행위자가 되기 위해 무엇을 어떻게 해야 할 것인지를 진지하게 고민하여야 한다. 그리고 이 기회를 국민정신을 지속적으로 고양(高揚)하면서 국제사회에 대한 우리의 기여 수준과 역량을 한층 더 업그레이드시킬 수 있는 소중한 계기로 삼아야 한다.

이를 위해서는 지구촌이 직면하는 도전적 과제 하나하나에 대해 우리의 개발경험 렌즈를 들이대고 우리만이 해낼 수 있는 차별적 역할과 부가가치가 무엇인지를 찾아내어 선택(選擇)과 집중(集中)의 원칙에 따라 자원을 배분하는 전략적 접근방안을 모색하여야 한다. '구슬이 서 말이라도 꿰어야 보배'라는데, 우리에 대한 국제사회의 신뢰와 기대라는 소중한 외교적 자산을 이대로 방치하거나 허비해서는 안 되지 않겠는가.

뭐니 뭐니 해도 오늘날 우리 외교의 최대난제는 갈수록 격화하고 있는 미·중 대립 속에서 우리의 좌표를 여하히 설정할 것인가에 있다. 그런데 이에 대한 국내의 담론은 미국과 중국 중 어느 한 편에 치우친 주장이나 전략적 모호성을 유지해야 한다는 막연한 주장만 있을 뿐, 그 중간지대에서 국익을 최대화할 수 있는 길이 무엇인지에 대한 깊은 논의는 없다. 논의가 있다면 그저 미·중 양국 사이에서 균형을 추구해야 한다는 총론(總論)만 있을 뿐, 이를 위해 구체적으로 무엇을 어떻게 해야 할 것인지에 대한 각론(各論)이 없는 것이다. 그런 형편이다 보니 정책적 판단의 구체적 기준(基準)과 원칙(原則)은 무엇이 되어야 할지, 어디까지가 우리의 독자적 결정이 가능한 영역이고 무엇이 그 영역 밖에 있는지 등에 대한 심층토론은 눈을 씻고 찾아보려고 해도 찾을 수가 없다.

화웨이 문제에서 보는 것처럼 미·중 대결구도에서 양자택일(兩者擇一)을 강요당하는 상황으로 몰리지 않도록 통상외교도 외교안보 전략의 큰 틀 속에서 명확한 원칙과 기준을 세우고 그 토대 위에서 운신의 폭을 조금씩 넓혀 나가야 한다. 사안별로 그때그때 국익에 따라 결정한다는 말은 그럴듯하게 들리긴 하지만 전략적 사고와 주체적 판단을 하지 않겠다는 말과 다르지 않고, 결과적으로도 비틀거리며 갈 지(之)자 걸음을 걷게 될 확률이 높다. 그럴 만한 힘이 있을 때나 가능한 일이기 때문이다.

나는 그 원칙과 기준의 맨 앞자리에 한·미 동맹의 비전과 가치가 자리 잡아야 한다고 생각한다. 흔히들 안보는 미국에, 경제는 중국에 의존하는 것이 우리의 살 길이니 외교, 안보, 통상정책도 그러한 원칙에 따라 방향을 설정해야 한다고 얘기한다. 그러나 그것은 우리의 희망적 사고(wishful thinking)일 뿐, 실현가능한 현실적 정책방향이 될 수 없는 것이다. 우리가 원한다고 해서 이루어질 수 있는 문제가 아니기 때문이다. 상대국의 입장은 아랑곳하지 않고 자신의 필요와 편의에 따라 선택하고 행동하는 나라를 어느 누가 신뢰할 수 있는 파트너로 여기겠는가? 더구나 상대가 전 지구적 차원에서 치열한 패권경쟁을 벌이고 있는 미국과 중국인데 그들이 이를 용인할 리가 없지 않은가? 동맹국인 미국과 전략적 파트너인 중국과의 사이에서 균형(balance)을 추구한다는 것 자체가 이치에 맞지 않는 말이다. 동맹은 동맹이고 파트너는 파트너인 것이다. 한·미 동맹과 한·중 파트너십이 제로섬적인 관계로 발전하지 않도록 최대한 지혜를 짜내어 양자간 조화(harmony)를 이루는 것이 양국 사이에서 우리가 추구해야 할 외교, 안보, 통상정책의 기본방향이 되어야 한다.

지난 40년간 미국의 시장개방 압력으로 한·미 양국이 겪었던 극심한 통상마찰도 따지고 보면 개방과 자유화를 통한 우리 경제의 선진화와 경쟁력, 체질강화에 가장 큰 기여를 한 동력(動力)이었고, 이는 한·미 동맹이라는 큰 틀 속에서 양국이 공유한 가치와 신뢰가 있었기에 가능한 일이었다는 걸 잊지 말아야 한다. 한·미 FTA가 단순한 통상협정이 아니라 외교안보적 함의까지를 포함한 더 큰 의미의 전략적 협정인 까닭도 여기에 있고, 통상협상이 외교안보 전략의 큰 틀 속에서 외교 전문성을 갖춘 조직과 인력의 주도하에 이루어져야 하는 이유도 여기에 있다.

4년 전 유엔으로 떠나기 직전 외교부 차관 이임식에서 나는 "힘센 자 앞에서 당당하고 약한 자에게 따뜻한 외교관이 되라"는 말을 후배들에게 남긴 적이 있다. 그러나 내가 꿈꾸는 당당한 외교, 반듯한 나라는 외교관들의 노력만으로는 이룰 수 없는 것이다. 우리 사회 내에 바깥세상을 바라보는 폭넓은 시야와 다른 의견도 수용할 수 있는 관용과 여유의 공간이 마련될 수 있도록 우리 모두가 좀더 열린 사고로 열린 문화를 만들어 가려는 노력을 함께 해 나가야 한다. 이분법적 사고와 흑백논리가 지배하는 문화적 토양 속에서 자존과 실리와 균형을 추구해야 할 외교가 설 자리는 없기 때문이다.

찾아보기(용어)

찾아보기(인명)

승무의 긴 여운
지조의 큰 울림

아버지 趙芝薰 — 삶과 문학과 정신

아버지와 함께 살았던 23년이라는 세월은 인생으로 친다면 겨우 기어다니기 시작할 시기인 열다섯 해를 빼고 나면 겨우 10년도 안 되는 세월이었다. 내 인생의 들판 위에 남겨진 아버지의 흔적들은 그리 많지도 않다. 아버지와 관련된 기억이나 추억들 또한 선명히 떠오르는 것들이 별로 없다. 가족에게 따스한 추억거리를 남겨주신 기억도 없다.

아버지 무릎 위에서 재롱을 피워본 기억도, 목욕탕에 함께 가본 어린시절의 기억도 없다. 아버지의 커다란 손이 내 작은 손을 꼭 쥐어 주신 기억도, 나의 머리를 쓰다듬어 주신 기억도 없다. 이렇듯 부자간의 잔정을 나눠 보지 못한 나로서 그 짧은 세월을 가지고 아버지의 이야기를 풀어가는 데는 한계가 있었다.

그러나 아버지 살아 생전에 "언제 우리, 가족문집 한 번 내보자" 하시던 말씀을 생각하면서 써내려갔다. 때로는 북받치는 회한(悔恨)과 그리움으로, 때로는 맏이노릇 못하고 해외에서 살고 있는 나의 모습과 어머니에 대한 불효가 죄스러워 눈물을 쏟기도 했다.

두렵고 떨리는 마음으로 이 책을 아버님 영전에 바친다.

조광렬 지음 / 신국판·양장본 / 632면 / 30,000원

나남 Tel : 031-955-4601
nanam www.nanam.net

대인이 소멸한 시대,
우리 시대의 대선비인 지훈 선생을 기억하다

돌의 미학

나남문화재단이 감성과 지성의 균형, 그리고 사상과 행동의 조화라는
인문주의의 이념을 끝까지 지켜내기 위해 '지훈상'의 영원한 발전을 믿
고 기원하는 여러 사람의 뜻을 모아 이 에세이집을 마련했다.

《돌의 미학》제 1부는 지훈 선생의 글이고, 제 2부는 지훈 선생에 대
한 글이고, 제 3부는 '지훈상' 수상자와 운영위원의 글이다. 대인이 소멸
한 시대에 대시인이요, 대학자인 선생에 대한 기억을 간직하고 기록하
는 것은 한국문화의 미래를 창조하는 밑거름이 될 것이다.

조지훈 외 지음 / 신국판 변형·올컬러 / 448면 / 18,000원

나남 nanam Tel : 031-955-4601
www.nanam.net